예수 그리스도의 복음

THE GOSPEL OF JESUS CHRIST

제 2 권 · **공생애준비**

마태복음을 중심으로

| **박주인** 지음 |

쿰란출판사

예수 그리스도의 복음

2013년 12월 20일 인쇄
2013년 12월 30일 발행

지은이 : 박주인
발행인 : 이형규
출판사 : 쿰란출판사
주소 : 서울특별시 종로구 이화동 184-3
TEL : 02-745-1007, 745-1301, 747-1212, 743-1300
영업부 : 02-747-1004, FAX : 02-745-8490
본사평생전화번호 : 0502-756-1004
홈페이지 : http://www.qumran.co.kr
E-mail : qrboods@gmail.com
qrbooks@daum.net
한글인터넷주소 : 쿰란, 쿰란출판사
등록 : 제 1-670호(1988.2.27)

값 12,500원
ISBN 978-89-6562-541-4 04230
978-89-6562-540-7(세트)

by Galico, 2010, Wikimedia

책머리에

목동에서 교회를 섬기면서 '시대의 표적을 분별'(마 16:3)하여 '예수님처럼 사역'(눅 4:18~19)을 하고 싶었지만, 목회자인 저자는 성도들을 주님께서 기뻐하시는 참 제자로 준비시키지 못하고 있음을 절실히 느꼈습니다. 그때 하나님께서는 이사야 28장 16절을 통하여 '(사역이) 견고한 기촛돌 위에 있다면 다급하게 되지 아니하고 마음이 든든하리라'고 말씀하셨습니다. 저는 이사야의 말씀을 받은 이후에 내가 할 수 있는 '옵사리온'(요 6:9, 작은 물고기)을 하나님께 드리기로 마음을 정했습니다. 본 책자는 이런 숨겨진 이야기와 이미 제직 교육용으로 호평을 받았던 전력을 바탕으로 한국 교회 앞에 모습을 드러내게 되었습니다.

이제까지 한국교회는 교회 성장을 최우선 순위로 삼아 성도들을 조급하게 교육했습니다. 그 결과 많은 그리스도인들에게 사회적인 책무와 천국백성으로서의 윤리의식이 부족했던 것은 사실입니다. 이제라도 목회자와 교회의 지도자들은 각종 프로그램을 통하여 외형적으로 교회를 성장시키겠다는 생각보다는 성도들에게 예수 그리스도에 대한 차원 높은 교육을 실시함으로써 그들이 그리스도와 교제하며 동행하도록 도와야 할 것입니다.

마태복음을 중심으로 예수 그리스도의 복음을 제시하고 있는 본 성경공부 교재는 독자들로 하여금 예수 그리스도께서 활동하셨던 팔레스타인 지역의 역사, 정치, 종교, 사회, 문화, 자연, 지리 등에 대한 전반적인 이해를 도울 것입니다. 이런 이유 때문에 지적 활동이 왕성하고 복음을 입체적으로 이해할 수 있는 청년 대학생과 신학생 그리고 복음을 확고하게 정립하기를 원하는 일반 성도들에게 유용하게 활용될 것입니다.

마지막으로 저자가 '예수 그리스도의 복음'이란 책자로 말미암아 조금이라도 칭찬 받을 만한 것이 있다면 그것은 오직 하나님의 은혜요, 이름 없이 협력했던 분들의 몫입니다.

본 교재가 다루고 있는 마태복음 본문에 대한 해석은 풀핏 주석 및 박수암, 김세윤, 스튜어트 K. 웨버 등과 같은 중도 보수적인 학자의 글을 참고했으며, 예수 그리스도의 역사적 행적 및 이스라엘의 역사에 대해서는 톰슨 주석, 레온 우드의 주장과 H. 웨인 하우스의 연대표를 수용했습니다.

2013년 1월 주현절에
저자 박주인

추천의 글

✔ 신학적 문제를 감수한 학자들의 추천을 먼저 실었습니다.

박주인 목사님의 방대한 저작 「예수 그리스도의 복음」을 찬찬히 읽으면서 저에게는 이 책이 많은 신앙인들이 고대하던 성경공부 교재가 되리라는 확신이 생겼습니다. 전문가적 식견으로 수집되고 기술된 풍부한 신학적 자료들과 독자들의 이해를 돕기 위한 수많은 삽화와 도표들은 이 책을 기존의 그룹 성경공부 교재들과 차별화시켜주고 있습니다. 또한 각 과의 마지막에는 저자의 깊은 영적 혜안과 통찰력이 담긴 질문들이 독자들을 기독교의 기본 진리와 한 차원 높은 신앙의 세계로 안내하고 있습니다. 특히 개인적으로 박주인 목사님과 신학대학교 학창 생활을 함께 보냈던 저는 이 책에서 목사님의 훌륭한 인품과 복음에 대한 열정까지도 다시금 느낄 수 있어서 이 책을 읽는 내내 기쁘고 행복했습니다. 저의 이러한 기쁨과 행복이 모든 독자의 것이 되기를 기대합니다.

한남대 강승일 교수

예수 그리스도의 복음은 모든 그리스도인들의 존재의 근거요 삶의 목적이라고 할 수 있습니다. 따라서 예수 그리스도의 복음을 바르게 이해하고 삶 속에 구현하는 것이야말로 모든 신앙인들에게 절대적으로 중요한 과제입니다. 박주인 목사님의 「예수 그리스도의 복음」은 그리스도의 생애를 역사적 순서에 따라 많은 도표와 삽화를 통해 소개하되 마태복음의 핵심 주제인 천국에 맞추어져 있습니다. 모두 5권으로 구성된 본 교재는 그리스도의 하나님 나라 사역을 천국의 그림자인 교회에 구체적으로 적용시키고 있는데, 성도들의 영적 진보에 큰 도움이 되리라 확신합니다. 이 책에서 독자는 살아 계신 예수 그리스도를 만나게 되고, 박주인 목사님의 복음을 향한 열정과 열심을 만나게 될 것입니다.

장신대 구약학 이은우 교수

하나님의 말씀인 성경을 공부하는 것은 모든 기독교인들의 신앙 훈련에 있어 중요한 부분을 차지하고 있습니다. 하지만 좋은 성경공부 교재를 찾는 것은 쉬운 일이 아닙니다. 박주인 목사님께서 집필하신 마태복음 중심의 「예수 그리스도의 복음」은 목회현장에서 직접 성경공부를 인도하시면서, 깊은 묵상과 연구를 통해 만들어진 훌륭한 성경 공부 교재입니다. 마태복음의 내용 뿐만 아니라, 관련된 로마시대의 상황과 문화, 구약성경과의 관계, 그리고 성경의 지리적 배경도 자세하게 설명해 주고 있습니다. 많은 그림 자료들과 관련된 지도들은 복음서의 내용을 좀 더 쉽고 편안하게 이해할 수 있도록 도와주고 있습니다. 이 성경 공부 교재를 통해 많은 분들이 하나님의 말씀을 배우는 기쁨을 경험하실 줄로 확신합니다.

장신대 신약학 천세종 교수

이사야 선지자가 '나의 귀를 깨우치사 학자들 같이 알아듣게 하시도다'(사 50:4)라고 고백했듯이, 독자들은 복음주의 신앙에 기초한 이 책자를 통하여 예수 그리스도의 삶과 십자가와 부활의 복음을 정확하고도 바르게 깨닫게 될 것입니다. 또한 본 교재는 그리스도의 복음을 추상적이고 맹목적으로 믿기보다는 역사적 사실과 사건 속에서 일어난 하나님의 구원 사건으로 받아들이게 함으로써 독자들의 신앙을 한 차원 높여 주리라 확신합니다. 감사하게도 본 교재는 마태복음 전체를 '하나님의 나라'라는 관점에서 시각적이고 입체적으로 깊이 있게 다루고 있기 때문에 하나님의 말씀을 사모하는 성도들이나 교회와 선교 단체의 리더들에게 매우 유용하게 활용될 것입니다.

예성교회 이봉화 목사

대부분의 성경공부 교재는 예수 그리스도를 알아가고 그 분과 교제하기보다는 은혜받고 적용하기에 급급한데, 본 교재는 그리스도의 생애를 역사적 순서에 따라 쉽고도 체계적으로 전하면서도 그 내용에 깊이와 신학적 풍성함이 있습니다. 많은 지도와 삽화가 있어서 내용에 대한 이해와 친근감을 더하게 하며, 매 과마다 '중심 내용 되씹기'로 다시금 배운 내용을 정리할 수 있는 등 전체적 구성이 신선합니다. 마태복음을 중심으로 만들어진 본 교재가 모든 신학생들의 손에 들려지고, 그들을 통하여 한국의 모든 교회의 청년 대학생 리더들에게 가르쳐졌으면 합니다.

골약교회 김영호 전도사

이 시대의 청년들은 바쁜 중에도 대화를 원합니다. 그런데 이 교재는 각자 시간을 내어 술술 읽어본 후에 느끼고 생각한 바를 소그룹에서 함께 나누는 형식으로 되어있어 크게 환영하는 바입니다. 더군다나 성경적 마인드를 가지고 이 시대의 사람과 사회를 바라볼 수 있는 식견을 제공하기 때문에 기존의 성경공부 교재와는 차별화되었습니다. 그러므로 본 교재는 성경을 체계적이고 다양한 앵글로 배울 준비가 된 청년들에게 특별히 권하고 싶습니다.

복음교회 청년 리더 이정오

본 책자를 통하여 많은 감동과 벅찬 설렘 그리고 큰 소망을 발견했습니다. 그동안 미흡하게 알고 있었던 역사적인 예수님의 생애에 대해 자세히 그리고 체계적으로 알게 되었습니다. 이 책을 보면서 저 자신이 예수님과 그의 제자들과 동행하며 마치 선교 현장을 직접 다니는 것 같은 느낌이 들었습니다. 매우 큰 감동과 생동감 넘치는 설렘이 마지막 5권을 보는 순간까지 이어졌습니다. 퍼즐을 맞추어 나가듯 하나하나 완벽하게 모습을 드러내는 예수님의 사역과 선교 현장은 하나님의 크신 사랑과 천국복음의 소중함을 다시 한 번 깨우쳐주었습니다.

행복한 교회 함인미 사모

2권 목차

예수 그리스도의 복음

The Gospel of Jesus Christ

마태복음을 중심으로

단원 I 침묵하시는 하나님

제1과 혼동된 정국 / 17

제2과 나뉜 유대 백성 / 27

단원 II 준비되는 주의 길

제3과 주의 길을 준비하는 세례자 요한 (마 3:1~12) / 39

제4과 죄 사함을 받게 하는 회개의 세례 (마 3:1~12) / 45

제5과 죄의 자복 (마 3:6) / 55

단원 III 공생애 준비의 첫 관문

제6과 왕의 취임식 (마 3:13~17) / 65

제7과 홀리 패밀리 (마 3:16~17) / 71

단원 IV 공생애 준비의 둘째 관문

제 8 과 세 가지 시험 (마 4:1~11) / 81

제 9 과 시험을 이기신 예수 그리스도 1 (마 4:1~4) / 87

제10과 시험을 이기신 예수 그리스도 2 (마 4:5~11) / 95

제11과 시험하는 자에 대하여 (마 4:1~11) / 103

2권 목차

예수 그리스도의 복음

The Gospel of Jesus Christ

마태복음을 중심으로

단원V 하나님의 말씀인 성경

제12과 성경, 하나님 말씀됨의 내적 증거 / 111

제13과 성경, 하나님 말씀됨의 외적 증거와 보존 / 119

제14과 예수 그리스도와 성경 / 131

제15과 예수 그리스도의 복음서 / 139

단원 VI 공생애로의 사역 전환

제16과 사도 요한이 바라본 공생애 준비 (요 1:19~2:11) / 151

제17과 초기 유대 사역(요 2:12~3:21) / 157

교재 사용 방법

저자가 마태복음을 중심으로 '예수 그리스도의 복음'을 집필한 이유는, 마태복음은 교회를 교육하기에 유익하기 때문입니다. 저자는 본 교재에서 성도들이 놓치기 쉬운 성서 시대의 역사적 정치적 정황과 지리적 환경에 주의를 기울이는 한편, 예수님의 생애에 대한 전체적 흐름과 '천국'이라는 주제의 일관성을 유지하려고 무척 애를 썼습니다. 모두 5권으로 되어 있는 '예수 그리스도의 복음'(The Gospel of Jesus Christ)은 마태복음 본문에 대한 심도 있고 다각적인 설명, 핵심적인 질문과 분명한 답, 그리고 '중심 내용 되씹기', '나눔 그리고 기도'로 구성되어 있습니다.

교육 훈련 효과를 고려하여 치밀하게 질문형식으로 된 본 교재는 성경에서 답을 찾거나 측주(側註)에 있는 답을 보도록 되어 있기 때문에 본 교재 자체가 훌륭한 교사의 역할을 하고 있습니다. 또한 본 교재는 질문을 통하여 성경의 메시지를 정확하게 기억하게 할 뿐만 아니라 질문에 답하면서 새로운 내용을 배우도록 하는 효과적인 교육 방법을 도입하고 있습니다. 그러므로 소그룹 모임일 때는 학습자는 진도에 맞추어 반드시 예습을 해야 하며, 인도자는 교재의 내용을 일일이 설명하려는 우를 범하지 말아야 합니다.

1. 개인적 성경공부에 대하여

1) 매 단원 앞에 있는 학습 목표를 읽은 후, 매 과(課)에서 다루고 있는 성경 본문은 성경을 직접 찾아 읽고 묵상합니다.
2) 문제를 정독하면서 풀어나가되, 측주(側註)를 읽고, 해당 구절을 성경에서 찾습니다.
3) 본 교재에서 설명하고 있지 않은 생소한 문제는 해답을 이용하여 배우시고, '중심 내용 되씹기, 기도의 시간'을 갖습니다.

2. 소그룹 성경공부에 대하여

< 유의 사항 >

1) 성경 지식 및 영적 수준이 비슷한 4~10인 정도가 모이면 좋습니다.
2) 매주 1회를 약속된 시간에 만나되, 한 번의 모임에 1시간 30분 정도가 적당합니다.
3) 교재 자체가 훌륭한 교사이기 때문에 성경공부 참가자는 약속된 과(課)를 꼭 예습하되, 이해가 되지 않는 내용은 소그룹이 모일 때 인도자에게 묻습니다.
4) '나눔 그리고 기도의 시간'에는 개인 및 공동체의 현안도 다룰 수 있습니다.
5) 나눔의 방법은 질문, 문제 풀이, 발표와 토의 등이 유용하며 본 교재의 모든 문제를 하

나씩 풀어가는 것은 본 교재가 만들어진 의도에 부합하지 않습니다.

6) 소그룹 인도자는 그날 배웠던 과의 메시지에 부합한 실천 과제를 소그룹 참여자들에게 나누어주고 다음 만날 때에 서로 피드백을 합니다. 나머지는 일반적인 소그룹 성경공부 방법에 준합니다.

< 인도자의 역할 >

1) 인도자는 일반적으로 4W, '환영(welcome), 찬양(worship), 말씀(word, ★), 사역(work)'의 순서로 진행합니다.

2) 인도자는 각과의 핵심 내용과 관련된 특정한 문제 풀이를 주도하며, 나눔과 기도의 시간에는 소그룹의 중재자, 날카로운 질문자 및 기도 인도자의 역할을 합니다.
(날카로운 질문은 분명한 답변과 변화를 가져오기 때문에 인도자는 설명하고 가르치는 역할보다 좋은 질문자가 되어야 합니다.)

3) 인도자는 한 단원을 앞서 학습하여 단원 전체의 흐름을 파악해야 하며, 가급적이면 아래 '성경공부 진행 순서'를 활용하는 것이 좋습니다.

< 성경공부 진행 순서/ ★ 말씀, word >

1) '사역'(지난 주 각과에서 요구하는 실천 과제, 공동체의 현안)에 대한 피드백과 기도
2) 각과의 마지막에 있는 '중심 내용 되씹기' 함께 풀기
3) 학습한 내용에 대해 질문을 주고 받기 (D학점, 60% 이상 이해하면 통과)
(내용을 암기하는 것보다 전체적 흐름을 파악하고 이해하는 것이 중요)
4) 각과의 마지막에 있는 '나눔 그리고 기도의 시간'
5) 다음에 배울 단원의 내용에 대한 간단한 설명
6) 마무리에 필요한 기도

3. 성경공부 기간

책의 구성		마태복음 본문	본문 배경	과(단원)	권별 교육 기간
1권	성육신	9	17	26(9)	**13주**
2권	공생애 준비기	11	6	17(6)	**8주**
3권	전기 갈릴리 사역	19	0	19(6)	**10주**
4권	후기 갈릴리 사역	16	0	16(5)	**8주**
5권	예루살렘에서의 한 주간	21	5	26(8)	**13주**
합계	5권	76과	28과	104과(34단원)	**52주**

1) 마태복음 본문을 직접 혹은 간접적으로 다루고 있는 104개의 모든 과를 매주 2과씩 학습 하면 위의 표에서와 같이 52주에 마칠 수 있습니다.

2) 만약 예수 그리스도의 생애를 5단계로 구분하여 학습한다면 각각의 단계는 앞 페이지의 표에서와 같이 8~13주에 마칠 수 있습니다.

Tip

Adams(1987), Corston(1993), Heinich(1998)와 같은 교육 심리학자들은 읽으면 10%, 듣기만 하면 20%, 보고 들은 것은 30%, 보고 듣고 행하는 것은 70%가 장기 기억 속에 저장된다고 보고하고 있습니다. 그래서 본 교재는 위와 같은 사실을 염두에 두고 성경공부를 하는 독자들의 지적 정서적인 동의를 높이기 위해 질문 형식으로 구성되었습니다.

또한 본 교재는 예수님의 천국 사역들을 이해할 수 있도록 배경 설명을 하고 있기 때문에, 독자들은 예수님을 인격적으로 만나고 그분과 교제하며 함께 동행할 수 있는 힘이 생기게 될 것입니다. 이는 본 교재가 기존의 일방적 적용 중심의 제자훈련 교재와 차별화된 것을 의미합니다.

그러므로 독자들은 성경을 옆에 두고, 본 교재를 눈으로만 읽지 말고 반드시 펜을 들고 질문에 답을 쓰면서 예수님의 자취를 따라가시기 바랍니다.

단원 목록 및 성경공부 일정표

✔ 붉은 숫자는
마태복음 본문 성경 공부 일련번호

권	단원	과	마태복음	성경공부 일정		
1권 성육신	I	복음에 갈급한 세계		배경	본문	
		1. 모든 길은 로마로		1		
		2. 깊어 가는 유대인과 로마의 갈등		2		
		3. 거짓 평화에 맞선 무력 항거		3		
		4. 거짓 평화에 맞선 천국 복음		4		
	II	천국 복음의 기본 얼개				
		5. 실낙원과 복낙원		5		
		6. 마태가 전하는 복음	1:1		1	
		7. 천국의 왕, 예수 그리스도		6		
		8. 회복된 천국의 실제		7		
	III	그리스도의 활동 무대				
		9. 팔레스타인 지방의 자연 지리		8		
		10. 팔레스타인 지방의 역사 지리		9		
	IV	그리스도의 생애의 흐름				
		11. 마태복음의 이해		10		
		12. 예수 그리스도의 발자취		11		
	V	그리스도의 계보				
		13. 계보의 특징과 메시지	1:1~17		2	
		14. 계보로 본 천국의 약속과 성취	1:1~17		3	
	VI	그리스도의 탄생, 유아기				
		15. 왕의 탄생 준비	1:18~25		4	
		16. 왕의 탄생과 목자의 방문	1:25		5	
		17. 왕의 탄생과 동방박사	2:1~12		6	
		18. 왕의 피신	2:13~18		7	
	VII	그리스도의 유. 소년기				
		19. 나사렛의 예수	2:19~23		8	
		20. 바르-미츠바 예수	2:23		9	
	VIII	만유의 주재				
		21. 하나님의 주권과 인간의 책임		12		
		22. 하나님의 부지깽이, 헤롯 가문		13		
	IX	복음을 위한 변증				
		23. 시간에 대한 이해		14		
		24. 부활절		15		
		25. 성탄절		16		
		26. 주일, 그리스도의 청년 시절		17		

권	단원	과	마태복음	성경공부 일정		
2권 공생애 준비기	I	침묵하시는 하나님		배경	본문	
		1. 혼동된 정국		1		
		2. 나뉜 유대 백성		2		
	II	준비되는 주의 길				
		3. 주의 길을 준비하는 세례자 요한	3:1~12		1	
		4. 죄 사함을 받게 하는 회개의 세례	3:1~12		2	
		5. 죄의 자복	3:6		3	
	III	공생애 준비의 첫 관문				
		6. 왕의 취임식	3:13~17		4	
		7. 홀리 패밀리	3:16~17		5	
	IV	공생애 준비의 둘째 관문				
		8. 세 가지 시험	4:1~11		6	
		9. 시험을 이기신 예수 그리스도 1	4:1~4		7	
		10. 시험을 이기신 예수 그리스도 2	4:5~11		8	
		11. 시험하는 자에 대하여	4:1~11		9	
	V	하나님의 말씀인 성경				
		12. 성경, 하나님 말씀됨의 내적 증거		3		
		13. 성경, 하나님 말씀됨의 외적 증거		4		
		14. 예수 그리스도와 성경		5		
		15. 예수 그리스도의 복음서		6		
	VI	공생애로의 사역 전환				
		16. 사도 요한이 바라본 공생애 준비	요 1:19~2:11		10	
		17. 초기 유대 사역	요 2:12~3:21		11	
3권 전기 갈릴리 사역	I	시작되는 공생애				
		1. 사역의 전환	4:12~13		1	
		2. 소외 받은 이방의 땅	4:14~16		2	
		3. 천국 복음 전파의 전망	4:17~25		3	
	II	산상수훈				
		4. 천국 백성의 법 1	5:1~12		4	
		5. 천국 백성의 법 2	5:13~20		5	
		6. 천국 백성의 법 3	5:21~48		6	
		7. 천국 백성의 법 4	6:1~18		7	
		8. 천국 백성의 법 5	6:19~34		8	
		9. 천국 백성의 법 6	7:1~29		9	
	III	천국을 증거하는 그리스도				
		10. 그리스도의 천국 증거 1	8:1~17		10	
		11. 그리스도의 천국 증거 2	8:23~9:8		11	
		12. 그리스도의 천국 증거 3	9:9~34		12	

권	단원	과	마태복음	성경공부 일정		
				배경	본문	
3권	Ⅳ	그리스도의 대사들				
		13. 제자도	8:18~22, 9:9~17, 9:35~38		13	
		14. 부름 받은 사도들	10:1~4		14	
		15. 파송 받은 사도들	10:5~11:1		15	
	Ⅴ	그리스도의 대적들				
		16. 천국에 대한 몰이해	11:2~30		16	
		17. 천국의 대적들	12:1~50		17	
	Ⅵ	알려진 천국의 비밀				
		18. 천국의 비유 1	13:1~23		18	
		19. 천국의 비유 2	13:24~58		19	
4권 후기 갈릴리 사역	Ⅰ	첫 번째 여행				
		1. 후기 갈릴리 사역의 흐름	14~18장		1	
		2. 아나톨레 예수와 급식 기적	14:1~21		2	
		3. 제자 훈련과 인간 이해	14:22~36		3	
	Ⅱ	두 번째 여행				
		4. 종교적 박해와 장로들의 전통	15:1~20		4	
		5. 그리스도의 차별 없는 긍휼	15:21~39		5	
	Ⅲ	세 번째 여행				
		6. 깊어지는 제자훈련	16:1~20		6	
		7. 예수 그리스도의 교회	16:21~28		7	
		8. 그리스도의 변형	17:1~13		8	
		9. 변화산에서 가버나움으로	17:14~27		9	
	Ⅳ	갈릴리 고별 설교				
		10. 그리스도인의 낮아짐	18:1~14		10	
		11. 그리스도인의 형제 사랑	18:15~35		11	
	Ⅴ	유대, 베레아 사역				
		12. 유대, 베레아 사역의 흐름	19~20장		12	
		13. 예루살렘에서의 절기 사역	요 7~11장		13	
		14. 유대, 베레아 지방의 천국 사역 1	〈19:1~15		14	
		15. 유대, 베레아 지방의 천국 사역 2	19:16~20:16		15	
		16. 유대, 베레아 지방의 천국 사역 3	20:17~34		16	
5권	Ⅰ	하나님의 집, 성막과 성전				
		1. 언약 백성을 위한 하나님의 집 1		1		
		2. 언약 백성을 위한 하나님의 집 2		2		
		3. 헤롯 성전		3		
		4. 예수 성전		4		
	Ⅱ	그리스도의 예루살렘 입성				
		5. 예루살렘에서의 한 주간		5		
		6. 나귀를 타신 메시야	21:1~11		1	

권	단원	과	마태복음	성경공부일정		
예루살렘에서의 한주간·부활과 승천	Ⅲ	거역하는 세대		배경	본문	
		7. 저무는 옛 성전 시대	21:12~22		2	
		8. 성전 정화에 대한 변론 1	21:23~32		3	
		9. 성전 정화에 대한 변론 2	21:33~22:14		4	
		10. 천국의 대적들의 반격	22:15~46		5	
		11. 그리스도의 마지막 경고	23:1~39		6	
	Ⅳ	그리스도의 마지막 설교				
		12. 감람산 강화 1	24:1~36		7	
		13. 감람산 강화 2	24:37~51		8	
		14. 감람산 강화 3	25:1~46		9	
	Ⅴ	십자가를 앞둔 그리스도				
		15. 유월절을 앞두고	26:1~16		10	
		16. 유월절 준비	26:17~25		11	
		17. 주의 만찬	26:26~30		12	
		18. 어둠에 덮인 감람산	26:31~56		13	
	Ⅵ	심문 받으신 그리스도				
		19. 산헤드린 앞에서	26:57~75		14	
		20. 빌라도 앞에서	27:1~26		15	
	Ⅶ	십자가의 그리스도				
		21. 십자가의 수난 1	27:27~44		16	
		22. 십자가의 수난 2	27:45~56		17	
		23. 십자가의 죽음과 그 의미	27:57~66		18	
	Ⅷ	그리스도의 부활과 승천				
		24. 빈 무덤과 부활하신 그리스도	28:1~10		19	
		25. 부활의 변증과 그 의미	28:11~15		20	
		26. 지상 명령과 승천	28:16~20		21	
계				28	76	104과

The Gospel of Jesus Christ
마태복음을 중심으로

단 원 I

1. 침묵하시는 하나님

제 1 과 혼동된 정국
제 2 과 나뉜 유대 백성

학습내용

당신은 본 단원에서 배우게 될 핵심 주제와 개인적으로 혹은 소그룹에서 성령님의 감동으로 깨달은 진리를 삶의 자리에서 **적용 실천할 때** 하나님의 나라를 경험하게 될 것입니다.

인도자는 **나눔과 기도 시간**을 통하여 학습 목표에 맞는 마무리를 해야 합니다.

1. 알렉산더 대왕 사후, 팔레스타인 지역에 대한 프톨레미와 셀레우코스 왕국 간의 패권 다툼을 배우게 됩니다.
2. 셀레우코스 왕국의 헬라화 정책에 대항하는 유대인들의 하시딤 신앙운동에 대해 배우게 됩니다.
3. 셀레우코스 왕국이 팔레스타인을 지배함으로써 유대사회가 겪게 되는 종교. 문화. 사회적 충격에 대해 설명할 수 있게 됩니다.
4. 마카비 가문이 중심이 된 유대 독립 전쟁(투쟁)과 유대인들의 마지막 왕조인 '하스몬'에 대해 배우게 됩니다.
5. 유대 사회에 다양한 당파들(바리새파, 사두개파, 에세네파, 열심당파 등)이 발생하게 된 역사적 배경과 그들의 특징 그리고 당파 상호 관계에 대해 배움으로써 예수님의 하나님 나라 운동을 이해하는 기초가 놓이게 됩니다.

제 1 과 혼동된 정국

(셀레우코스 왕조 ~ 하스몬 왕조)

◀ 마케도니아 제국의 분열

안티파트로스
트라키아
안티고노스
프톨레미
셀레우코스

복음서에 수없이 나오는 바리새파와 사두개파와 같은 당파가 역사의 무대에 등장한 시점은 알렉산더 대왕의 후예들인 셀레우코스 왕조가 팔레스타인을 점령한 시기로 거슬러 올라갑니다. 그러므로 우리가 예수님의 생애를 이해하기 위해서는 알렉산더 사후의 팔레스타인의 정세를 학습해야만 합니다.

알렉산더 사후의 팔레스타인 정세

융숭했던 고대 그리스를 지배하게 된 마케도니아(Makedonia)의 알렉산더 대왕은 그 당시 페르시아의 지배를 받고 있던 이집트와 팔레스타인을 점령(BC 332)하게 됩니다. 이로 말미암아 아시리아, 바빌로니아, 페르시아로 이어지는 동양 문명의 지배를 받아왔던 팔레스타인 지방은 점차 그리스와 로마와 같은 서양 문명의 영향을 받게 됩니다. [1)]

알렉산더가 BC 323년 33살의 젊은 나이로 후계자를 남기지 못하고 갑작스럽게 세상을 떠나자, [2)] 마케도니아 제국은 알렉산더 수하의 장군들에 의해 분할되었습니다. 대표적으로 팔레스타인의 북쪽에는 '셀레우코스'(Seleucos) 왕조가 남쪽 이집트에는 '프톨레미'(Ptolemy) 왕조가 각각 왕국을 세웠습니다.

위 두 왕조는 팔레스타인 지방을 차지하기 위해 오랫동안 전쟁을 치렀는데, 처음 백년(BC 301~BC 198) 정도는 프톨레미 왕조가, 이후 약 50년(BC 198~142)은 셀레우코스 왕조가 팔레스타인을 지배하게 됩니다. [3)]

두 왕조 모두 알렉산더의 후예들이지만 유대인의 종교와 전통을 인정했던 프톨레미와는 달리 셀레우코스의 안티오코스 3세가 팔레스타인을 지배하게 되자(BC 198) 유대 사회는 소용돌이 속으로 빠져들었습니다.

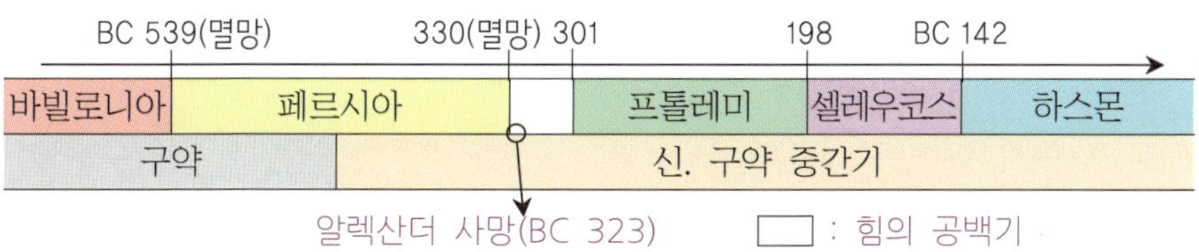

1. 제1권, 10과 「팔레스타인 지방의 역사 지리」 참고

2. 재위 기간(BC 336~BC 323), 13년 중 10년을 원정으로 보내면서 인도 북서쪽에 이르는 대제국을 건설했다.

최초의 마케도니아

3. 두 왕조 간에 다섯 차례의 전면전이 있었는데 통상 150년 전쟁이라 한다.

왕조 (王朝) – dynasty
왕국 (王國) – kingdom

1. 알렉산더 사후의 팔레스타인 정세에 대한 설명을 ○, ×로 답하십시오.
   1) 점차 그리스와 로마 등의 서양 문명의 영향을 받게 되었다. (　　)
   2) 알렉산더가 갑자기 죽자 그의 부하 장군들은 팔레스타인을 남과 북으로 분할 통치했다. (　　)
   3) 알렉산더의 부하 장군들이 세운 프톨레미와 셀레우코스 왕조는 팔레스타인을 서로 차지하기 위해 100년이 넘도록 전쟁을 치렀다. (　　)
   4) 프톨레미 왕조는 팔레스타인 지역의 유대인들의 전통을 무시하고 강압적으로 다스렸기 때문에 유대인들은 거칠게 저항했다. (　　)
   5) 팔레스타인은 페르시아가 멸망한 이후 곧장 로마의 식민지가 되었다. (　　)

✔ 프톨레미 왕조는 알렉산더의 뜻을 따라 유대인의 종교와 문화를 중시했지만 헬라어 사용만은 강요했습니다.[4] 그 여파로 히브리어 구약성경이 헬라어로 번역된 '70인역'(Septuagint, LXX)이 탄생했는데, 이 헬라어 구약성경은 후일에 성경이 각 나라 말로 번역되는데 중요한 역할을 했습니다.

셀레우코스 왕조의 팔레스타인 통치

팔레스타인의 새로운 지배자가 된 셀레우코스 왕조의 안티오코스 3세(재위, BC 223~BC 187)는 처음에는 유대인과 좋은 관계에 있었습니다. 그러나 그가 지중해의 강력한 패자로 등장한 로마와의 전쟁에서 패배하여 물게 된 막대한 전쟁 배상금의 상당 부분을 유대인의 몫으로 돌리자, 셀레우코스 왕조와 유대인의 관계는 급랭하기 시작했습니다.[5]

이후 안티오코스 4세(재위, BC 175~BC 163)는 유대 사회 내에서 이미 갈등을 빚고 있던 그리스(헬라)의 문화는 물론 헬라의 종교까지도 유대인들에게 강요했습니다. 심지어 그는 뇌물을 받고 예루살렘의 대제사장을 임명하기조차 하여 유대인들과의 갈등은 극한 상황에 이르렀습니다.

◀ 로마 폼페이 체육학교 내의 열주랑(列柱廊)[6]

✔ 체육 학교에서는 레슬링과 원반던지기 등의 운동, 때로는 종교의식도 행했다.

셀레우코스 왕조 치하의 유대 사회는 개방적인 그리스(헬라) 문화의 유입으로 인하여 상당한 진통을 겪었는데,[7] 유대인들이 적응하기 힘들었던 대표적인 그리스 문화는 목욕 문화, 짧은 옷을 입고(때로는 나체로) 운동을 하는

4. 알렉산더는 정복지역의 관습과 제도를 인정했지만, 그리스 문화가 확산되면서 각 지역의 문화와 융합되어 새로운 문화가 탄생했다.

5. 고대 전쟁사에서 전례가 없을 정도로 큰 1 만 5천 달란트를 지불해야 했다.

6. by Personal photo, 1999, Wikimedia

Palestra – 초등 체육
Gymnasium – 중등 체육

▲ 고대 그리스 격투기

by Marsyas, 2007, Wiki-media, National Archaeo-logical Museum, Athens

7. 유대인이 헬라식 이름을 사용하는 것도 보수적 유대인에게는 적잖은 충격이었지만, 예수님 당시에는 대제사장조차도 '알렉산더'(행 4:6)란 이름을 사용했다.

(예수님의 제자 가운데 베드로, 안드레, 빌립 등은 헬라식 이름이다)

〈 해 답 〉

1. 1) ○ 2) ×
3) ○ 4) ×
5) ×

청소년들의 체육학교와 갖가지 가면을 쓰고 연극을 공연하는 원형극장 등이었습니다.

셀레우코스의 강압적인 헬라화 정책은 유대인의 종교 생활에도 영향을 미쳤는데, 할례를 저급하게 여기는 풍토, 제사장이 아니어도 대제사장이 될 수 있다는 생각 등이 대표적입니다.

✔ 유대 사회에 긍정적으로 스며든 대표적인 헬라 문화는, 헬라어, 식탁 문화(막 14:18, 22), 수준 높은 의술(막 5:26), 상술(마 13:45), 건축술(요 2:20), 질문과 대화를 통해 진리를 깨닫게 되는 문답법 등이었습니다. [8]

2. 셀레우코스 왕조가 팔레스타인을 지배하자 유대 사회는 정치, 문화, 사회, 종교 등 모든 분야에 급격한 변혁을 맞이하게 되었는데, 유대인 간의 갈등도 극도에 달했습니다.

▲ 가이사랴 원형극장 [9]

1) 셀레우코스 왕조가 팔레스타인을 지배함으로써 유대 사회에 큰 갈등을 가져온 대표적인 헬라 문화는 무엇입니까?

► 원형 극장과 .... 학교(Gymnasium)

2) 셀레우코스 왕조가 팔레스타인을 지배함으로써 유대 사회가 겪게 된 진통과 거리가 먼 내용은 무엇입니까? (   )

가) 오랜 전쟁 후유증과 착취로 유대 백성은 경제적 궁핍에 처했다.
나) 외세의 침략으로 유대 사회는 내부적으로 결속하기 시작했다.
다) 예루살렘의 유대교 지도자들은 종교적으로는 보수적이었지만 헬라문화를 선호하여 자녀들을 체육학교 등에 보냈다.
라) 그리스 문화는 유대사회에 언제나 부정적인 역할을 했다.
마) 제사장 세습이 깨어지고 대제사장 직위가 매매됨으로써 종교 지도자들의 타락이 점차 심화되었다.

3) 셀레우코스가 유대 사회를 지배할 때, 종교적으로 보수적이지만 오히려 헬라 문화를 선호했던 대표적인 유대인 무리는 누구입니까? (   ) [10]

가) 대제사장 나) 하급 제사장 다) 부자, 귀족 라) 가난한 자

하시딤(Hasidim) [11]

유대 사회가 헬라화로 말미암은 갈등을 겪고 있을 때, 자기 이름 앞에 '에피파네스'란 수식어를 붙이기 좋아한 '안티오코스 4세'는 유대교 말살정책을 폈습니다. [12]

8. 요한복음 3장의 예수님과 니고데모의 문답을 참고하라. (소크라테스의 문답법은 유명하다.)

9. 헤롯 대왕은 BC 22~BC 10년에 계획도시 가이사랴를 세우고 그곳의 해변에 반원형극장을 지었다.

그리스식은 반원형, 로마식은 타원형이다. (by Government Press Office, 1995, flickr)

10. 대개 예루살렘 중심의 종교 지도자들은 사두개파에 속했고 지방의 하급 제사장들은 바리새파에 속했다.

11. 하시딤(히)은 하시드(ha-sid)의 복수형으로 '경건한 사람들'로 번역된다.

12. 에피파네스(Epiphanes)는 (제우스)신의 나타남, 곧 신의 현현(顯現)이라는 뜻이다. '안티오코스 에피파네스'로 알려졌다.

〈 해 답 〉

2. 1) 체육
2) 나), 라)
3) 가), 다)

그는 안식일을 지키고 사내아이에게 할례를 행하며 성경을 읽거나 가진 자들을 사형에 처하기도 했으며, 예루살렘 성전을 그리스의 제우스 신에게 봉헌하여 제단에 돼지 피를 뿌리기도 했습니다. [13]

▲ 극단적 정통주의 유대인 [14]

헬라 문화가 밀물처럼 밀려들어와 유대 사회가 세속화되어 가고 강력한 종교 탄압이 일어남으로써 적어도 팔레스타인에서는 유대교가 사라질 것처럼 보였습니다. 그러나 이 위기의 시대에 하시딤(Hasidim)이 유대 사회의 버팀목이 되었습니다.

경건한 유대인들인 '하시딤'은 안티오코스 4세의 잔인한 종교 탄압을 하나님의 진노로 받아들였습니다. 그래서 그들은 하나님께서 자기 백성들에게 향한 진노를 풀고 구원하여 주시기를 바라며 회개 운동을 펼침과 동시에 율법을 **철저하게** 준수하는 생활을 했습니다. [15]

3. 셀레우코스 왕조의 무자비한 유대교 탄압에 저항하기 위한 율법 준수운동을 하시딤 운동이라 합니다.

 1) 하시딤 운동에 대한 설명을 읽고 ○, ×로 답하십시오.

  가) 평신도들의 회개 운동이며 경건 운동이다. ( )
  나) 로마 문화에 대항하는 운동이다. ( )
  다) 프톨레미 왕조가 유대인을 통치할 때 일어났다. ( )
  라) 이스라엘을 회복하기 위한 정치 개혁 운동이다. ( ) [16]
  마) 에스라와 느헤미야가 시도했던 율법 회복 운동과 같다. ( ) [17]
  바) 위기의 시대에 유대사회의 버팀목이 되었다. ( )
  사) 하시딤은 현대에도 극단적 유대 정통주의자로 남아있다. ( )

 2) 하시딤 운동의 가장 중요한 원칙은 **'율법의 둘레에 울타리를 쳐라'**인데, 아래 그림과 같이 외부의 어떤 침범으로부터도 장미를 안전하게 보호해 주는 울타리에 비교됩니다.

  가) 만약 울타리의 한 쪽 부분이 부서지게 된다면 장미의 안전을 보장할 수 없게 됩니다. 그러면 울타리의 한 쪽이 부서지더라도 장미를 보호할 수 있는 방법은 무엇이겠습니까?

  ....

  나) 장미와 울타리는 각각 무엇을 상징합니까?

   ㄱ) 장미: ....
   ㄴ) 울타리: .... 들의 .... (마 15:2, 막 7:3)

13. 제 1권, 10과 「팔레스타인 지방의 역사 지리」 참고

14. ultra-orthodox jews (by diluvi.com Annai Ad-ria, 2007, Wikimedia)

(by Itzuvit, 2009, Wiki-media)

▲ 현대의 하시드(Hasid)

15. 율법을 철저히 지키기 위해 안식일에 무기를 들지 않아 1,000여명이 아무런 저항도 없이 순교한 적도 있다.

16. 이스라엘의 회복을 위한 신앙적인 접근이 하시딤 운동이라면 정치적인 접근은 마카비 전쟁이다.

17. 바벨론 포로 생활을 청산하고 고국에 돌아온 에스라의 율법 회복 운동처럼 율법을 온전히 지키겠다고 서약했다.

〈 해 답 〉

3. 1) 가) ○ 나) ×
 다) × 라) ×
 마) ○ 바) ○
 사) ○
 2) 가) 다양한 답변
 나) ㄱ) 율법
 ㄴ) 장로, 전통

다) 하시딤은 실생활에서 율법 준수 운동을 전개했는데, 그들은 안식일이란 장미를 보호하기 위해 울타리를 어떻게 보강했습니까?

.... (앞 그림을 참고)

✔ 유대인들은 안식일이 시작되는 오후 6시 일몰 한참 전에 안식일을 선포하고, 안식일이 끝나는 다음 날 오후 6시 일몰 한참 후까지 안식일을 철저히 지킴으로써 안식일을 범하지 않으려 했습니다.

3) 유대인들이 셀레우코스의 지배를 받을 때 시작된 하시딤 운동은 예수님 당시에 이르러서는 형식적인 '장로들의 전통'으로 전락하고 말았습니다.

가) 하시딤의 전통을 누가 이어받았습니까?

► 바리새인들과 .... 들 (마 15:1) [18]

나) 하시딤 전통의 진정성은 예수님 당시에 서기관들과 바리새인들에 의해 아래와 같이 형식화되었습니다.

"제자들이 시장하여 ( )을 잘라 먹으니 . . . 보시오 당신의 제자들이 안식일에 하지 못할 일을 하나이다" (마 12:1~2)
"너희가 박하와 회향과 ( )의 십일조는 드리되" (마 23:23) [19]

✔ 하시딤의 후예들은 이삭을 손으로 자르는 것은 추수이고 손바닥으로 비비는 것은 탈곡이므로 쉬어야 할 안식일을 범했다고 생각했습니다.

다) 예수님께서는 장미를 감상하기보다는 울타리 만들기에 여념이 없는 바리새인들에게 다음과 같이 말씀하셨습니다.

► "율법의 더 중한 바 .... 와 .... 과 .... 은 버렸도다" (마 23:23)

4) 하시딤 운동은 하나님 말씀(율법)을 생활 속에서 실천하는 운동이지만 지나치게 율법적으로 흐르게 되자 폐단도 뒤따랐습니다. 상기 예수님의 말씀에 의하면 하시딤 운동의 과실은 어디에 있다고 생각합니까? [20]

.... (막 2:27, 약 1:25)

마카비(Maccabees) 전쟁과 하스몬(Hasmon) 왕조 [21]

마카비 전쟁이란 안티오코스 4세의 탄압에 대항하여 하스몬 가문을 중심으로 일어난 유대인들의 게릴라식 무장 독립운동(BC 167~BC 164)입니다.

4. 무장 봉기의 중심에 선 하스몬 가문의 유다 마카비는 유대인들을 지휘하여 셀레우코스 왕국 치하의 예루살렘 성전을 회복(BC 164)하게 됩니다.[22] 그리고 예루살렘 성전을 회복한 지 약 20여년이 지나, 유대인들은 팔레스타인

18. 서기관에 대해서는 제3권, 5과 「천국의 법 2」를 참고하시오.

19. 채소의 소출까지도 열에 하나를 구분할 정도로 율법을 문자적으로 지켰다.

20. 하시딤 운동은 사람이 율법을 위해 있는 것처럼 변질되었다. (막 2:27)
자유하게 하는 율법의 정신에 어긋난다. (약 1:25)

21. 제 1권, 10과 「팔레스타인 지방의 역사 지리」 참고

22.

▲ 유다 마카비가 회복한 지역(■)

〈 해 답 〉

3. 2) 다) 생략
3) 가) 서기관
나) 이삭, 근채
다) 정의, 긍휼, 믿음
4) 율법의 근본정신은 사라지고 형식만 남았다.

23.

24. Peter Paul Rubens (1577-1640, 벨)

에서 셀레우코스 세력을 완전히 몰아내고 유대인의 마지막 왕조 하스몬을 세웠습니다(BC 142). 그런데 하스몬 왕조의 세속 정치와 왕족들 간의 갈등은 경건운동의 주역인 하시딤의 지지를 잃고 유대인들 간의 분열을 부추겼고, 결국 하스몬 왕국은 로마에게 멸망(BC 63)하게 됩니다.

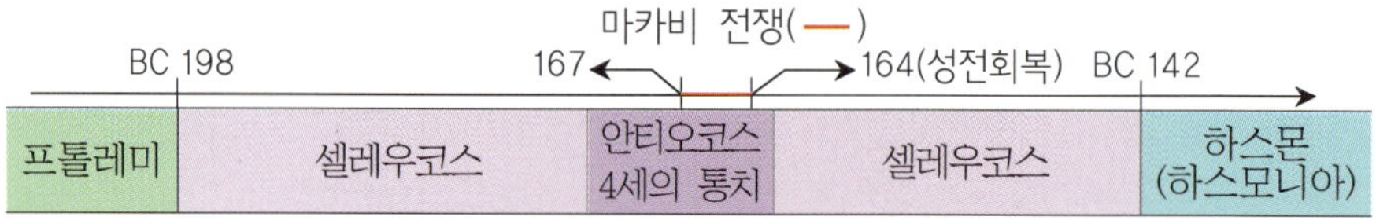

1) 다음은 로마 가톨릭에서 구약의 정경으로 받아들이는 '마카베오 상' 2장의 일부를 요약 정리한 내용입니다. 읽은 후에 답하십시오.

> **마따디아**는 예루살렘을 떠나 **모데인**에서 제사장으로 살았다. 그에게는 아들이 다섯이 있었는데 그 중에 **마카비**라고 불리던 **유다**가 있었다.
>
> **안티오코스 왕**은 유다인들에게 배교를 강요하고 이교 제사를 드리게 하려고 자기 부하들을 모데인 시로 보냈다. 어떤 유다인 한 사람이 나와서 모든 사람이 보는 앞에서 왕명대로 모데인 제단에 그리스신들을 위한 희생제물을 드리려 했다. 이것을 본 **마따디아**는 화가 치밀어 치를 떨고, 의분을 참지 못하여 앞으로 뛰어올라가 제단 위에서 그 자를 죽였다. 그리고 유다인들에게 이교 제사를 강요하기 위하여 왔던 왕의 사신까지 죽이고 제단을 헐어버렸다.[23] (마카베오 상 2:1~30, 약술)

가) 위 성경 본문의 '안티오코스' 왕에 대한 잘못된 설명은 무엇입니까? (　　)

ㄱ) 안티오코스 4세로 그의 별명은 '에피파네스'(Epiphanes)이다.

ㄴ) 헬라화를 강요한 프톨레미 왕조의 왕이다.

ㄷ) 그의 통치 기간에 마카비 투쟁이 있었다.

ㄹ) 예루살렘의 성전을 더럽히고 유대 종교를 극도로 탄압했다.

▲ 마카비 투쟁[24]

나) 마카비 전쟁에 대한 아래의 설명을 완성하십시오.

ㄱ) 마카비 전쟁은 (　　　　　　) 4세의 폭정에 대항하여 '마따디아'와 그의 아들들이 중심이 되어 일어난 무장 독립 투쟁으로 핵심인물은 망치란 별명을 가진 유다 (　　　　)입니다.

ㄴ) 마카비 전쟁으로 유대인의 마지막 고대 왕조 (　　　　　)이 세워졌으나, 유대인들은 여전히 (　　　　)왕의 후손이 세울 메시야 왕국을 기다렸습니다.

〈 해 답 〉

4. 1) 가) ㄴ)
나) ㄱ) 안티오코스, 마카비
ㄴ) 하스몬, 다윗

◀ 메노라(좌), 하누키야(우) [25]
안식일에 사용하는 메노라(촛대)는 줄기가 7개이며 '수전절에 사용하는 메노라'(하누키야, hanukkiyah)의 줄기는 9개이다.

✔ 마카비 전쟁으로 안티오코스 4세에 의한 종교적 박해는 끝나고 예루살렘 성전이 회복(BC 164)되었습니다. 그 결과 더럽혀진 성전이 새롭게 봉헌되었는데 이를 기념하는 절기가 수전절(Hanukkah, 히)입니다. (요 10:22)

2) 하시딤 운동과 마카비 전쟁의 결과로 세워진 하스몬 왕조에 대한 아래의 설명을 읽고 ⬚에서 알맞은 단어를 찾아 완성하십시오.

갈릴리,	로마,	헬라,	마카비,	하스몬
하시딤,	할례,	유대,	폼페이,	율법

가) 마카비 전쟁이 일어나자 율법의 둘레에 울타리를 쳤던 (　　　　) 은 하스몬 가문과 동맹을 맺었습니다. 그러나 유대 독립 전쟁을 승리로 이끈 하스몬 가문이 (　　　　)에 대한 열심보다는 정치적으로 편향되자 하시딤은 하스몬 가문과 일정한 거리를 두었습니다.

나) (　　　　) 운동의 목표는 율법을 온전히 지키면서 평화롭게 삶으로써 율법의 주권을 입증하는데 있었습니다.

그러나 (　　　　) 전쟁의 목표는 약속의 땅에서 이방인들을 멸망시키든지 약속의 땅 안의 이방인들이 유대인이라는 육체적 표시인 (　　　　)를 받도록 하는 것이었습니다.

다) 마카비 전쟁으로 세워진 (　　　　) 왕국은 베레아, 이두매 지역 주민들을 강제로 (　　　　)함으로써 그 지역들을 '유대화' 했는데 북쪽의 (　　　　) 지방도 통합하여 다윗 왕국의 국경선을 거의 회복했습니다. [26]

▲ 팔레스타인 행정지역

✔ 다윗 왕 이후 대제사장직은 아론의 후손 가운데 사독 가문이 맡았습니다. 그런데 하스몬 왕조의 최고 통치자는 대제사장을 겸직함으로써 경건한 유대인들의 반발을 샀습니다.

권력 \ 왕국	남 유다 왕국	하스몬 왕조	헤롯 왕조 [27]
왕 권	왕	왕이 대제사장직을 겸하기도 함	총독 혹은 왕
신 권	대제사장		대제사장

25. by Tact Sasajima, 2006, flickr(우)

26. 에돔 사람이 사는 유대 남쪽을 '이두매'라 한다. 남 왕국 유다가 BC 586 바빌로니아에게 망하자 유다 왕국 남쪽에 에돔 사람들이 들어와 살게 되었다. (에돔 사람들은 서진 혹은 북진하여 다윗 왕국의 첫 도읍지인 헤브론과 그 남쪽에서 살게 되었다.

27. 헤롯 대왕과 그의 손자 아그립바 1세(행 12:1, 20)는 로마 황제와 친분이 두터워 직접 대제사장을 임명했다. 위 두 사람을 제외하고는 유대 총독이 대제사장을 임명했다.

〈 해 답 〉

4. 2) 가) 하시딤, 율법
나) 하시딤, 마카비, 할례
다) 하스몬, 할례 갈릴리

라) (   ) 운동이 셀레우코스 왕조의 헬라화 정책과 반유대교 정책에 반발하여 일어난 종교적 신앙 운동이었다면, 마카비 전쟁과 그 결과로 세워진 (   ) 왕조는 시간이 흐를수록 정치적으로 세속화하여 유대 사회에 내분을 가져왔습니다.

그 결과 유대백성들은 하스몬 왕조에 등을 돌렸고 결국 예루살렘은 (   )의 (   ) 장군에 의해 BC 63년에 함락되었습니다.

3) 아래의 하시딤 운동, 마카비 전쟁, 하스몬 왕조에 대한 설명을 읽고 옳고 그름을 O, ×로 답하십시오.

가) 역사적으로 하시딤 운동과 마카비 전쟁 후에 하스몬 왕조가 성립되었다. (   )

나) 하시딤 운동은 셀레우코스 왕조의 압제에서 벗어나기 위한 무력 투쟁이었다. (   )

다) 마카비 전쟁으로 예루살렘 성전을 회복했던 것을 기념하는 절기가 수전절이다. (   )[28)]

라) 마카비 전쟁의 주역인 하스몬 가문은 아론의 후손으로 제사장이 될 수 있었지만 왕과 대제사장직을 겸하는 것은 불법이었다. (   )

마) 하시딤이 세운 유대인의 마지막 왕조인 하스몬은 이슬람에 의해 멸망했다. (   )

4) 아래 표는 팔레스타인을 지배했던 나라들을 차례로 나열하고 있습니다. 표를 보면서 질문에 ㉠~㉤으로 답하십시오.

㉠, 바빌로니아	㉡, 페르시아	㉢, 프톨레미	㉣,셀레우코스	㉤, 하스몬

가) 에스라, 느헤미야가 귀환한 때는 어느 때입니까? (   )

나) 하시딤 운동이 일어난 때는 어느 때입니까? (   )

다) 마카비 전쟁이 일어난 때는 어느 때입니까? (   )

라) 유대인의 마지막 왕조는 어느 때입니까? (   )

28. 요 10:22

마카비 전쟁으로 예루살렘 성전을 포함한 인근 도시는 회복되었으나 팔레스타인이 회복되기 까지는 약 20년을 더 기다려야 했다.

〈 해 답 〉

4. 2) 라) 하시딤, 하스몬
로마, 폼페이
3) 가) ○ 나) X
다) ○ 라) ○
마) X
4) 가) ㉡
나) ㉣
다) ㉣
라) ㉤

중심 내용 되씹기

1. 다음 왕조와 관련된 단어를 ⬚에서 찾아 답하십시오.
   1) 프톨레미 왕조: (   )
   2) 셀레우코스 왕조: (   )

가) 팔레스타인 남쪽	나) 알렉산드리아	다) 이집트
라) 시리아	마) 안티오코스 4세	바) 마카비
사) 하스몬	아) 70인역 성경	자) 성전 모독
차) BC 301~BC 198	카) 전쟁 배상금	타) 하시딤

2. 헬라 문화와 관계없는 내용은 무엇입니까? (   ) [1]

가) 원형 경기장	나) 짐나지움(체육학교)	다) 노천 극장
라) 유일신	마) 다신교	바) 짧은 의상
사) 신화	아) 율법	자) 철학
차) 경마장	카) 긴 의상	타) 코셔(kosher) [2]

3. 하시딤과 하스몬에 관련된 내용을 ⬚ 에서 찾아 적으십시오.
   1) 하시딤: (   )
   2) 하스몬: (   )

가) 율법에 울타리 치기	나) 정치적 성향	다) 유다 마카비
라) 율법의 회복	마) 회개 운동	바) 장로들의 전통
사) 비사독계 대제사장	아) 유대인의 마지막 왕조	

4. 하시딤 운동의 가장 중요한 원칙인 '율법의 둘레에 울타리를 친다'는 것은 무엇을 의미합니까? ....

5. 수전절 메노라의 등불의 가지가 9개인 이유를 조사하여 소그룹에서 발표하는 시간을 갖습니다. [3] ....

나눔 그리고 기도의 시간

1. 이스라엘은 지정학적 요인 때문에 주변의 열강으로부터 잦은 지배를 받았습니다. 셀레우코스 왕조 치하의 유대인들은 외부의 충격에 대처하는 입장에 따라 심각한 내부적 갈등을 겪었는데, 이는 구한말의 우리와 비슷합니다.

   이스라엘이 셀레우코스 왕조의 지배를 받을 때, 보수적 유대인들이 겪게 된 문화적 충격에는 어떤 것들이 있었습니까?

   셀레우코스 왕조 치하의 유대인들 간에는 정치적 분열도 심각했지만 결국

---

1. 헤롯 대왕은 예루살렘에 곡마단을 불러들이고 여리고의 겨울 궁전을 화려한 생활 예술품으로 가득 채웠는데, 곡마단과 생활 예술품은 헬라적인 것이다.

2. 유대교의 음식 율법에 따라 먹기에 합당한 식품을 말한다. (레 11장)

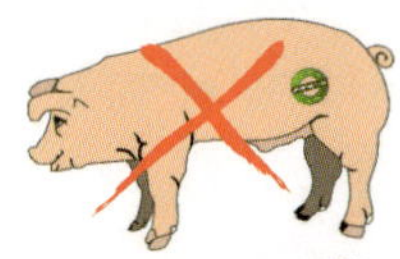

▲ 코셔 인증 맥도널드 (by Otto Magnus, 2008, Wikimedia)

3. 메노라

〈 해 답 〉

1. 1) 가), 나), 다), 아), 차)
   2) 라), 마), 바), 사), 자), 카), 타)
2. 라), 아), 카), 타)
3. 1) 가), 라), 마), 바)
   2) 나), 다), 사), 아)
4. 생략

가치관의 차이에 따른 갈등이나 다름이 없었습니다. 우리가 현재 살아가는 '포스트 모던'(post modern) 시대의 가치관은 무엇입니까? 3)

당신을 지배하고 있는 가치관은 무엇이며, 외부의 어떤 압력에도 교회가 하나가 될 수 있는 이유를 설명하십시오.

2. 나라가 위기에 처할 때 하시딤은 마카비 전쟁을 도와 외세에 대항했으나, 결국은 마카비 전쟁을 승리로 이끈 하스몬 왕조와 결별하고야 말았습니다.

하시딤 운동과 마카비 전쟁의 주역과의 근본적인 차이는 무엇입니까?

하시딤은 예루살렘 성전이 회복되자 더 이상 정치에 관여하지 않았고, 견제 세력이 없는 하스몬 왕조는 권력을 휘두르다가 멸망의 길을 걸었습니다. 당신은 그리스도인의 사회(문화) 참여와 정치 참여를 어떻게 평가하십니까? 4)

3. 아래의 연대를 보면 이스라엘이 얼마나 오랫동안 주권을 상실했는지 알 수 있습니다. (▭ 는 나라를 잃은 기간임)

BC 586 142 63 그리스도 탄생 AD 1948

(남왕국) 유다	바빌로니아, 페르시아 프톨레미, 셀레우코스	하스몬	로마, 셀주크, 십자군, 오스만, 영국	현대 이스라엘

유대 민족이 오랫동안 흩어진 상황에서도 민족적 연대감을 유지하게 된 이유는 무엇이며, 한국 그리스도인(혹 당신의 가정, 섬기는 교회)의 연대감은 어디에서 찾을 수 있습니까? (혹은 어떻게 하면 연대감이 생기겠습니까?) 5)

유대 민족이 나라를 상실한 후, 오랜 기간이 흘렀음에도 불구하고 나라를 회복할 수 있었던 동력이 어디에 있다고 생각하십니까? 6)

4. 하스몬 왕조는 약속의 땅 안에 사는 이방인들에게 강제로 할례를 행함으로써 하나님 나라를 확장했습니다. 한편 하시딤은 회개를 통하여 율법을 회복시키고 평온한 가운데 약속의 땅에서 하나님의 나라를 이루려 했습니다.

그리스도인은 위와 같은 두 종류의 하나님 나라 운동에서 어떤 영적인 교훈을 얻을 수 있습니까? 7)

여호와의 증인들은 헌법상에 명시된 양심의 자유를 근거로 군복무를 거부하고 있는데, 그들이 하시딤과 다른 이유는 무엇 때문입니까?

3. 삿 21:25

4. 롬 13:1~7

5. 유대인들은 신명기 6:5절로 가정교육의 원리를 삼고, 공동체에서는 절기를 지킴으로 일체감을 유지했다.

6. 중국 최후의 통일왕조인 청나라(1636~1912)를 세운 만주족은 나라가 망한 후, 한 세기도 지나지 않아 역사의 무대에서 거의 사라졌다.

7. 스리랑카는 포르투갈, 네덜란드, 영국이 약 450년 동안 점령하여 복음을 전했으나 현 복음화율은 가톨릭을 포함하여 10%에 못 미친다.

또한 네덜란드는 인도네시아를 점령하여 약 350년 동안 복음을 전했지만 현재 복음화율은 가톨릭을 포함하여 10%에 못 미치며, 도리어 이슬람 국가가 되었다.

제 2 과 나뉜 유대 백성

(바리새파, 사두개파, 에세네파, 열심당)

◀ 요세푸스 [1)]

나는 예수께서 십자가에서 죽으시고 부활하신 후, 얼마 지나지 않아 제사장 집안에서 태어났습니다.

청년 시절 바리새파, 사두개파, 에세네파의 사상을 두루 섭렵하였고 3년 동안 사막에서 은둔 생활도 했습니다.
그 후 예루살렘에서 바리새파가 되었습니다.

갈등과 분열의 시대

고대 오리엔트 세계의 패자가 된 아시리아, 바빌로니아, 페르시아가 차례로 팔레스타인을 점령할 때만해도 유대인들 간의 갈등은 두드러지지 않았습니다. 그런데 BC 2세기 초에 셀레우코스 왕조가 팔레스타인을 지배한 후로는 유대인들 간의 결속은 약화되고 심각한 내부 갈등과 분열이 일어났습니다.

셀레우코스 왕조가 팔레스타인을 지배하자 예루살렘 중심의 귀족들과 종교 지도자들은 헬라 문화를 긍정적으로 수용하려 했지만 율법을 철저히 지키고 회개운동을 펼친 하시딤은 유대 문화의 헬라화를 적극적으로 반대했습니다.

이와 같이 유대 사회가 헬라 문화로 말미암아 갈등을 겪고 있을 때, 셀레우코스 왕조의 안티오코스 4세가 유대교를 박해하자 하스몬 가문은 유대교와 유대 문화를 최고의 가치에 둔 하시딤의 도움을 받아 마카비 전쟁(BC 167~BC 164)을 승리로 이끌었습니다. 이 전쟁을 통하여 팔레스타인에서 외세를 몰아낸 유대인들은 하스몬 왕조를 세우지만 내부적 결속으로 이어지지 못하고 갈등과 분열은 계속되었습니다.

위와 같은 일련의 과정에서 유대인들은 외세에 어떻게 대처할 것인지를 두고 성향이 같은 무리끼리 종교적 정치적 집단을 이루었는데, 이들이 바리새파 사두개파 열심당 등으로 구체화 되었습니다.

1. 유대 역사가 요세푸스의 저서인 「유대 고대사」는 고대 이스라엘의 역사는 물론 초대 기독교를 연구하는데 중요한 자료를 제공합니다. 그는 자신의 저서에서 3대 종교 당파, 곧 하시딤 운동의 결과로 생긴 바리새파와 에세네파 그리고 정치적 성향이 짙은 사두개파를 소개하고 있습니다.

1. 요세푸스(Flavius Jo-sephus, 37 ?~100 ?) 제1차 유대전쟁(AD 66~74)에 갈릴리 지휘관으로 출전하였으나 로마의 베스파시안(Vespasian) 장군에게 항복했다.

그는 후일에 황제가 된 베스파시안으로부터 로마 시민권, 연금, 토지 등을 하사 받고 평생 저작 활동을 했는데 「유대 고대사」, 「유대 전쟁사」 등은 유대 역사와 성경 연구에 귀중한 사료이다.

2. 하시딤이 발생된 시점을 BC 4~3세기로 소급하기도 하지만 확실한 것은 없다.

3. 요세푸스는 제 1차 유대 전쟁의 갈릴리 지방의 지휘관이었다.

1차 유대전쟁: AD 66~74

4. 하시딤의 후예는 바리새파와 에세네파이다.

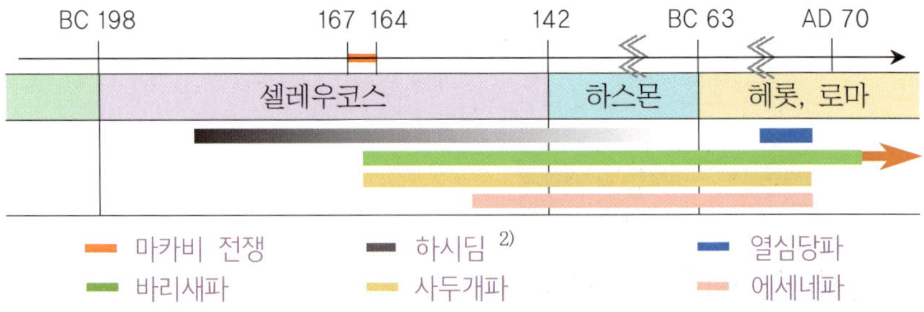

✔ 세 당파의 발생 시점과 이름의 유래는 그 어느 것도 확실하지 않으며, 하스몬 가문이 점차 세속화되자 이에 대한 반발로 하시딤 중에서 바리새파가 형성되고 조금 나중에 에세네파가 발생한 것으로 알려졌습니다.

1) BC 2세기의 팔레스타인의 상황을 ○, ×로 답하십시오.
   가) 마카비 전쟁에 참가했던 요세푸스는 유대 사회의 갈등을 「유대 고대사」에 기록했다. ( ) [3]
   나) 하시딤 운동은 프톨레미 왕조가 팔레스타인을 지배할 때에 발생한 유대교의 회개 운동이며 신앙 갱신운동이다. ( )
   다) 하시딤 이후에 바리새파, 사두개파, 에세네파 등이 구체적으로 조직되었다고 보는 것이 일반적인 견해이다. ( )
   라) 마카비 투쟁으로 외세를 몰아낸 유대인들은 서로 뭉치기 시작했다. ( )
   마) 예루살렘의 귀족들과 정치 종교 지도자들은 평민들을 포함한 하시딤과는 달리 헬라문화를 긍정적으로 수용했다. ( )
   바) 하시딤은 바리새파, 사두개파로 분화되었다. ( ) [4]

2) 유대인들이 셀레우코스 왕조의 지배를 받고 있을 때, 유대 사회에 여러 당파들이 발생했는데 이는 유대사회가 분열되었음을 의미합니다.
   가) 신약성경에 등장하는 당파는 다음과 같습니다.
      ㄱ) 바리새 당파와 .... 당파 (마 3:7)
      ㄴ) 사도 시몬이 한때 속했던 .... 당파 (마 10:4)
      ㄷ) 정치적인 색체가 강한 .... 당파 (막 3:6)
   나) 다음 중 성격이 다른 모임은 무엇입니까? ( )
      ㄱ) 하시딤 ㄴ) 사두개파 ㄷ) 바리새파 ㄹ) 에세네파

〈 해 답 〉

1. 1) 가) × 나) ×
다) ○ 라) ×
마) ○ 바) ×
2) 가) ㄱ) 사두개
ㄴ) 열심
ㄷ) 헤롯
나) ㄴ)

바리새파(Pharisees 派)

'바리새'란 이름은 히브리어 '분리된 자'(페루심, Perushim)에서 유래되었으며 '그리스도인'(행 11:26)처럼 주변 사람들이 붙여준 이름으로 보입니다.

BC 6세기경에 바벨론에서 포로생활을 하던 유대인들은 성전 제사를 더 이상 드릴 수 없었기에 제사장이 불필요했습니다. 성전이 아닌 일상에서 유대인 모두가 평신도 제사장(출 19:6) 역할을 해야 한다는 역사적이며 신학적인 요구가 있어왔는데, 이런 요구들은 유대인들이 셀레우코스 왕조의 지배를 받던 BC 2세기경에 바리새파로 구체화된 것으로 보입니다.

바리새인들은 주로 수공업자, 소규모의 농사를 짓는 농부, 소상인과 같은 사회 중간 계층에 속한 사람들과 대부분의 서기관들과 하급 제사장들을 포함했습니다.[5)]

▲ 바리새인들[6)]

구전으로 내려온 장로들과 선지자들의 전통을 중시했던 바리새인들은 유대인의 문화적 전통을 중시하여 헬라와 로마 문화를 배척했지만 율법(곧 모세 오경)을 개방적으로 해석하고 적용했기 때문에 사두개인들로부터 신학적 진보주의자라는 비난을 받았습니다.

2. 하시딤의 후예인 바리새인들은 자신들의 조직 이외의 사람들과의 관계가 폐쇄적이지만[7)] 적은 수에도 불구하고[8)] 백성들로부터 존경을 받았고 신약 시대에 유대인들의 생활에 가장 큰 영향을 미쳤습니다.

1) 바리새인들은 문자적인 해석에 매여 성경이 의도하는 메시지를 바로 보지 못했으며 외식을 일삼아 예수님께 잦은 책망을 받았습니다.

가) 구약의 율법에 의하면 사람이 부정하게 된 일례는 다음과 같습니다.

> "만일 누구든지 부정한 들짐승(혹 가축, 곤충)의 (　　　)를 만졌으면 . . . 그 몸이 더러워져서 허물이 있을 것이요" (레 5:2)
> "만일 부지중에 (　　　)병이 있는 부정한 사람의 부정에 닿았으면 . . . 허물이 있을 것이요" (레 5:3, 15:2~12)

나) 바리새인들은 '거룩한 백성'(출 19:6)으로 살려는 열심이 지나쳐서 하나님의 말씀에 무엇인가를 더하여 '접촉으로 말미암아 부정하게 되는 범위'를 아래와 같이 확대시켰습니다.

> "바리새인들과 모든 유대인들은 장로들의 전통을 지키어 (　　　)을 잘 씻지 않고서는 음식을 먹지 아니하며 또 시장에서 돌아와서도 (몸에) (　　　)을 뿌리지 않고서는 먹지 아니하며" (막 7:3~4)

✔ 사두개인은 부정한 경우를 성경에 기록대로 한정했지만, 바리새인은 율법을 개방적이고 자유롭게 해석하여 부정한 경우를 다양하게 적용했기 때문에 사두개인으로부터 진보주의자라는 비난을 받았습니다.

5. 서기관 – 율법을 필사, 보존, 해석, 가르치는 역할을 했으며, 전승을 생활에 적용하도록 세칙을 만들었다.
신약 시대에 랍비, 율법교사 등으로 불렸다.

6. James Tissot
온몸을 가리는 바리새인들의 옷에 주의하라.

7. 바리새인들은 회원이 아닌 사람과 식사하지 않으며(갈 2:11~13), 회원이 아닌 제사장에게 십일조를 내지 않았다. 그리고 일주일에 두 번 금식(눅 18:12, 월, 목)했다.

8. 요세푸스에 의하면 헤롯 대왕 당시 6천명 정도였다.

〈 해 답〉

2. 1) 가) 사체, 유출
나) 손, 물

다) 예수님 당시의 바리새인들은 접촉을 통한 부정을 경고하신 하나님의 진정한 의도를 깊이 생각하지 못했습니다.

ㄱ) 접촉을 통한 부정을 경고하신 하나님의 의도는 무엇입니까?

► 이스라엘의 .... (레 11:44~45) [9]

ㄴ) 진정한 거룩은 신체를 깨끗이 하는 것보다 무엇을 깨끗하게 해야 합니까? .... (마 15:17~20)

2) 초대 교회에 입교한 바리새인들은 약을 남용하듯이 성경을 적용함으로써 구원의 진리를 왜곡하는 등 초대 교회를 어지럽혔습니다.

가) 바리새인들은 성경에 계시된 것보다 '더 많은 것들'을 믿었고, 믿는 대로 생활에 적용시키려 했는데 '더 많은 것들'은 무엇이라 합니까?

► 장로들의 .... (마 15:2)

나) 어떤 바리새인들은 그리스도인이 된 뒤에도, 구원을 받으려면 다음 사항을 지켜야한다고 주장했습니다.

ㄱ) .... 를 받아야 한다. (행 15:1, 5)

ㄴ) .... 의 율법을 지켜야 한다. (행 15:5)

다) 위와 같은 바리새인들의 요구로 교회에 갈등이 있게 되자 사도들은 '예루살렘 공의회'(AD 49년)로 모였는데, 베드로 사도는 다음과 같이 그들을 꾸짖었습니다.

ㄱ) 우리 조상과 우리도 능히 메지 못하던 (   )이라는 멍에를 메게 하느냐 (행 15:5, 10)

ㄴ) 할례가 아닌 주 (   )의 은혜로 구원받는다. (행 15:11) [10]

✔ 바리새파의 지도자 가말리엘이 예수님의 제자들을 체포하려는 것을 반대했던 것은(행 5:33~39 참고) 그가 제자들에게 호의적이었기 때문이 아니라 율법을 어기고 죄를 지을까 두려워했기 때문입니다. 바리새인들은 율법에 대한 잘못된 열심을 가지고 있어서 예수님으로부터 책망을 받았지만 율법을 존중하고 지키려는 자세는 기릴만합니다.

3) 바리새파에 관한 설명을 읽고 옳고 그름을 ○, ×로 답하십시오.

가) 살면서 무엇이 하나님의 뜻인가를 두고 몹시 고민했다. (   )

나) 일상생활에서 율법을 준수해야 한다는 열심히 지나쳐 사람에게 보이려고 외식하는 경향이 많았다. (   )

다) 바리새파에 속한 서기관들이 바리새파 사상을 발전시켰다. (   )

---

9. 출 19:6, 레 19:2, 20:7~8, 26, 살전 4:3, 히 13:12, 벧전 2:9 등

10. 마 9:22, 행 14:9, 갈 2:16, 엡 2:8, 살후 2:13, 딤후 3:15, 벧전 1:9 등

〈 해 답 〉

2. 1) 다) ㄱ) 거룩
ㄴ) 마음
2) 가) 전통
나) ㄱ) 할례
ㄴ) 모세
다) ㄱ) 율법
ㄴ) 예수
3) 가) ○ 나) ○
다) ○

라) 운동할 때만큼은 헬라문화를 수용하여 짧은 옷을 입었다. ( )

마) 예루살렘 성전이 파괴된 이후에도 각자가 제사장이란 믿음으로 회당을 중심으로 모였고 평신도 제사장 운동을 발전시켰다. ( ) [11]

바) 때로는 장로들의 전통을 성경보다 중시했다. ( )

사) 사두개파와 함께 하시딤의 전통을 이어받았다. ( )

아) 현대 정통 유대교의 근간을 이루고 있다. ( )

사두개파(Sadducees 派)

'사두개'라는 이름 자체는 다윗 왕(BC 10세기) 시대의 대 제사장 사독에서 유래한 것으로 보이지만, 사두개파는 셀레우코스 왕조가 팔레스타인을 지배하면서부터 구체화된 것으로 보입니다. [12]

▲ 대제사장

사두개파는 바리새파와 에세네파처럼 회원가입 절차가 있는 조직화되고 폐쇄적인 당파는 아니었지만 예루살렘 중심의 제사장, 큰 상인, 정부 관리, 기타 권력층으로 구성되었기 때문에 자동적으로 수직적 관계를 맺을 수밖에 없었으며 바리새파보다 수가 많았습니다. [13]

3. 사두개인들은 오직 모세 오경 안에 문자적으로 기록된 것만을 믿는 신학적 보수주의자들이었기 때문에 장로들과 선지자들의 구전 전통을 통하여 성경을 새롭게 해석하고 실생활에 적용해 보려는 바리새인들을 진보주의자들이라 비난했습니다. 그래서 사두개인들은 초월적 존재인 천사와 사탄 등의 영들을 믿지 않았으며 죽은 자들의 부활과 영생도 이방 종교의 영향이라 생각하여 받아들이지 않았습니다. [14]

1) 사두개인들의 영적 세계를 잘못 설명한 것은 무엇입니까? ( )

가) 부활 사상은 조상들이 바벨론 포로 생활을 거치면서 페르시아의 조로아스터교의 영향을 받았다고 생각했다. [15]

나) 성전에서 속죄 제사를 드리지만 내세를 믿지 않았다.

다) 바리새인들처럼 메시야에 대해 큰 관심이 없었으며 부활을 부정했기 때문에 교회를 핍박하는데 앞장섰다. [16]

라) 구전으로 내려온 전통을 중시하여 구약 성경 중에서 모세 오경에 최고의 권위를 두었다.

2) 사두개인들의 정치적 성향을 잘못 설명한 것은 무엇입니까? ( )

가) 내세를 믿지 않았기 때문에 권력 지향적이고 탐욕이 강했다.

---

11. 출 19:6

12. 사독(Zadok) – 삼하 15:24, 19:11, 20:25, 왕상 1:38

13. 헬레니즘 문화를 동경했으며 권력 지향적이었다.

14. 제 5권, 10과 「천국의 대적들의 반격」에서 '둘째 질문, 부활에 대하여'를 참고하라. (막 12:18, 눅 20:27, 행 23:8)

모세오경에 영적인 존재가 없는 것도 아니다. (창세기의 예만 들어도 다음과 같다. 창 16:7, 19:1, 15, 21:17, 22:11, 28:12, 31:11, 32:1 . . .)

15. 조로아스터(Zoroaster)의 가르침에 기초하며, 유일신 아후라 마즈다(Ahura Mazda)를 믿는 고대 페르시아 종교이다

▲ 아후라 마즈다의 상징 (by Ploxhoi, 2007, Wiki–media)

16. 행 4:1~2, 23:6~8

〈 해 답 〉

2. 3) 라) × 마) ○ 바) ○ 사) × 아) ○

3. 1) 라) 2) 다)

나) 현실 정치를 중시하여 하스몬 왕조를 지지하였고, 그 이후에 팔레스타인을 점령한 로마 정권과도 친했다.

다) 유대인들의 최고 의결기관인 산헤드린(공회)을 장악한 사두개인들은 산헤드린의 수장인 대제사장을 임명하기에 이르렀다.[17)]

라) 성전 중심의 제사장들에 의한 귀족 정치를 지향했다.

3) 사두개파에 관한 설명을 읽고 옳고 그름을 ○, ×로 답하십시오.

가) 헬라 문화를 동경했지만 신학적으로는 바리새파보다 보수적이었다. ( )

나) 정치 지향적이며 산헤드린(공회)의 실권을 잡았다. ( )

다) 유대 평민들과 호흡을 같이했으며 AD 70년에 예루살렘 성전이 파괴된 후에도 존재했다. ( )

라) 모세 오경을 문자적으로 믿었던 그들은 창세기에 천사에 관한 기록이 있음에도 천사와 같은 영적 존재를 믿지 않았다. ( )

마) 제사장들은 모두 사두개인들이다. ( )

에세네파(Essenes 派)[18)]

마카비 전쟁의 중심에 선 하스몬 가문은 예루살렘 성전을 회복(BC 164)하고, 이어 팔레스타인에서 셀레우코스 세력을 완전히 몰아낸 후에 유대인의 마지막 왕조 하스몬을 세웠습니다(BC 142).

경건한 유대인들은 하스몬 왕조가 셀레우코스에 의해 더렵혀진 예루살렘의 성전 제사뿐만 아니라 대제사장 제도도 회복해 주기를 기대했습니다.

그런데 하스몬 왕조의 통치자가 대제사장직을 겸직하며 세속화 되자, 일단의 제사장들과 경건한 유대인들은 '의의 교사'(teacher of Righteousness)라 불리는 제사장의 인도로 타락한 예루살렘을 떠나 쿰란에서 예루살렘 성전과 비슷한 공동체를 이루며 살았는데, 이들을 에세네파라 합니다.

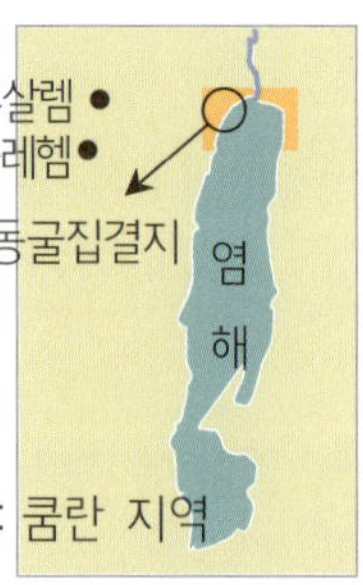

▲ 쿰란 제4 동굴[19)]

▲ 쿰란 공동체의 주거지

✔ 1947년 어떤 양치기 소년에 의해 쿰란 동굴에서 구약성경 사본(양피, 파피루스 두루마리)과 에세네파의 가르침이 함께 발견되었습니다.

17. 총독과 분봉왕은 로마가 직접 임명했으며, 총독과 분봉왕은 사두개파의 머리인 대제사장을 임명, 해임하거나 조종했다.

공회에 대해서는 제5권, 19과 「산헤드린 앞에서」 참고

18. 요세푸스의 기록에 의하면 결혼한 여성과 노예들을 제외하고도 에세네파에 속한 사람들은 4천명 정도였다고 한다.

정치와는 거리가 멀고 평화를 사랑한다는 면에서 바리새파보다 하시딤의 후예로 간주된다.

19. 1947년 제1 동굴에서 완전한 형태의 BC 100 ~ BC 75년경의 세계 최고(最古)의 이사야서 필사본이 발견되었다.

by James Byrum, 2005, flickr

〈 해 답 〉

3. 3) 가) ○ 나) ○ 다) × 라) ○ 마) ×

쿰란 공동체에 참여치 못한 에세네파 사람들은 가능하면 시골에서 흰 옷을 입고 사치품과 사유 재산 없이 초대 교회처럼 물건을 통용하고 살았습니다.

▲ 쿰란 공동체 전경 [20]

▲ 복원된 쿰란 공동체 주거지 [21]

✔ 물세례를 중요시한 에세네파는 가입 서약을 하고 율법을 철저히 연구하며 부활과 내세를 믿었다는 점에서 바리새파와 비슷합니다. 그러나 일부다처제를 반대하고 타락한 사두개파에 의한 성전의 희생 제사를 타협하지 않고 반대했다는 점에서는 바리새파와 구분되었습니다.

한편 자신들의 공동체가 영적으로 성전(temple)의 역할을 했던 점은 기독교 공동체와 비슷하지만, 금욕적인 생활과 예루살렘 성전에서의 희생제사가 회복될 것으로 기대했다는 점에서 기독교 공동체와 구분되었습니다.

4. 에세네파는 역사의 종말에 다윗 왕과 같은 메시야가 나타나 왕과 제사장이 되어 불의한 자들을 멸망시킬 것으로 믿었습니다.

1) 에세네파의 쿰란 공동체가 세워진 역사적인 배경을 설명하십시오.

....

2) 하시딤의 후예들로 알려진 에세네파와 바리새파의 차이점은 무엇입니까?

....

3) 예수님께서 에세네파와 다른 점은 무엇입니까?

....

열심당(Zealots) [22]

로마는 헤롯대왕의 아들 '아켈라오'(마 2:22)를 유대 분봉왕의 자리에서 면직시키고(AD 6) 대신에 로마에서 총독을 파송하여 유대 지방을 다스리기 시작했는데, 효율적인 통치와 세금을 걷기 위한 수단으로 인구조사를 실시했습니다. 갈릴리의 유다(행 5:37) 등은 인구조사에 반발하여 종교적 열심으로 무장 독립 운동을 펼쳤는데, 이를 열심당의 시초로 보기도 합니다. [23]

5. 열심당원들은 로마 황제에게 세금을 냄으로써 그를 '주'(the Lord, 主)로 인정하는 것은 십계명 가운데 첫 번째 계명을 어긴 것으로 보았고, 이스라엘을 이방인의 멍에로부터 해방시키는데 방해가 된다면 동족이라도 참혹하게 암살하는 정치적 종교적 열광주의자들이었습니다. [24]

20. 동쪽(사진 뒤편)으로 약 2㎞ 지점에 염해가 보인다.

21. by Dorindavidaurel, 2013, Wikimedia

22. 바리새파, 사두개파, 에세네파 다음의 제 4당파로 알려졌으며, 영어의 음을 따라 '셀롯당'(Zealot)이라고도 한다.

23. 열심당의 기원을 마카비 전쟁 시기로 소급하기도 한다.

24. 열심당원들이 추구하는 인물은 비느하스(민 25:6~13)와 엘리야(왕상 19:10,14)이다.

〈 해 답 〉

4. 1) ~ 2) 생략

3) 예수님은 금욕적 폐쇄적이지 않았고 희생 제사와는 거리가 있다.

25. James Tissot

26. 마 22:16,
막 3:6, 12:13

27.
바리새파 - 마 3:7, 5:20
사두개파 - 마 3:7, 16:1
열심당 - 마 10:4, 막 3:18
헤롯당 - 막 3:6, 12:13

28. 대제사장 가야바는 "한 사람(예수)이 백성을 위하여 죽어서 온 민족이 망하지 않게 되는 것이 유익하다"고 했다. (요 11:47~52)

이들의 주요 활동 무대는 갈릴리 지방이었는데, 이곳에서 시작된 '제 1차 유대 전쟁'(AD 66~74)은 성전 파괴와 이스라엘의 멸망으로 이어졌습니다.

1) 성경에 등장하는 대표적 열심당원은 다음과 같습니다.
가) .... 시몬 (마 10:4)
나) 유월절에 놓임을 받은 .... (마 27:17)
다) 십자가상의 .... 둘 (마 27:38)

▲ 열심당원 바라바 [25]

헤롯당(Herodians) [26]

성경에 '헤롯당'(막 12:13)이란 기록은 있지만 그 기원과 내용은 확실치 않습니다. 그들은 헤롯 왕조와 로마의 통치를 지지하는 소수의 영향력 있는 유대인 고위직들로 보이며 헤롯 왕가를 지탱해주는 무리로 알려졌습니다.

6. 다음은 예수님 당시에 이스라엘에서 활동했던 당파들을 설명하고 있습니다. 질문을 읽고 해당되는 당파의 이름을 ☐에서 찾아 쓰십시오.

가) 바리새파 나) 사두개파 다) 에세네파 라) 열심당파 마) 헤롯당파

1) 성경에 기록되지 않은 당파의 이름은 무엇입니까? ( ) [27]
2) 종교적 당파 가운데 죄 사함은 믿지만 내세와 부활을 믿지 않는 당파는 무엇입니까? ( )
3) 모세 오경만을 성경으로 인정하고 성경에 대한 새로운 해석을 금지하는 종교적 보수주의 집단의 이름은 무엇입니까? ( )
4) 예루살렘이 멸망한 이후 유일하게 남았으며 정통 유대교의 근간이 된 집단은 무엇입니까? ( )
5) 인간의 자유의지를 강조하여 이성적이며 합리적인 결정을 하며 편의적이고 정치적인 판단을 하는 당파의 이름은 무엇입니까? ( ) [28]
6) 지도자를 '의(義)의 교사'라고 하며 하시딤 가운데 금욕주의로 흘러간 집단의 이름은 무엇입니까? ( )
7) 장로의 전통을 성경보다 중시하기도 했던 집단은 무엇입니까? ( )
8) 유대의 독립에 수동적인 바리새파를 탈퇴하여 바리새인들을 정죄한 열광적 애국자 집단은 무엇입니까? ( )
9) 종교적 목적과는 무관한 정치적인 단체는 무엇입니까? ( )
10) 예수님 당시의 유대인에게 가장 영향력이 컸던 당파는 무엇입니까? ( )
11) 주로 갈릴리 지방을 중심으로 활동하였으며 이스라엘의 멸망을 촉발시킨 당파는 무엇입니까? ( )

〈 해 답 〉

5. 1) 가) 가나나
나) 바라바
다) 강도
6. 1) 다)
2) 나)
3) 나) 4) 가)
5) 나) 6) 다)
7) 가) 8) 라)
9) 마) 10) 가)
11) 라)

중심 내용 되씹기

1. 다음은 어느 당파에 소속된 사람이 어느 당파를 비판하는 독백입니까?

   1) "이 백성들을 산 속으로 인도하면 유대 백성들의 장래는 어찌되겠는가? 그리고 저 사람들은 헬라의 앞잡이가 되더니만 이제는 로마의 앞잡이가 되었으니 어찌 그들에게 나라의 장래를 맡기겠는가? 율법을 삶 속에서 적용시키면서 때를 기다려야지 . . . "

   .... 파에 소속된 자가 .... 파와 .... 파를 비난

   2) "이 친구들은 부인들을 여럿 거느리면서 외식하는 자들이야. 또 저 친구들은 자신들의 유익을 위해 계시된 율법의 의미를 삭감할 뿐만 아니라 높은 자리를 차지하고 호의호식하고 있다니까 . . . 우리처럼 마지막 때가 가까울수록 하나님 말씀을 필사하고 묵상하면서 종말의 때를 기다려야지 . . . 칼을 들고 혈기를 부린다고 문제가 해결 되겠어?" [1)]

   .... 파에 소속된 자가

   .... 파, ... 파, ... 파를 비난

2. 아래의 질문들은 어느 당파를 설명하는지 ⬚에서 찾으십시오.

가) 바리새파	나) 사두개파	다) 에세네파
라) 열심당파	마) 헤롯당파	

   1) 종교적이면서 동시에 정치적 색체가 강했던 집단은 무엇입니까? (   )
   2) 예수님 당시에 삼대 종교 당파는 무엇입니까? (   )
   3) 율법을 중요시하지 않았던 집단은 무엇입니까? (   )
   4) 예수님과 공통점이 많았던 것만큼 갈등도 많았던 집단은 무엇입니까? (   )
   5) 엘리야, 이사야, 예레미야 등의 선지자가 기록한 성경을 인정하지 않았던 집단은 무엇입니까? (   )
   6) 종교적으로 보수적이지만 친 헬라 문화적인 당파는 무엇입니까? (   )
   7) 율법에 극단적인 열심을 보이며 무력 투쟁으로 목적을 이루려 한 당파는 무엇입니까? (   )
   8) 종교적 진보주의자이지만 문화적으로 보수적인 집단은 무엇입니까? (   )

3. 아래의 집단들은 어떤 방식으로 천국을 세우려 했는지 서로 연결 하십시오.

1) 바리새파	▪ 가) 관망과 타협 그리고 율법 준수
2) 사두개파	▪ 나) 목숨을 건 무력, 종교적 열심
3) 에세네파	▪ 다) 실리 위주의 합리적 추종, 성전 제사
4) 열심당파	▪ 라) 현실 도피와 율법 준수, 영적 전쟁

1. 바리새인들은 성경에 무엇인가를 덧붙이는 경향이 있고 사두개인들은 빼는 경향이 있었다.

〈 해 답 〉

1. 1) 바리새, 에세네, 사두개
   2) 에세네, 바리새, 사두개, 열심당
2. 1) 나), 라)
   2) 가), 나), 다)
   3) 마) 4) 가)
   5) 나) 6) 나)
   7) 라) 8) 가)
3. 1) 가) 2) 다)
   3) 라) 4) 나)

나눔 그리고 기도의 시간

1. 공동체(사회, 교회, 가정 등) 구성원의 다양한 생각은 존중되어야 하지만 일치된 목적(목표)과 그 목적(목표)을 이루기 위한 구체적인 합의가 없으면 공동체의 미래와 발전은 장담할 수 없습니다.

   당신이 속한 공동체(가정, 교회, 직장 등)의 목표는 무엇이며, 공동체의 계획을 이루기 위한 합의는 어떤 방식으로 이끌어 내고 있습니까?

2. 예수님 당시에 활동했던 바리새파, 사두개파, 에세네파, 열심당파 등은 각자 자신의 신념대로 로마의 지배를 벗어나 하나님의 나라를 세우려했습니다.

   예수님께서는 어떤 방식으로 로마의 지배를 벗어나 하나님의 나라를 세우려 했습니까? [2]

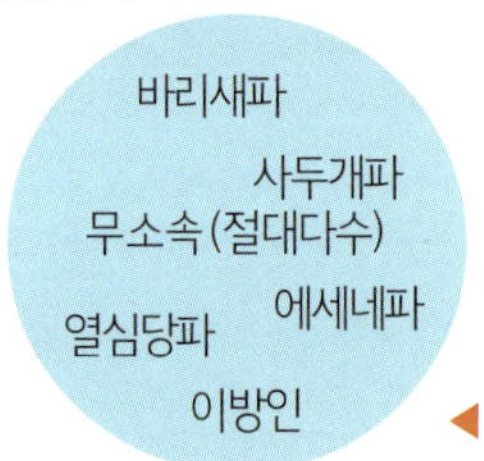

◀ 예수님 당시의 유대사회

서기관	바리새인	사두개인	기타
제사장	바리새인 (지방 중심, 하급)	사두개인 (예루살렘 중심)	기타

▲ 서기관과 제사장의 구성(위 비율은 불확실함)

▼ 고급 창부 프리네(좌), 체육학교(우) [3]

3. 오른편 그림의 상황과 복장은 헬라 문화의 한 단면을 보여주고 있습니다.

   예수님 당시의 바리새인, 사두개인, 열심당원은 이러한 문화와 복장을 보고 어떤 생각을 했겠습니까? (1895년 구한말에 있었던 '단발령'을 참고하십시오.)

   사회로부터 영향을 받은 교회의 문화는 무엇이며, 세상에 영향을 미친 교회의 문화는 무엇입니까?

   ✔ 프리네(Phryne)는 기원전 4세기의 아테네의 고급 창부로 여신들을 모독했다는 죄로 법정에 섰으나 육체적 아름다움으로 인해 법정에서 용서받았습니다. 이러한 문화는 히브리 문화와 충돌을 일으킬 수밖에 없었습니다.

4. 죄 사함은 믿지만 부활과 내세를 믿지 않은 사두개인들은 마치 영혼이 없는 육체의 무기력함과 같이 예루살렘이 멸망하자 자취를 감추고 말았습니다.

   바리새인, 사두개인, 에세네인은 국내외 정치에 대해, 질병에 대해, 사업에 실패했을 때 각각 어떻게 처신하겠습니까? [4]

---

2. 제2권, 17과 초기 유대 사역 중, 니고데모와의 대화를 참고.

니고데모는 강력한 옛 다윗 왕국의 회복을 하나님의 나라로 보았지만 예수님께서는 개인의 거듭남을 통한 영적이고 영원한 하나님의 나라를 생각했다.

3. Jean-Leon Gerome (1824~1904, 프)

왼쪽은 여자가 옷을 벗고 있고 오른쪽은 남자가 옷을 벗고 있다.

4. 국가적으로 위급한 상황에 대한 평가도 좋다.

단 원 II

2. 준비되는 주의 길

제 3 과 주의 길을 준비하는 세례자 요한

제 4 과 죄 사함을 받게 하는 회개의 세례(침례)

제 5 과 죄의 자복

학습내용

당신은 본 단원에서 배우게 될 핵심 주제와 개인적으로 혹은 소그룹에서 성령님의 감동으로 깨달은 진리를 삶의 자리에서 **적용 실천할 때** 하나님의 나라를 경험하게 될 것입니다.

인도자는 **나눔과 기도 시간**을 통하여 학습 목표에 맞는 마무리를 해야 합니다.

1. '광야에 외치는 자의 소리'란 별명을 가진 세례자 요한이 활동하였던 시대적 배경, 그의 신원과 설교와 사역 등에 대해 배우게 됩니다.
2. 세례자 요한이 요구하는 회개의 내적인 변화와 외적인 표징인 세례, 그리고 예수 그리스도의 길을 준비하는 방식에 대해 배우게 됩니다.
3. 바리새인들과 사두개인들의 위선적인 신앙과 그들에 대한 경고와 장차 임할 심판에 대해 배우게 됩니다.
4. 세례가 갖는 다양한 의미를 배움으로써 지역교회에서 성경적인 세례식을 준비하는데 도움을 받을 수 있습니다.
5. 세례자 요한이 외쳤던 회개의 과정으로서의 죄의 자복 (자백)의 정의, 죄의 자복과 죄 사함의 관계, 자복의 내용과 태도, 자복의 시기, 자복의 효력 등에 대해 배우게 됩니다.

제 3 과 주의 길을 준비하는 세례자 요한(마 3:1~12)

◀ 유대 광야 [1)]

"광야에 외치는 자의 소리가 있어 이르되 너희는 주의 길을 준비하라 그가 오실 길을 곧게 하라" (마 3:3)

"외치는 자의 소리여 이르되 너희는 광야에서 여호와의 길을 예비하라" (사 40:3)

예수 그리스도의 공생애 준비와 세례자 요한

유대인들은 메시야가 자신들을 고통스럽게 하는 불의한 이방 나라를 몰아내고 그 땅에 하나님의 나라를 세우리라 기대했는데, 곧 하나님의 구원이 유대 민족의 역사에 개입하여 옛 다윗의 나라가 회복되기를 기대하고 있었습니다.[2)] 바로 이때에, 세례자 요한은 예수님께서 공생애를 시작하실 수 있도록 동족들의 영혼을 깨우며 '회개의 세례'를 베풀었습니다.[3)]

1. 예수님의 '공생애 준비기'는 아래 표에서와 같이 마태복음 3:1절에서 시작하여 4:11절에서 끝나는데, 그 이유는 예수님의 공생애를 준비했던 세례자 요한이 투옥된(마 4:12) 후에 비로소 예수님께서 '공생애' 사역을 시작하셨기 때문입니다.

예수 그리스도의 생애

<table>
<tr><th colspan="4">그리스도의 생애 구분</th><th>마태복음(장)</th></tr>
<tr><td>I</td><td colspan="3">서 론</td><td>1장</td></tr>
<tr><td rowspan="2">II</td><td rowspan="2">공생애 이 전</td><td colspan="2">탄생과 유아기(유년기)</td><td>2장</td></tr>
<tr><td colspan="2">✔ 공생애 준비기</td><td>3:1~ 4:11절</td></tr>
<tr><td rowspan="4">III</td><td rowspan="4">공생애</td><td rowspan="2">갈릴리 사역기</td><td>전기 갈릴리 사역</td><td>4:12 ~ 13장</td></tr>
<tr><td>후기 갈릴리 사역</td><td>14 ~ 18장</td></tr>
<tr><td colspan="2">유대와 베레아 사역기</td><td>19 ~ 20장</td></tr>
<tr><td colspan="2">예루살렘에서의 마지막 한 주간</td><td>21 ~ 27장</td></tr>
<tr><td>IV</td><td colspan="3">부활과 승천</td><td>28장</td></tr>
</table>

1) 예수님의 '공생애 준비기'(마 3:1~4:11)를 요약하면 다음과 같습니다.

가) 요한을 주시하신 예수님 (마 3:1~12)

► 예수님께서는 (법적)아버지인 요셉으로부터 이어받은 (   ) 라는 직업을 점차 정리하고 갈릴리 지방의 나사렛에서 (   ) 광야에 가까운 요단강으로 가셨습니다.

예수님께서는 그곳에서 '회개하라 (   )이 가까이 왔느니라'

---

1. by Scott, 2011, flickr

2. 유대인이 생각하는 하나님의 나라, 곧 천국은 다윗이 세웠던 강력한 세상 나라이다.

3. 유대교의 개혁자이기도 한 요한은 예수님께서 공생애를 시작하실 수 있도록 영적 분위기를 조성했다.

〈 해 답 〉

1. 1) 가) 목수, 유대, 천국, 세례

4. 스데반은 출애굽하여 광야에 있는 이스라엘을 '광야교회'라고 했다.(행 7:38) 마찬가지로 바벨론 포로생활을 마치고 광야를 통과하는 이스라엘과 요한에게 세례를 받으려고 광야로 나온 무리 역시 장차 세워질 교회의 그림자이다.

5. 제 1권, 10과 「팔레스타인 지방의 역사 지리」 참고

(마 3:2)고 외치면서 ( )를 베푸는 요한을 주시하셨습니다.

나) 세례 받으신 예수님 (마 3:13~17)

► 예수님께서는 ( )강에서 세례자 ( )에게 세례를 받았습니다.

다) 시험 받으신 예수님 (마 4:1~11)

► 예수님께서는 ( )에게 이끌려 유대 광야에서 ( )에게 시험을 받았습니다.

2) 예수님의 공생애 준비기가 끝나고 공생애가 시작되었음을 알리는 가장 중요한 사건은 무엇입니까? ► 요한의 .... (마 4:12)

세례자 요한의 활동

하나님께서는 예수 그리스도를 통하여 이 땅에 하나님의 나라를 세우시고, 그를 영접하는 모든 자들을 영원한 천국(하나님의 나라)으로 인도하시기 위해 예수님보다 약 6개월 앞서 세례자 요한을 이 땅에 보내셨습니다.

2. 세례자 요한의 가장 중요한 활동은 예수 그리스도의 길을 준비(마 3:3)하는 것입니다. 그의 사역은 아래의 출애굽과 바벨론 포로 귀환 등과 같은 역사적 사건들의 연속선에서 이해해야 합니다.

1) 출애굽 (BC 15세기 경)

가) 모세는 이스라엘 백성들의 왕이신 누구와 함께 출애굽을 했습니까?

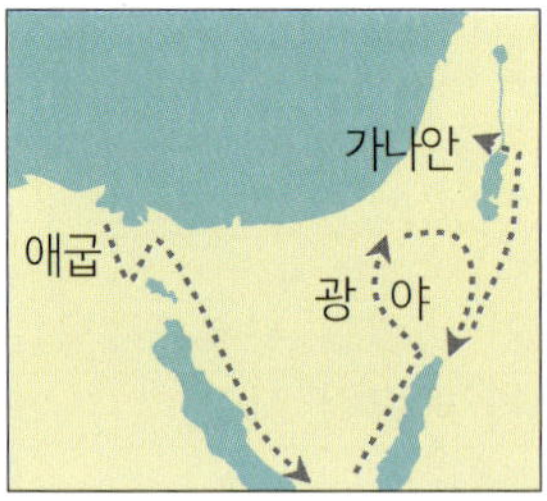

.... 하나님 (출 12:51)

나) 이스라엘 백성들은 애굽의 종살이를 마치고 약속의 땅인 가나안으로 들어갈 때에 광야를 통과해야 했습니다. 그들은 광야에서 무엇을 깨달아야 했했습니까? [4]

.... (신 8:2~3)

2) 바벨론 포로 귀환 (BC 6세기) [5]

가) 바벨론에서 종살이 하던 유다 백성들은 스룹바벨, 에스라, 느헤미야 등을 지도자로 삼아 그들의 왕이신 누구와 함께 가나안에 귀환했습니까?

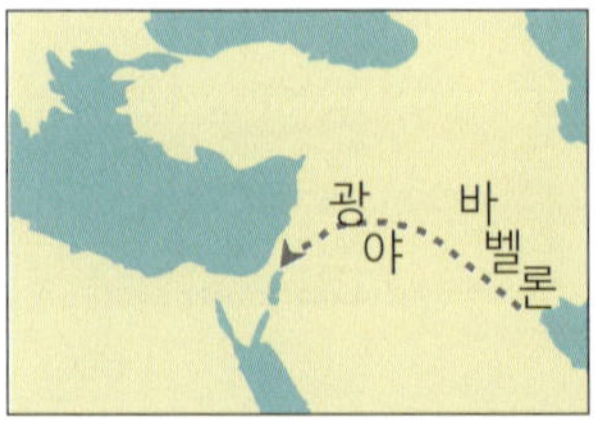

.... 하나님 (사 40:3)

나) 유다 백성들은 바벨론에서 종살이를 마치고 약속의 땅인 가나안(팔

〈 해 답 〉

1. 1) 나) 요단, 요한
다) 성령, 마귀
2) 붙잡힘
2. 1) 가) 여호와
나) 성경 본문 참고
2) 가) 여호와

레스타인)으로 귀환할 때도 광야를 통과해야 했는데, 그들은 광야에서 무엇을 깨달아야 했습니까?[6] .... (사 40:3~8)

3) **세례자 요한의 활동** (AD 1세기 초)

이스라엘 백성이 출(出) 애굽 후에 광야를 통과하여 가나안에 들어가고 유다 백성이 출(出) 바벨론 후에 광야를 통과하여 팔레스타인(가나안)에 들어간 것은 마치 요한의 설교를 듣기 위해 광야에 나온 무리가 회개의 세례를 받은 후에 예수님과 함께 천국에 들어가는 것과 같습니다.[7]

가) 요한은 광야에 나온 무리에게 설교를 통하여 다음 두 가지를 촉구하였습니다.

ㄱ) .... 하여(마 3:2) .... 를 받고 (마 3:6)

ㄴ) 예수님을 .... 하라. (요 1:12)

나) 위 요한의 설교를 풀이하면, 광야로 나온 무리는 자신이 (   ) 임을 깨달아야 하며, 예수님을 영접(함께)해야 팔레스타인에 세워진 육적인 나라가 아닌 영적인 하나님의 나라에 들어갈 수 있다.

3. 요한은 선지자들의 복장으로 알려진 털옷(왕하 1:8, 슥 13:4)을 입고 허리에 가죽 띠를 띤 모습으로 광야에 나타났습니다.

마지막 '나실인'(민 6:2, Nazirite)인 요한은 소금에 절여 말린 메뚜기를 산 속의 나무나 돌 틈에 있는 야생 꿀, 곧 석청(石淸)에 찍어 먹었습니다.

▲ 세례자 요한[8]

그는 구약의 마지막 선지자인 '말라기'(Malachi) 이후 약 400년 동안 침묵하시던 하나님의 대변자로서 하나님의 나라, 곧 천국의 왕이신 예수 그리스도의 길을 준비했습니다.[9]

1) 요한의 가계를 살펴보면 다음과 같습니다.

가) 그의 부모는 대제사장 (   )의 자손입니다. (눅 1:5)

나) 부친 사가랴가 제사장이기 때문에 그도 역시 (   )입니다.

다) 그의 어머니 엘리사벳은 예수님의 어머니와 친척 관계였기 때문에 요한과 예수님 사이도 (   ) 관계입니다. (눅 1:36)

2) 세례자 요한이 설교하면서 세례를 베풀었던 장소는 다음과 같습니다. (다음 페이지의 지도 참고)

가) 유대 광야에 가까운 .... 강 (마 3:1,13)

나) 요단강 건너편 .... (요 1:28)[10]

---

6. 하나님 앞에서 (풀에 불과하며, 하나님의 도움이 없으면 살 수 없다는) 겸손함과 영원하신 하나님의 말씀에 대한 신뢰

7. 요한 시대의 유대인들은 메시아가 오면 제2의 출애굽 사건이 일어나 옛 다윗 왕국과 같은 강력한 세속적 나라가 세워질 것을 꿈꾸었다.

8. Robert Campin(1375? ~1444, 벨)

9. 구약 성경 말라기는 BC 430년경에 기록되었다.
'말라기 ~ 세례자 요한'의 때까지의 약 400년 동안에 하나님의 말씀이 기록되지 않았는데, 이때를 '신구약 중간기'(中間期)라 한다.

10. 예루살렘 인근의 나사로가 살았던 베다니는 아니며, 정확한 위치는 불확실하다.

〈 해 답 〉

2. 2) 나) 위 설명 참고
3) 가) ㄱ) 회개, 세례
ㄴ) 영접
나) 죄인
3. 1) 가) 아론
나) 제사장
다) 친척
2) 가) 요단
나) 베다니

다) 살렘에 가까운 .... (요 3:23)

3) 요한은 모든 사람이 회개하고 하나님의 아들이신 예수님을 영접하여 천국을 상속받을 수 있도록 아래와 같이 '주의 길'(마 3:3)을 준비했는데, 이로 말미암아 이사야 선지자의 예언(사 40:3)이 성취되었습니다.

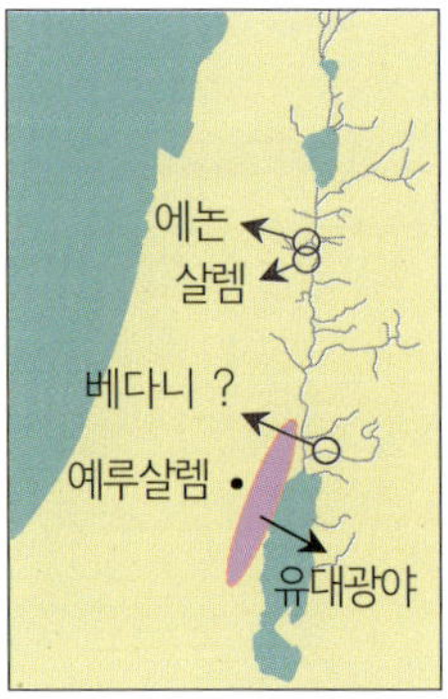

가) 회개의 세례를 베풂으로써

예루살렘과 온 유대와 요단 강 사방에서 자기에게 나아오는 자들에게 죄 사함을 받게하는 (　　　)의 (　　　)를 받게 했다. (마 3:5~6, 막 1:4~5)

나) 설교함으로써

ㄱ) "(　　　) 하라 (　　　)이 가까이 왔느니라" (마 3:2)

ㄴ) "(예수님은) 나보다 (　　　)이 많으시니" (마 3:11)

ㄷ) "(나 요한은 세상을 심판하지 못하지만 예수님은) . . . 꺼지지 않는 (　　　)에 태우는 (심판자이다)" (마 3:12)

ㄹ) "그는 (　　　)하여야 하겠고 나(요한)는 (　　　)하여야 하리라" (요 3:30)

다) 예수님의 신성(神性)을 밝힘으로써

ㄱ) (　　　)과 불로 세례를 베푸는 이 (마 3:11)

ㄴ) 세상 (　　　)를 지고 가는 하나님의 어린 (　　　) (요 1:29) [11]

ㄷ) 하나님의 (　　　) (요 1:34)

ㄹ) 그가 나보다 (　　　) 계심 (요 1:15, 30)

라) 제자들을 준비함으로써

사도 요한과 (　　　)는 세례 요한의 제자이다. (요 1:35~40)

4) 세례자 요한의 사역에 백성들은 다음 같이 반응해야 했습니다.

가) 회개, 곧 죄의 자복과 세례 [12]

"죄를 (　　　)하고 . . . 그에게 (　　　)를 받더니" (마 3:6)

나) 천국의 왕인 예수님을 영접

"(　　　)하는 자 곧 그 이름을 믿는 자들에게는 하나님의 자녀가 되는 권세를 주셨으니" (요 1:12)

5) 요한은 '주의 길'을 준비하는 사명을 완수하고 생을 마쳤습니다. [13]

"헤롯이 . . . 사람을 보내어 (　　　)에서 요한의 목을 베어 . . . (그 소녀가) 자기 어머니에게로 가져가니라" (마 14:7~11)

11. Matthias Grunewald (1472 ~ 1528, 독)

▲ 이젠하임 제단화 일부

12. 행 2:38, 3:19

13. 요한에 대한 백성들의 광범위한 추종은 갈릴리의 분봉왕 헤롯 안디바를 불안하게 했다.

〈해 답〉

3. 2) 다) 애논
3) 가) 회개, 세례
나) ㄱ) 회개, 천국
ㄴ) 능력
ㄷ) 불
ㄹ) 흥, 쇠
다) ㄱ) 성령
ㄴ) 죄, 양
ㄷ) 아들
ㄹ) 먼저
라) 안드레
4) 가) 자복, 세례
나) 영접
5) 옥

중심 내용 되씹기

1. 공생애 준비기(마 3:1~4:11)에 있었던 중요한 사건들은 다음과 같습니다.
   ► .... 을 주시하신 예수님 ► .... 받으신 예수님
   ►.................... 받으신 예수님
2. 세례자 요한이 투옥됨으로써 그리스도의 생애는 어떤 변화를 겪게 됩니까?
   ► .... 준비기가 끝나고 .... 가 시작됨
3. '광야에 외치는 자의 소리'인 나실인 요한에 대한 다음 질문에 답하십시오.
   1) 자신을 거룩하게 구별하여 하나님께 헌신한 자를 나실인(Nazirite)이라 하는데, 요한이 나실인으로서 지켜야 할 것은 아래와 같습니다.
      가) .... 나무에서 난 모든 것을 먹지 않음 (눅 1:15, 민 6:3~4)
      나) 머리에 .... 를 대지 않음 (민 6:5)
      다) .... 형제가 죽어도 그곳에 가지 않음 (민 6:6~7)
   2) 사가랴의 아래 예언은 예수님에 대한 요한의 역할을 알려주고 있습니다.

      "이 아이(요한)여 네가 지극히 높으신 이의 선지자라 일컬음을 받고 주(예수님) 앞에 (   ) 가서 그 길을 (   )하여" (눅 1:76)

   3) 요한은 주의 길을 어떤 식으로 준비했습니까?
      가) ....
      나) ....
      다) ....

▲ 물 세례 [1)]

1. U.S. Navy photo by Lt. Cmdr. Bob Meeker (Wikimedia, 2003)

나눔 그리고 기도의 시간

1. 예수님께서 공생애를 준비하실 때, 세례자 요한은 예수님의 성공적인 공생애를 위해 회개 운동을 통하여 예수님의 길을 준비했습니다.

모든 육체가 하나님의 구원을 보려면 비뚤어진 마음은 곧게 하고 거칠어진 마음은 평탄하게 하여야 합니다. 왼편의 그림을 보면서 당신은 요한의 회개 운동에 동참하고 있는지 깊이 생각해 보십시오. [2)]

2. 그리스도께서 탄생하실 때, 하나님께서는 요셉과 마리아를 이 땅에 미리 보내시고 동방 박사와 큰 별을 준비하시고 들판의 목자들과 성전에서 예언하

〈 해 답 〉

1. 요한, 세례, 시험
2. 공생애, 공생애
3. 1) 가) 포도
   나) 삭도
   다) 부모
   2) 앞서, 준비
   3) 가) ~ 다) 생략

는 시므온과 안나 선지자를 준비하셨습니다.

그리고 역사를 주관하시는 하나님께서는 각 나라와 족속과 지도자들을 통하여 그리스도의 탄생을 준비하셨습니다. 그리고 '여자가 낳은 자 중에서 가장 큰 자'(마 11:11)인 세례자 요한을 통하여 '주의 길'(the way for the Lord)을 준비시켰습니다.

당신 역시 그리스도와 하나님의 나라를 위해 하나님의 뜻 가운데 준비된 하나님의 사람이라는 자기 정체성을 설명해 보십시오.

거칠고 뻣뻣한 외투를 입고 말린 메뚜기를 석청에 찍어 먹으면서 광야에서 빈궁한 생활을 하기는 쉽지 않습니다. 당신은 예수 그리스도를 위해 어떤 불편함을 감수하고 있습니까? (일상 및 교회 생활 등에도 적용하십시오.)

3. 세례자 요한은 자기에게 찾아온 사람들을 예수 그리스도께로 인도했습니다. 그의 좌우명이 있다면 그것은 '그는 흥하여야 하겠고 나는 쇠하여야 하리라'(요 3:30)였습니다.

당신은 예배당 이외의 장소에서 그리스도인임을 숨기는 경향이 있습니까? '교회에 다닌다'고 자신의 종교를 밝히기는 하지만, 자신이 그리스도인이라는 사실이 드러나지 않기를 바라는 이유는 무엇 때문입니까?

아래 두 그림을 설명하고, 그리스도가 흥하기 위해 당신은 어떤 식으로 쇠하고 있습니까? (요 3:30)

◀ 세례자 요한
(Leonardo da Vinci, 1452-1519, 이)

세례자 요한 ▶
(Nicolas Regnier, 1588-1667, 벨)

제 4 과 죄 사함을 받게 하는 회개의 세례(침례) (마 3:1~12)

◀ 세례를 베푸는 요한[1]

"이 때에 예루살렘과 온 유대와 요단 강 사방에서 다 그에게 나아와 . . . 죄를 자복하고 . . . 세례를 받더니" (마 3:5~6)

회개 운동[2]

바벨론에서의 포로 생활을 청산하고 고국에 돌아온 유대 공동체는 에스라를 중심으로 범민족적 회개운동을 펼치지만[3] 그들과 그 후손들은 여전히 페르시아, 프톨레미, 셀레우코스 등의 지배를 받게 됩니다. 특별히 유대인들이 셀레우코스의 지배를 받으면서부터 외세에서 벗어나기 위한 다양한 시도가 있었는데, 그중의 하나가 하시딤과 바리새인들의 회개운동이었습니다.

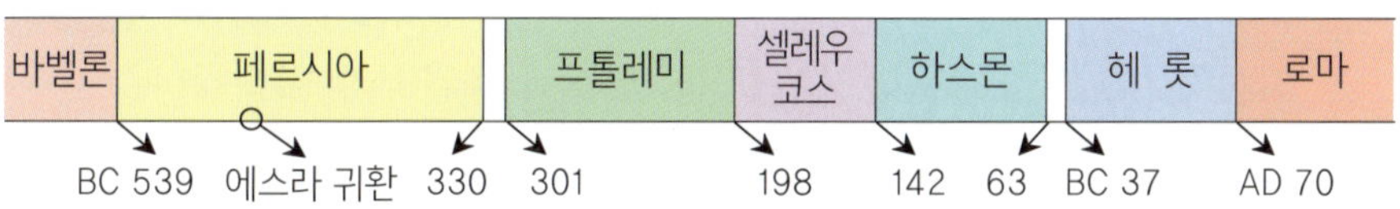

유대인들은 하스몬 왕국을 세웠지만, 얼마 지나지 않아 이방인 헤롯 왕가를 전면에 내세운 로마의 지배를 받게 됩니다. 이때 요한은 바리새인들과 구별되는 회개운동을 펼쳤습니다. 바리새인들의 회개운동이 모세의 율법에 많은 세부 규칙들을 덧붙여 생활에 적용 실천하는 것이라면, 요한의 회개운동은 자기에게 온 자들에게 '죄의 자복'을 요구하고 이어 '죄 사함을 받게 하는 회개의 세례'를 베풀어 메시야를 맞이하도록 하는데 초점을 맞추었습니다.

요한이 맞이했던 예수님도 회개운동을 전개했는데, 그것은 율법의 외형적 적용과 실천에 관심을 기울였던 바리새인들과 달리 인간의 '근원적인 죄악'(원죄)의 문제를 해결하고 '율법의 본래적 의도를 회복'하는데 있었습니다.

인간의 근원적인 죄악의 문제에 대해서는 제1권 5과 「실낙원과 복낙원」에서 이미 다루었고 율법의 본래적 의도에 대해서는 앞으로 산상수훈(마 5~7장)을 중심으로 배우게 되겠지만[4] 본 소단원에서는 요한의 회개운동에 대해 심도 있게 살펴보도록 하겠습니다.

1. 요한은 인간의 '근원적인 죄악'(원죄)의 문제를 해결하는 것이 구약의 율법 실천을 포함한 인간의 모든 노력보다 중요하다는 것을 알았습니다. 그래서 그는 자기에게 나아온 자들을 예수님께로 인도하기 위해 '죄 사함을 받게하

1. Nicolas Poussin (1594-1665, 프)

2. 회개(metanoeo, 메타노에오) - 문자적으로 마음(생각)을 돌이키는 것이다.

3. 에스라 귀환(제 2차 귀환) - BC 458년

4. 제3권, 산상수훈(4 ~ 9과)을 참고하시오.

는 회개의 세례'(막 1:4)를 베풀었습니다.[5]

▼ 아담의 죄[6]

1) 일반적으로 죄를 지었다고 하면 사기, 폭행, 강도, 살인, (지적) 재산권 침해, 명예 훼손, 양심범 등을 생각합니다. 그런데 성경은 이러한 죄들은 보다 '근원적인 죄(원죄)'로 말미암아 밖으로 드러나는 결과라고 합니다.

가) 아담이 지은 원죄의 핵심은 다음과 같습니다. (창 3:5)

► 아담 스스로가 .... 과 같이 되는 것

나) 아담이 하나님이 되겠다는 것은 그가 더 이상 하나님을 의존하지 않겠다는 것을 뜻합니다. 이처럼 하나님을 떠난 아담은 어떤 죄를 범하게 됩니까? (창 2:17)

ㄱ) 반드시 .... 리라는 하나님의 말씀을 불신

ㄴ) 먹지 .... 는 열매를 먹는 불순종 (창 2:17, 롬 5:19)

2) 어디까지나 피조물에 불과한 인간이 창조주 하나님을 떠남으로써 인간은 자신이 하나님이 되어 모든 것을 스스로 해결해야 했습니다.

가) 극히 제한적이고 유한한 인간에게 결핍한 것들은 무엇입니까?

► 물질, ... 등

나) 하나님을 떠난 인간은 결국 어떤 결과에 처하게 됩니까?

ㄱ) 갖가지 결핍으로 .... 하면서 살게 된다.

ㄴ) 갖가지 결핍으로 결국 영적, 육적으로 .... 에 이른다.[7] (롬 6:23)

3) 아담의 후손들 중에 이스라엘은 모세의 율법을 지켜 하나님께로 나아가려 했습니다. 반면 이방인들은 결핍함을 보완하기 위해 양심대로 살고 수행을 하고 과학문명을 발달시키며 다양한 단체와 종교들을 만들었습니다.

그런데 세례자 요한은 인간의 타고난 근원적인 죄의 문제를 해결하지 않고는 인간의 모든 수고와 노력은 실패하리라는 것을 알고 있었습니다.

가) 하나님을 떠난 이방인들은 어떻게 하나님이 없이 살려고 했습니까?

► 사람 스스로가 .... 의 역할을 함

나) 이방인과 달리 이스라엘은 다음과 같이 하나님께 나아가려 했습니다.

► 모세의 율법이 지시하는 대로 번제, 속죄제 등의 각종 제사를 드리거나 각종 부정을 씻어내기 위해 (   )로 몸을 씻는(레 14:8~9) (   )예식(레 14:32)을 행했다.[8]

5. 요한의 세례는 죄를 사하는 것이 아니다. 예수님께 나아가 죄 사함을 받도록 준비시키는 세례이다.

6. Michiel Coxie (1499-1592, 벨)

7. 죄의 삯(대가, 결과)은 사망이다. (영적 사망만이 아닌 전적 사망이다.)

8. 유대인들은 아이를 낳은 여인의 부정(레 12장), 죽은 사람이나 동물의 사체에 접촉(레 5:2, 3, 11:24, 28, 31, 39), 문둥병(레 13장)과 유출병(레 15장) 등에 걸리거나 이런 사람에게 접촉하면 부정하게 되어 정결예식을 치러야 했다.

〈 해 답 〉

1. 1) 가) 하나님
   나) ㄱ) 죽으
   ㄴ) 말라
2) 가) 재화, 건강, 사랑, 생명 지혜 등
   나) ㄱ) 근심, 걱정, 불안, 다툼, 전쟁 등
   ㄴ) 사망
3) 가) 하나님
   나) 물, 정결

다) 형식적으로 율법을 실천하여 하나님께 나아가려는 유대인들과 달리, 요한은 다음과 같은 특별한 방식으로 그들을 하나님께 인도했습니다.

► 자기에게 나아온 자들이 회개를 하면 ( )의 ( )를 베푼 후, 세상 죄를 지고 가는 하나님의 어린 양께 인도했다. (막 1:4, 요 1:29)

2. 요한의 회개운동은 예수님 당시의 유대인들에게 낯설지 않았지만, 그 내용은 이전의 하시딤의 회개운동과 차이가 있었고, 물이 아닌 성령으로 세례를 베푸는 예수님의 회개운동과도 질적인 차이가(마 3:11) 있었습니다.

1) 셀레우코스의 핍박에 저항하여 회개운동을 전개했던 무리는 누구입니까?

....

2) 하시딤의 후예인 바리새인들도 회개운동을 했는데, 세례자 요한의 회개운동이 이들과 구분되는 특별한 것은 무엇입니까? ( )

가) 회개를 하면 하나님의 통치가 임한다고 선포했다. [9)]

나) 메시야의 길을 준비하는데 초점이 맞추어져 있었다.

다) 메시야를 맞이할 죄 사함을 받게 하는 회개의 세례를 베풀었다.

라) 광야생활을 했던 그는 세상을 등지도록 회개를 요구했다. [10)]

✔ 회개는 자신의 죄를 고백하고 슬퍼하는 것에서 멈추지 않고 예수 그리스도를 영접하여 죄 사함을 받음으로써 영혼(soul & spirit) 뿐만 아니라 생활(life)에까지 온전한 구원에 이르러야 합니다. [11)]

3) 예수님과 요한은 똑같이 '회개하라'(마 3:2, 4:17)고 외쳤지만 회개에 따른 결과는 아래와 같이 질적인 차이가 있었습니다.

▲ 회개 캠페인 [13)]

가) 회개 후에 베푸는 세례의 종류에 질적인 차이가 있습니다. [12)]

ㄱ) 요한의 세례: .... 세례 (마 3:11)

ㄴ) 예수님의 세례: .... 세례 (마 3:11)

나) 세례의 효력에도 질적인 차이가 있습니다. 바르게 연결하십시오.

ㄱ) 요한의 세례 ▪ ▪ ㉠ 죄를 사해 주는 회개의 세례 (죄 사함의 효력이 발생)

ㄴ) 예수님의 세례 ▪ ▪ ㉡ 죄 사함을 받게 하는 회개의 세례 [14)] (죄 사함의 효력이 발생하지 않음)

9. 유대인들은 회개를 하면 하나님의 통치가 임한다는 설교를 수없이 들어왔다. (사실은 회개한다고 반드시 하나님의 통치가 임하는 것은 아니다.) 그런데 하나님의 통치가 임박하기 때문에 회개해야 한다는 설교는 처음 들었을 것이다.

10. 눅 3:10~14

11. 죄에 대하여 슬퍼하고 괴로워하는 것은 회개의 원인이나 결과일 수는 있으나 회개의 진정한 목적은 아니다.

12. 행 3:19

13. by Sutherland, 2005, flickr

14. 막 1:4

〈 해 답 〉

1. 3) 다) 회개, 세례
2. 1) 하시딤
   2) 나), 다)
   3) 가) ㄱ) 물
         ㄴ) 성령
      나) ㄱ) ㉡
         ㄴ) ㉠

회개의 세례(침례) (마 3:1~7)

3. 구약시대는 물론 예수님 당시의 유대인들은 예루살렘 성전이나 회당에 들어가기에 앞서 그 앞에 설치된 '미크바'(수조)에서 몸을 정결하게 했습니다. 그뿐 아니라 몸이 부정하게 되었을 때, 흐르는 물이나 '미크바'에서 몸을 씻었습니다.[15)]

▲ 흐르는 물[16)]

그런데 세례자 요한은 유대인과 이방인을 불문하고 자기에게 나아와 회개하는 자에게 위에서 언급한 정결예식과는 구분된 물세례를 베풀어 그들을 메시아에게로 인도했습니다

1) 유대인들은 자신들이 아브라함의 자손이므로 자동적으로 하나님의 자녀요 구원이 보장되었다고 생각했기 때문에 요한이 베푸는 '죄 사함을 받게 하는 회개의 세례'는 불필요하다고 생각했습니다.

▲ 미크바[17)]

한편 예수님 당시에 이방인이 유대교인이 되려면 다음과 같은 특별한 절차를 밟아야했습니다.

가) 첫째, 먼저 언약 백성의 표시인 ( )를 받아야 합니다.

나) 둘째, 할례의 상처가 나으면 흐르는 물 혹은 정결한 물을 담아둔 '미크바'(mikvah)로 가서 ( )를 받아야 합니다.[18)]

다) 셋째, 유대교인이 된 그는 '쉐마(Shema)'와 같은 중요한 율법을 암송해야 하며 예루살렘 ( )에 가서 제물을 바쳐야 합니다.[19)]

✔ 이방인이 유대 종교를 받아들이는 것은 단순히 여호와 하나님을 믿는 것에 머물지 않고 유대 민족이 되는 정치적인 결단과 같았습니다.

2) 유대교에서 회개와 죄 사함의 방식은 모세의 율법에 정해진 의식을 치르면 됩니다. 그러나 요한은 아래와 같이 행함으로써 기존 유대교의 방식을 거부했습니다.

가) 자신의 죄를 .... 하게 함 (마 3:6)

나) 회개의 .... 를 베품 (마 3:6, 막 1:4)

다) 회개했다는 표징으로 회개에 합당한 .... 를 요구 (마 3:8)

라) 죄를 사해 주시는 어린 .... 이신 예수님께 인도 (요 1:29, 36)

✔ 요한은 예수님의 죽음을 목격하지 못했지만 그가 성전의 희생제물과 같은 역할을 한다는 것을 성령을 통해 깨달았습니다. (요 1:31)

---

15. 레 14:8, 9

유대인들은 미크바를 회개를 위한 세례의 용도로 사용하지 않았다. 다만 여자들의 출산과 월경 후에, 안식일과 절기를 앞두고, 성전에 들어가기 전, 기타 율법에서 정한 부정하게 된 경우에 사용했다.

16. NS6773 : Waterside, Luggie Water ford, geo-graph

미크바의 물은 흐르는 물 혹은 빗물을 사용했으며 사람이 길은 물은 사용하지 않아다.

17. by goldberg, 2006, Wikimedia(상, 고대)
by Daniel Ventura, 2008, Wikimedia(하, 현대)

18. 미크바는 유대인에게는 정결탕의 역할을 하며 이방인에게는 세례를 받는 곳이다.

19. 신명기 6:4~9, 11:13~21, 민수기 15:37~41에 나오는 성경 구절을 통칭하여 '쉐마'라 한다. 유대인들이 매일 아침과 저녁에 읊는 기도문이다.

〈 해 답 〉

3. 1) 가) 할례 나) 세례 다) 성전
2) 가) 자복 나) 세례 다) 열매 라) 양

물세례(Water Baptism)가 갖는 의미

유대 지도자들은 요한이 이방인에게처럼 유대인에게도 회개의 세례를 베풀었기 때문에 반감을 가졌습니다. 왜냐하면 바리새인들을 위시한 유대인들은 율법의 요구대로 제사나 정결예식을 치르면 된다고 생각했기 때문입니다.[20]

4. 물세례는 죄를 용서받기 위한 의식은 아니며,[21] 회개하고 예수님을 영접함으로써 죄 사함과 함께 구원받았다는 것을 선언하는 의식입니다. 또한 세례를 받는 자는 일회적인 세례 의식을 통하여 공식적으로 교회 공동체의 일원이 되었음을 의미합니다.[23]

▲ 물세례 의식[22]

예수님께서는 물로 세례를 직접 베푸신 적은 없지만(요 4:2) 요한으로부터 물로 세례를 받았으며, 부활하신 이후에 제자들에게 복음 전파와 함께 성부와 성자와 성령의 이름으로 세례를 베풀라고 명령(마 28:19)하셨습니다.

1) 세례는 다음과 같은 의미가 있습니다.

가) 죄 사함을 받음

"너희가 회개하여 예수 그리스도의 이름으로 세례를 받고 (　　) 사함을 받으라" (행 2:38)[24]

나) 그리스도와 연합(함께 죽고 함께 부활)

"그리스도 예수와 (　　)하여 세례를 받은 우리는 그의 죽으심과 (　　)하여 세례를 받은 줄을 알지 못하느냐 . . . 그의 부활과 같은 모양으로 (　　)한 자도 되리라" (롬 6:3~5)[25]

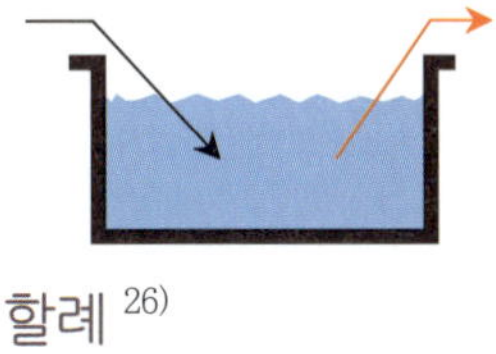

다) 언약 백성의 표시인 할례[26]

"여러분은 그리스도의 (　　), 곧 세례를 받음으로써 그리스도와 함께 묻혔고 또 그리스도와 함께 다시 살아났습니다" (골 2:12, 공)

라) 새로운 삶[27]

"그러므로 우리가 그의 죽으심과 합하여 세례를 받음으로 . . . 우리로 또한 (　　) 가운데서 행하게 하려 함이라" (롬 6:4)[28]

2) 물세례는 그가 회개하고 예수님을 구주로 영접했다는 전제 아래 주어지는데, 아래의 사람들이 회개하여 구원을 받았다는 증거를 그들의 삶(생

20. 구약 성경에는 세례라는 단어는 없지만 물로 씻는 정결예식을 세례의 기원으로 보기도 한다. (출 30:17~21, 레 14:8~9 등)

21. 막 1:4, 눅 3:3, 24:47, 행 13:24

22. by Releaseme, 1990, Wikimedia/ 미사리

23. 유대교의 정결예식은 반복적이지만 기독교의 세례예식은 일회적이다.

24. 롬 6:3~5, 엡 5:26, 벧전 3:21

25. 갈 3:27, 골 2:12

26. 구약시대에 언약백성의 표가 할례라면 신약시대에 언약백성의 표는 세례이다.

27. 바울 사도는 출애굽한 이스라엘이 홍해 바다를 건넌 사건을 세례에 비유했다. 그런데 홍해를 건넌 그들은 애굽에서 종으로 있었던 옛 생활 습성을 버리지 못했다.

28. 행 3:19, 골 3:10

〈 해 답 〉

4. 1) 가) 죄
나) 합, 합, 연합
다) 할례
라) 새 생명

29. 가난한 자들에 대한 관대함과 자신의 잘못에 대한 배상, 예수님의 구원 선언

30. 기독공보, 2011년 03월 30일(수)

31. by Jim Padgett 1984, Wikipedia

▲ Exodus

32. Simon de Myle (1570, 네)

▲ 아라랏 산의 방주

〈 해 답 〉

4. 2) 가)~라) 생략
3) 의견을 나누시오.

5. 1) 할례, 할례
2) 바다, 세례
3) 방주

각, 행동, 가치관 등)의 변화를 통하여 설명하십시오.

가) 탕 자: .... (눅 15:20~21)

나) 삭개오: .... (눅 19:4~8) [29]

다) 사마리아의 여인: .... (요 4:28~29)

라) ○○ 교회의 ○○○ 성도: ....

3) 세례를 받을 자가 회개하고 예수님을 영접했다는 정확한 증거가 없을지라도 예수님을 구주로 영접했다는 신앙고백만으로도 물세례라는 형식을 빌어 교회 공동체의 구성원으로 맞이해야 할 필요성이 있다면 그 이유를 설명하십시오. .... (마 28:19, 행 8:36)

✔ 매년 15만 명 이상의 장병들이 1천 4개의 군인교회에서 예수님을 구주로 영접하지만, 그 청년들은 어디로 사라진 것입니까? 세례자의 10%인 1만 5천여 명만 교회에 정착한다면 한국교회의 미래는 밝을 것입니다. [30]

물세례에 비유된 구약의 구원 사건들

5. 사도들은 신약의 교회에서 베푼 세례를 구약의 할례와 역사적 구원사건들과 관련지음으로써 교회에서 행해진 물세례에 대한 자리매김을 하였습니다.

1) 바울은 구약의 할례를 세례에 비유했는데, 아래 말씀을 완성하십시오.

"또 그 안에서 너희가 손으로 하지 아니한 (   )를 받았으니 곧 육의 몸을 벗는 것이요 그리스도의 (   )니라 너희가 세례로 그리스도와 함께 장사되고 . . . 그 안에서 함께 일으키심을 받았느니라" (골 2:11~12)

2) 바울 사도는 홍해 바다 사건을 세례에 비유했습니다. [31]

"우리 조상들은 모두 구름의 보호 아래에 있었고, (   ) 가운데를 지나갔습니다. 이렇게 그들은 모두 구름과 바다 속에서 (   ) 를 받아, 모세에게 속하게 되었습니다." (고전 10:1~2, 표준)

✔ 이스라엘은 모세의 인도로 바다를 건너면서 한 백성이 되었는데, 이는 세례를 통하여 그리스도의 몸인 교회의 한 구성원이 된 것과 같습니다.

3) 베드로 사도는 노아의 방주 사건을 세례에 비유했습니다. [32]

"그 (   )에 들어감으로써 물에서 구원받은 사람은, 겨우 여덟 사람밖에 없었습니다. 그것은 지금 여러분을 구원하는 세례를 미리 보여 준 것입니다" (벧전 3:20~21, 표준)

✔ 하나님께서 심판하실 때 방주에 들어간 노아의 가족만이 구원 받았던 것처럼 예수님과 연합하여 세례를 받은 자들은 심판 가운데 구원을 받습니다.

구원과 심판(마 3:8~12)

요한이 세례를 베푼 현장에는 두 부류의 사람이 있었습니다. 죄를 자복하고 세례를 받은 무리와 요한이 베푼 세례를 지켜보면서 그것이 신학적으로 문제가 있는지 꼬투리를 잡으려는 바리새인들과 사두개인들의 무리입니다.

후자는 자신들이 무조건적으로 천국을 상속 받았다고 생각했기 때문에 하나님의 심판에 대해 추호도 염두에 두지 않았습니다. 그래서 그들은 요한의 회개와 세례에 대해 무관심을 지나쳐 비판적으로 바라보았던 것입니다.

6. 요한은 자기에게 나아온 자들이 죄를 자복하고 회개하면 세례를 주어 예수님께 인도했습니다. 그러므로 요한의 세례는 죄를 사해주는 세례가 아니라 '죄 사함을 받도록 예수님께 인도하는 회개의 세례'입니다.[33]

한편 요한은 회개의 세례를 거절하면서 너무나도 가까이 온 천국을 맞이할 준비를 하지 않는 유대교 지도자들에게 임박한 심판을 경고했습니다.

1) 요한의 사역을 바라본 바리새인과 사두개인에 대한 평가에 답하십시오.

가) 요한은 바리새인들과 사두개인들을 아래와 같이 비유했습니다.

ㄱ) .... 의 자식들 (마 3:7)

ㄴ) 좋은 .... 를 맺지 아니하는 나무 (마 3:10)

▲ 위선에 비유된 독사[35]

나) 요한은 그들을 '독사의 자식들'(마 3:7)이라 했는데, 독사가 지닌 어떤 이미지에 부합하기 때문입니까?[34] ( )

ㄱ) 위선 ㄴ) 은밀함 ㄷ) 위험 ㄹ) 민첩함

다) 예수님께서는 바리새인들의 위선을 아래와 같이 평가하셨습니다.

> "그들이 하는 행위는 본받지 말라 그들은 ( )만 하고 행하지 아니하며 ... 모든 행위를 ( )에게 보이고자 하나니" (마 23:3, 5)

2) 요한은 죄 사함으로 말미암은 구원과 천국을 거절한 바리새인들과 사두개인들에게 임박한 하나님의 진노를 경고했습니다.

가) 요한은 임박한 하나님의 진노를 아래와 같이 비유했습니다.

> "**이미** 도끼가 나무 ( )에 놓였으니 좋은 열매를 맺지 아니하는 나무마다 찍혀 ( )에 던져지리라" (마 3:10)

나) 요한은 하나님의 심판이 임박하기 때문에 '이미'(마 3:10)라고 했는데, 임박한 진노를 피할 수 있는 유일한 길은 무엇입니까?

33. a baptism of repen-tance for the forgiveness of sins (NIV)

34. 시 140:3, 마 3:7, 23:33

35. Jon Nelson, 2011, flickr

〈 해 답 〉

6. 1) 가) ㄱ) 독사
ㄴ) 열매
나) ㄱ)
다) 말, 사람
2) 가) 뿌리, 불
나) 회개, 죄

36.

▲ 키질하는 모습

by Ryan kilpatrick, 2011, flickr (좌)

by David Haberlah, 2005, Wikimedia (우)

37. 창조주 하나님께 속한 엄청난 것들을 생각해보라.

38. 초림하신 예수님은 구원을 베풀고 재림하여 심판하신다. 요한복음은 메시야를 영접하지 않는 자는 벌써 심판을 받았다고 한다. (요 3:17~18, 9:39)

〈 해 답 〉

6. 2) 다) ㄱ) 아브라함
ㄴ) 하나님
3) 가) ①, ③, ⑥, ⑧, ⑨, ⑪
나) ②, ④, ⑤, ⑦, ⑩, ⑫
4) 다)

.... 하고 돌이켜 .... 없이 함을 받음 (마 3:2, 행 3:19)

다) 그들이 '죄 사함을 받게 하는 회개의 세례'를 거절한 이유는 아래와 같습니다.

ㄱ) 임박한 진노에 대해 두려워하면서도 이방인과 달리 자신들이 (   ) 의 자손이기 때문에 하나님의 심판이 있지 않을 것이라 생각했다.

ㄴ) 그리스도가 다스리는 (   )의 나라가 오면 자신들은 자동적으로 그 나라에 들어갈 줄로 알았다.

3) 요한은 자신에게 나아온 무리에게 장차 있을 구원과 심판을 타작마당에서의 키질에 비유하여 선포하고 있는데, 구원은 알곡을 모으는 **곳간**으로 심판은 쭉정이를 태우는 **불**에 비유했습니다. 아래 ⬚ 안의 단어를 곳간과 불이란 상징(symbol)으로 분류하십시오. [36)]

가) 곳간 : (   )

나) 불 : (   )

① 알곡	② 쭉정이	③ 천국	④ 지옥
⑤ 가치 없고 불에 태워질 것		⑥ 가치 있고 보관 될 것	
⑦ 형식적인 회개를 하는 사람		⑧ 죄를 자복하고 회개한 사람	
⑨ 성령 세례	⑩ 불 세례	⑪ 구원	⑫ 심판

✔ 구원은 하나님을 떠난 인간이 그리스도로 말미암은 죄 사함을 받아 창조주 하나님과의 관계가 회복된 상태를 말하며, 관계가 회복되어 하나님의 자녀가 되면 하나님께 속한 것들을 상속 받게 됩니다. [37)]

4) 요한이 선포한 설교와 베푼 세례는 종말론적 특징을 가지고 있는데, 그가 투옥되어 참수될 때까지의 사역을 살펴볼 때에 그가 초림 메시야에 대해 오해한 내용은 무엇입니까? (   )

가) 그는 물이 아닌 성령과 불로 세례를 베푼다.

나) 그는 곳간의 알곡처럼 회개한 자들을 천국으로 인도할 것이다.

다) 그는 심판의 불세례와 구원의 성령세례를 동시에 베푼다. [38)]

라) 그는 아브라함의 자손인 유대인일지라도 심판한다.

중심 내용 되씹기

1. 예수님 당시에 유대인 사회에 가장 큰 영향을 미쳤던 바리새인들의 회개운동의 특징은 무엇입니까? ....

2. 세례자 요한의 설교와 사역의 핵심 내용은 무엇입니까?
   1) **설교의 핵심**: (   )이 가까이 왔으니 (   )하고 복음을 믿으라. (마 3:2)
   2) **사역의 핵심**: 죄 사함을 받게 하는 (   )의 세례를 베푼 후에 자기에게 온 자들을 (   )께 인도했다. (마 3:3, 막 1:4)

3. 요한의 '죄 사함을 받게 하는 회개의 세례'의 내용은 다음과 같습니다.
   1) 내적 표징으로, 죄의 .... (마 3:6)
   2) 외적 표징으로, 물 .... (마 3:6, 막 1:4)
      외적 표징으로, 회개에 합당한 .... (마 3:8)

4. 요한의 회개운동(마 3:2)과 예수님의 회개운동(마 4:17)은 세례와 죄 사함에 있어서 다음과 같은 질적인 차이가 있었습니다.
   1) **세례** 가) 요 한: .... 세례
      나) 예수님: .... 세례
   2) **죄 사함** 가) 요 한: 죄 사함을 .... 하는 회개의 세례
      나) 예수님: 죄 사함을 .... 회개의 세례

5. (개신)교회는 물세례와 성찬 두 가지를 성례전(聖禮典)으로 지키고 있는데, 세례가 갖는 의미는 다음과 같습니다.
   1) .... 사함을 받음
   2) 그리스도와 .... (함께 죽고 함께 부활에 참여) [1]
   3) 언약 백성의 표시인 ....
   4) .... 생활

6. 요한은 세례를 종말론적 구원과 심판에 연결시켜 설명했습니다. [2]

"손에 키를 들고 자기의 타작마당을 정하게 하사 알곡은 모아 곳간에 들이고 쭉정이는 꺼지지 않는 불에 태우시리라" (마 3:12)

   1) 구원은 곳간에 들이는 .... 으로

1. 세례는 그리스도와의 연합을 의미하는데, '그리스도로 옷 입었다'는 구절에 초점을 맞추어 아래 말씀을 묵상하는 시간을 갖습니다.
"누구든지 그리스도와 합하기 위하여 세례를 받은 자는 그리스도로 옷 입었느니라"(갈 3:27)

2. minnemom, 2009, flickr(좌)
Newsbie Pix, 2010, flickr(우)

〈 해 답 〉

1. 모세의 율법에 수많은 세부 규칙들을 덧붙여 생활에 (문자적으로) 적용
2. 1) 천국, 회개
   2) 회개, 예수(님)
3. 1) 자복
   2) 세례, 열매
4. 1) 가) 물 나) 성령
   2) 가) 받게 나) 받는
5. 1) 죄 2) 연합
   3) 할례 4) 새

2) 심판은 꺼지지 않는 불에 태우는 ....에 비유했습니다.

나눔 그리고 기도의 시간

1. 요한의 시대에 수많은 당파들은 자신의 주장을 최고의 가치로 여겼기 때문에 갈등과 분열과 혼란을 피할 수 없었습니다. 그런데 예수님을 절대적 가치로 여겼던 요한은 분열의 시대를 지나 새 시대를 맞이하기 위해 자기 자신부터 겸손히 낮추었습니다.

   당신이 교회(혹은 직장, 가정) 안에서 겪었던 갈등은 자기 목소리가 컸기 때문이 아닌지 깊이 생각해 보는 시간을 갖습니다.

   '모든 것이 합력하여 선을 이룬다'(롬 8:28)는 전제 아래, 오십보백보(五十步百步)의 의미를 되새겨보는 시간을 갖습니다.

2. 구약시대에는 할례가 언약 백성의 표시인 것처럼 신약시대에는 세례가 '새 언약의 백성'(그리스도인)의 표시입니다.

   세례식 집례자가 당신에게 '예수 그리스도 외에는 소망이 없다는 것을 믿습니까?'라고 물었을 것입니다. 그 질문에 지금 '예'라고 대답할 수 있습니까?

   당신이 세례를 받았다면, 세례를 받기 위해 어떤 외적 준비를 했으며, 어떤 내적인 각오가 있었습니까? 그리고 세례를 받은 후에 어떤 영적(삶의) 변화가 동반되었습니까?

   당신은 세례 받았던 감격을 어떻게 기념하고 있으며, 자녀가 유아 세례를 받았다면 자녀에게 세례의 감격을 어떻게 기억하게 하고 있습니까? [3]

4. 요한은 세례를 종말론적 구원과 심판에 연결시켜 설명했는데, 왼쪽의 뿌리가 뽑힌 나무 그림을 보면서 아담의 원죄와 구원을 설명하십시오. (롬 5:12~21)

◀ 뿌리가 뽑힌 나무 [4]

3. 당신은 어떻게 해서 '하나님 나라의 백성'이 되었는지, 아래의 예를 참고하여 답변하십시오. (혹은 어떻게 해서 교인이 되었는지를 논하십시오.)

   예) 교회에 다녀서, 죄를 자복해서, 세례를 받아서, 예수님을 영접해서

3. 난지 팔일 만에 할례를 행하는 것은 유아 세례의 신학적 근거가 된다.

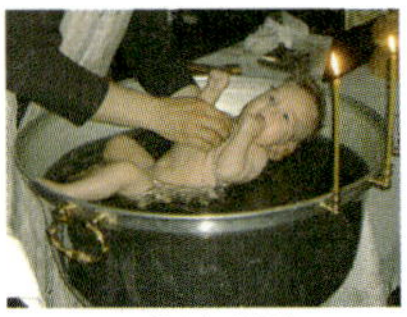

▲ 유아 세례
(by Shustov, 2007, Wiki-media)

4. root plate, NJ6507, 2007, geography

〈 해 답 〉

6. 1) 알곡
   2) 쭉정이

제5과 죄의 자복(마 3:6)

▲ 요단강의 수원인 헐몬 산(좌), 요단강(우) [1)]

"자기들의 죄를 자복하고 요단강에서 그에게 세례를 받더니" (마 3:6)

요한이 유대 광야에서 선지자로 활동하던 때, 여기저기에서 자신이 메시야라고 주장하는 사람들이 나타나 자기를 중심으로 '메시야 왕국'(하나님의 나라)을 세워야 한다고 백성들을 선동했습니다. 그런데 요한은 '나는 그리스도(메시야)가 아니라'(요 1:20)고 드러내어 말하고, 천국이 가까이 왔으니 죄를 자복하고 세례를 받은 후, 겸손히 그리스도를 맞이하라고 외쳤습니다.

요한 당시에 하나님께 거역하여 죄를 지은 자들은 예루살렘 성전에서 속죄제를 드리기(민 5:6~7) 전에 형식적이지만 공개적으로(p. 60 참고) 죄를 자복했습니다. 그런데 요한은 자신에게 나아온 자들에게, 하나님 앞에서 인격적으로 마음을 찢으며(욜 2:13), 구체적으로 죄를 자복하기를 요구했습니다.

하나님 앞에서의 죄의 자복

회개의 과정 가운데 하나인 죄의 '자복'(自服, 마 3:6)은 자신의 허물과 죄를 숨기지 않고 드러내어 하나님께 고백한다는 점에서 '자백'(自白)과 비슷하지만, 죄를 용서하시는 하나님의 은혜에 대한 감사와 찬양의 뜻이 담겨있다는 점에서는 자백과 구별됩니다. [2)]

한편 하나님 앞에서의 죄의 자복은 죄를 고백할 뿐만 아니라, 예수님을 영접함으로써 죄 용서함을 받아 '하나님의 자녀'(혹 천국 백성)가 되고, 하나님의 자녀다운 삶을 살아가는 데까지 나아가야 합니다.

✔ 하나님 앞에서 죄를 자복했다고 해서 모두가 회개한 것도 아니며, 더더구나 죄를 자복한 모두가 예수님을 영접하여 죄 사함을 받은 것은 아닙니다.

1. 요한은 자기에게 나아온 자들이 회개를 할 때에 구약의 말씀대로 하나님 앞에서 죄와 허물에 대한 자복을 요구했습니다. [3)]

1. Leifern, 1978, Wikimedia(좌), Tracy Hunter, 2009, flickr(우)

2. 자백(호몰로게오, homologeo): 고백하다. 시인하다. 솔직히 말하다. (요일 1:9)

자복(엑소몰로게오, exomologeo): 자백과 같은 의미로 특별히 감사와 찬양을 포함한다. (마 3:6, 막 1:5, 행 19:18)

(본과에서는 자백과 자복을 혼용하였다.)

3. 레 5:5, 민 5:7, 수 7:19, 스 10:1, 느 1:6, 시 32:5, 51:1~2, 단 9:4

1) 요한이 요구하는 회개는 다음과 같은 일련의 과정이 포함되었습니다.

가) 첫째, 지은 죄에 대해 ( )하는 마음이 필요합니다. (시 51:17)

나) 둘째, 죄의 ( )이 있어야 합니다. (마 3:6, 요일 1:9)

다) 셋째, 회개의 외적 표징인 물 ( )와 회개에 합당한 삶의 변화로서의 ( )가 있어야 합니다. (마 3:6, 8)

✔ 회개: 통회 + 죄의 자복(자백) + 물세례 + 회개에 합당한 삶의 열매

2) 죄의 자복(자백)은 근본적으로 하나님께 해야 하겠지만 때로는 사람에게도 하는 경우가 있습니다.[4)]

가) 다윗은 우리야의 아내인 밧세바와 동침을 한 죄가 드러나자 가장 먼저 누구에게 자신의 죄를 자복했습니까?[5)]

.... 선지자 (삼하 12:13)

나) 요한에게 나온 무리는 세례를 받기 전에 자신의 죄를 하나님 앞에서 자복했지만, 형식적으로는 누구 앞에서 죄를 자복하고 있습니까?

.... 선지자(혹 제사장) (마 3:6)[6)]

다) 사람에게 먼저 죄를 고백해야 하는 경우는 아래와 같습니다.

ㄱ) .... (마 5:23, 25)

ㄴ) .... (약 5:16)

3) '죄의 자복'이 '구원'에 이르지 못한 이유를 아래 도표를 보고 설명하십시오...

회개 : 죄의 자복 → 회개의 세례 → 구원(하나님의 자녀)

영 접 → 죄 사함

자복의 내용과 태도

2. 회개 없는 죄 사함이 없는 것처럼 죄의 자복이 없는 회개도 생각할 수 없습니다. 그러므로 올바른 죄의 자복을 위해 저지르기 쉬운 구체적인 죄들과 자복할 때의 바른 태도에 대해 배우는 시간을 갖겠습니다.

1) 바울 사도가 사람을 영과 혼과 몸으로 분류(살전 5:23)했던 것처럼 죄가 사람에게 미치는 영역도 세 가지로 나눌 수 있습니다.[7)]

"평강의 하나님이 친히 너희를 온전히 거룩하게 하시고 또 너희의 온 **영**과 **혼**과 **몸**이 우리 주 예수 그리스도께서 강림하실 때에 흠 없게 보전되기를 원하노라" (살전 5:23)

4. 로마 가톨릭에서는 죄를 사제에게 고백하도록 하는데, 사제가 죄를 사하는 권세가 있는 것은 아니다.

5. 다윗의 간음 사건 – 삼하 11장

다윗의 회개의 기도 – 시편 51편

6. 제사장 가문이기 때문에 제사장이랄 수도 있고 (눅 1:5), 선지자의 삶을 살았기 때문에 선지자일 수도 있다 (요 1:21).

7. 어떤 죄는 성격을 정확히 구분할 수 없을 뿐만 아니라, 2~3가지의 죄가 얽히기도 한다.

영 – spirit, 프뉴마(헬)

(영)혼 – soul, 푸쉬케(헬)

몸 – body, 소마(헬)

〈 해 답 〉

1. 1) 가) 통회
   나) 자복 (자백)
   다) 세례, 열매
2) 가) 나단
   나) 요한
   다) ㄱ) 형제에게 원망 들을 일이 있을 때
   ㄴ) 병 낫기를 구할 때
3) 눈속임 자복과 거짓 회개도 있다.

가) 영적인 죄: ( )
나) 마음의 죄: ( )
다) 육체적 죄: ( )

✔**사회적 죄**: 뇌물, 교통질서 위반, 규칙 위반, 무질서 등
기타 죄들: 살인, 동성연애, 알코올 중독, 강간, 거부감, 완벽주의 등

ⓐ 분노 ⓑ 마음의 상처 ⓒ 쓴 뿌리 ⓓ 시기
ⓔ 이단 ⓕ 우상숭배 ⓖ 과로, 과음 ⓗ 호색
ⓘ 두려움 ⓙ 간음 ⓚ 낙태 ⓛ 이혼 ⓜ 불안
ⓝ 불신앙 ⓞ 주술 ⓟ 비방 ⓠ 술취함 ⓡ 속임
ⓢ 거짓말 ⓣ 거짓 서원 ⓤ 흡연 ⓥ 근심 ⓦ 교만

2) 죄를 자복할 때 극단적인 형태인 '형식적인 죄의 자복'과 '두려움에 압도된 죄의 자복'과 '(외부의 힘에 의한) 강압적인 죄의 자복'에 빠지지 않아야 합니다.

가) **형식적인 죄의 자복**

ㄱ) 의미를 설명하십시오. .... [8)]

ㄴ) 어떻게 하면 형식적인 죄의 자복을 피할 수 있습니까? [9)]

.... (잠 28:13, 눅 3:8, 10~14)

나) **두려움에 압도된 죄의 자복**

ㄱ) 의미를 설명하십시오. .... [10)]

ㄴ) 어떻게 하면 두려움에 압도된 죄의 자복을 피할 수 있습니까? [11)]

.... (요일 1:9)

3) 올바른 죄의 자복에 대한 구체적인 예를 들겠습니다.

가) 당신의 운전 실수로 피해자가 입원했다면 어떻게 대처해야 합니까?

ㄱ) 하나님은 물론 ( )에게도 과실을 자백해야 합니다.

ㄴ) 피해자로부터 잘못을 ( ) 받아야 합니다. (마 6:14~15)

ㄷ) 피해자에게 합당한 ( )을 해야 합니다. (출 21:18~19)

by click,
morguefile

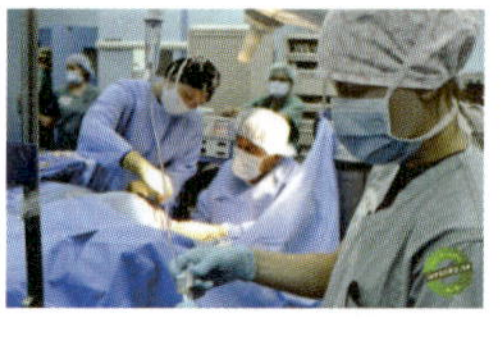

나) 당신이 소속된 소그룹 구성원 가운데 경제적으로 고통을 받고 있는 성도가 있다고 가정합시다. 마침 당신이 '갈 6:2절'의 말씀을 읽다가 하나님의 말씀에 불순종했다는 성령님의 책망을 들었다고 합시다.

8. 건성으로 별 생각이 없이(강 건너 불구경하듯이), 인위적인 의무감으로 죄를 자백하는 것을 말한다.

9. 구체적인 죄의 자복과 자복에 합당한 배상과 같은 행위 등) (욥 31:33, 시 32:3, 요일 1:8~10)

10. 용서 받은(혹은 받을) 것 같지가 않아 지나치게 과다한 고민을 하면서 끊임없이 반복적으로 죄를 자복하는 것을 말한다. (의심은 또 다른 불신앙이다.)

11. 죄 사함은 죄를 자복한 사람의 느낌이나 감정에 의존하지 않으며 하나님의 약속의 말씀에 의존한다.

〈 해 답 〉

2. 1) 가)~다) 생략
2) 가)~나) 위 설명 참고
3) 가) ㄱ) 피해자
ㄴ) 용서
ㄷ) 배상
나)~다) 생략

12. 무거운 짐을 지고 있는 아이를 참고하시오.

My punishment is greater than I can bear.(창 4:13, KJV)

13. 물건 값이나 채무 등을 이행하지 못하는 고통을 생각해 보라.

14. m-bot, 2007, flickr

15. 고후 11:23 ~ 29절을 읽으면 그가 진 빚이 얼마나 되었는지 알 수 있다.

16. 주기도문(마 6:6~13)과 죄의 자복과의 관계를 생각해 보시오. (마 6:14~15)

"여러분은 서로 남의 짐을 져 주십시오. 이런 방법으로 그리스도의 법을 성취하십시오" (표준새번역, 갈 6:2)

우리는 성령님의 책망을 들을 때, 아래와 같이 두 가지 극단적인 반응을 할 수 있습니다.

ㄱ) 형식적인 죄의 자복의 실례를 들어보십시오.

....

ㄴ) 두려움에 압도된 죄의 자복은 어떻게 하는 것을 의미합니까?

....

다) 이 문제를 어떤 방식으로 접근할 것인지 소그룹에서 논의하십시오.

.... (고후 7:11)

자복의 중요성과 그 시기

3. 죄의 자복은 자신의 허물과 죄를 숨기지 않고 드러내어 하나님(때로는 사람)께 고백하는 것을 말하는데, '사람은 그 입의 대답으로 말미암아 기쁨을 얻나니 때에 맞는 말이 얼마나 아름다운고'(잠 15:23)라고 했던 것처럼 자복의 시기는 자복의 태도만큼이나 중요합니다.

1) 성경은 죄지은 사람의 마음의 상태를 '죄 짐, 빚진 자' 등에 비유합니다.

가) 죄를 '짐'에 비유한 이유는 무엇 때문입니까? [12)]

.... (창 4:13, 44:32)

나) 죄를 '빛'에 비유한 이유는 무엇 때입니까? [13)]

.... (마 18:24, 눅 7:41)

▲ 짐을 진 아이 [14)]

2) 빚진 자의 마음을 헤아려보는 시간을 갖습니다.

가) 빚진 어떤 여인의 마음을 설명하십시오.

.... (왕하 4:1)

나) 예수 그리스도께 빚진 사도 바울의 심정을 설명하십시오. [15)]

.... (롬 8:12)

다) 당신이 그리스도께 진 빚을 갚지 못하여 심히 괴로웠던 적이 있다면 그 때의 심정을 소그룹에서 간증하는 시간을 갖습니다.

....

3) 다음 페이지의 말씀을 묵상하고서 죄는 (사람에게든 하나님에게든) 가능하면 빨리 자복하여 용서 받는 것이 좋은 이유를 설명하십시오. [16)]

....

〈 해 답 〉

3. 1) 가)~나) 위 설명 참고

2) 가)~다) 생략

3) 생략

> "너를 고발하는 자와 함께 길에 있을 때에 급히 사과하라" (마 5:25)
> "네가 너를 고발하는 자와 함께 법관에게 갈 때에 길에서 화해하기를 힘쓰라" (눅 12:58)
> "내가 입을 열지 아니할 때에 종일 신음하므로 내 뼈가 쇠하였도다" (시 32:1~3, 51:8)

자복이 속죄에 미치는 효력

4. 최초의 인간인 아담이 죄를 자복하지 않음으로써 모든 사람이 짊어져야할 원죄로 남겨졌는데, 회개의 과정에 속하는 죄의 자복은 반복적으로 계속되는 자범죄(自犯罪, behaviour sin)는 물론이며 근본적이고 죄의 뿌리에 해당하는 원죄(원죄, original sin)를 용서받기 위해 유효합니다.

한편 죄를 자복하지 않고 마음에 품고 있으면 무기력, 죄책감, 수치심, 두려움 등이 뒤따르며 이로 말미암아 '전 인격적'(영, 혼, 육)인 형벌을 받게 됩니다. 그러나 죄를 자복하면 하나님(혹 사람)과의 관계 회복으로 말미암은 각종 유익을 얻게 됩니다.

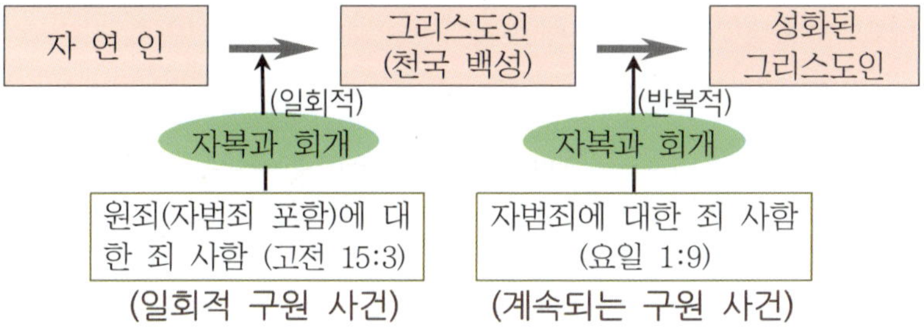

- 자연인(自然人) - 생물학적인 육체를 가진 인간
- 원죄(原罪) - 아담의 죄로 인하여 모든 인간이 태어날 때부터 갖는 근원적인 죄
- 자범죄(自犯罪) - 인간이 연약하여 살아가면서 실제적으로 짓는 죄

1) 아담이 죄를 범한 이후, 사람들은 죄를 자복하는 대신에 죄지은 이유를 변명하기 좋아하는 경향이 생겼습니다. 아래 세 사람은 죄를 자복하는 대신에 어떻게 대처했습니까?

가) 아담: .... (창 3:12)

나) 가인: .... (창 4: 9)

다) 가룟 유다: .... (행 1:18)

2) '자기의 죄를 숨기는 자는 형통하지 못하나 죄를 자복하고 버리는 자는 불쌍히 여김을 받으리라'(잠 28:13)고 했습니다.

〈 해 답 〉

4. 1) 가)~다)
성경 본문 참고

17. Jan Matsys (1509–1575, Flemish painter)

18. 형벌: 아버지와의 관계 단절로 허랑방탕, 궁핍, (영적) 죽음 등

유익: 관계 회복으로 풍성함, (영적) 생명 회복 등

19. 제사장은 구약의 율법대로 희생제사가 진행되고 나면 죄를 사한다.

20. Jewish hasid(우), by Itzuvit, 2009, Wikimedia

가) 다윗은 우리야의 아내를 범하고 나서 자복하지 않음으로써 형벌을 받았으나 늦게나마 자복함으로써 회복의 유익을 얻었습니다. (시 51편을 읽으십시오.)

▲ 다윗과 밧세바[17]

ㄱ) 받은 형벌: .... (시 51:8, 11)

ㄴ) 회복의 유익: ....(시 51:12~15)

나) '잃은 아들을 되찾은 아버지의 비유'(눅15:11~32)에서 탕자 역시 다윗의 경우와 같이 설명될 수 있습니다.[18]

ㄱ) 받은 형벌: .... (눅 15:14~17)

ㄴ) 회복의 유익: .... (눅 15:22~24)

3) 구약시대에 예루살렘 성전에서 죄의 자복을 하면서 시작하는 속죄제사는 자범죄뿐만 아니라 원죄까지 사하지만, 속죄제의 완성과 속죄의 실제적인 효력은 예수 그리스도의 십자가로 말미암습니다.

구약시대에 제물을 가져온 자는 자신의 체중을 실어 제물의 양쪽 뿔에 안수하면서 하나님 앞에서 아래와 같이 죄를 자복했는데, 안수를 통하여 죄를 전가 받은 제물은 죄 지은 사람을 대신하여 (피 흘려) 죽게 됩니다.[19]

"나는 죄인입니다. 그리고 큰 죄를 범했습니다. 또한 당신을 거역하였고 다음과 같은 범죄를 행했습니다. (범죄 사실을 열거한다) 그러나 나는 지금 회개하는 마음으로 당신께 돌아갑니다. 여기 드리는 예물로 나의 죄를 용서하여 주시옵소서."

20)

▲ 구약 시대의 죄의 자복과 죄 사함

신약시대에 요한은 자기에게 나아온 자들이 죄를 자복하면 회개의 세례를 베푼 후에, 그들을 죄를 사하시는 예수님께 인도했습니다. 예수님께서는 요한으로부터 세례를 받든 받지 않든 자기에게 오는 자들의 죄를 사하셨습니다.

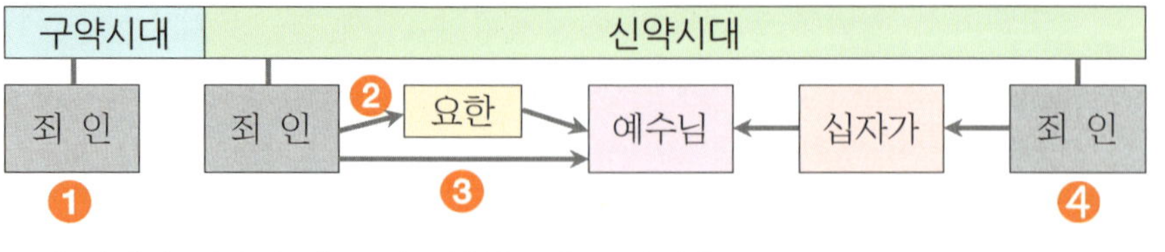

〈 시대와 상황에 따른 죄 사함을 받는 방식 〉

❶ 속죄제 등 모세의 율법을 지킴으로써 죄 사함을 받는다.
❷ 예수님께서는 요한의 회개의 세례를 받고 온 자들에게 죄 사함을 베푸셨다.
❸ 예수님께서는 자기를 찾는 자들에게 죄 사함을 베푸셨다.

〈 해 답 〉

4. 2) 가)~나) 생략

❹ 예수님께서 부활 승천하신 후에는,
예수님께서 십자가에서 인류의 죄를 지시고 (죄를 자복하는 자를 포함하여) 대신 죽으셨다는 것을 믿으면, 믿는 그 사람에게 죄 사함의 효력이 발생한다.

죄의 자복과 속죄에 관한 설명을 읽고 ○, × 로 답하십시오.

가) 요한이 요구하는 죄의 자복은 모세의 율법에 기초했다. (　　)

나) 성전의 제사장은 죄를 자복하기만 하면 죄 사함을 선언했다. (　　)

다) 성전에서 죄의 자복으로 시작되는 속죄제사는 장차 있을 예수 그리스도의 대속의 죽음을 미리 보여준다. (　　)

라) 신약시대에는 구약시대와 달리 희생 제사를 드리지 않아도 회개하기만 하면 죄 사함을 받는다. (　　)

4) 자신의 죄를 자복한 자들이 어떻게 '하나님의 가족'(혹 천국의 자녀)인 그리스도인이 되는지, 아래의 설명을 완성하십시오.

▲ 하나님의 가족

가) 요한은 죄를 자복하는 회개를 촉구하고 물세례를 베풀었지만 (　　)를 사하는 권세는 없었습니다.

나) 예수님께서는 회개를 촉구하셨을 뿐만 아니라(마 4:17) (　　)를 사하여 주셨습니다.[21]

다) 예수님께서는 단 (　　) 번 죽으심으로써 자기의 피로 (　　) 한 속죄의 길을 마련하셨습니다. (히 9:12, 28 벧전 3:18)

라) 예수님께서 육신으로 계시지 않는 지금은 회개한 다음 그가 우리의 (　　)를 대신하여 죽으신 것을 (　　)야 죄 사함의 효력이 발생합니다.[22]

마) 예수님께서 우리 죄를 위하여 죽으신 것을 믿고 그를 (　　)하는 자는 죄 사함을 받을 뿐만 아니라 하나님의 (　　)가 됩니다. (요 1:12)

✔ 회개한 후에 하나님의 아들이며 천국의 왕이신 예수님을 영접하여 죄 사함을 받으면, 하나님의 자녀로서 '하나님의 가족'이 됩니다. 여기에서 '하나님의 가족'은 '천국 백성'이요 천국의 모형인 '교회'입니다.

21. 마 9:2, 눅 7:47

22. 행 2:38, 3:19, 고전 15:3, 엡 1:7

〈 해 답 〉

4. 3) 가) ○
나) ×
다) ○
라) ×
4) 가) 죄
나) 죄
다) 한, 영원
라) 죄, 믿어
마) 영접, 자녀

중심 내용 되씹기

1. 요한은 죄의 자복을 포함한 회개를 요구했는데, 죄의 자복에 대한 설명을 완성하십시오.

> 자복(자백)의 대상은 (   )이지만 때로는 (   )에게도 자복해야 하며, 가능하면 시간적으로 (   )하는 것이 좋습니다. 예를 들어 다른 사람에게 피해를 입혔다면 피해를 입힌 자에게도 자복하여 용서를 구할 뿐만 아니라 물질적인 (   )도 해야 합니다.[1]

2. 성경은 죄를 자복하지 않고 마음에 품고 있는 것을 무엇에 비유하고 있습니까? .... , ... , (막힌) .... (창 44:32, 마 18:24, 엡 2:14)

3. 죄의 자복과 구원의 관계를 나타낸 아래 도식을 완성하십시오.

회개 : 죄의 자복 → 회개의 (가   ) → 구원(하나님의 자녀)

(나   ) → 죄 사함

4. 하나님께서 죄를 자복한 자들에게 주신 약속의 말씀 2가지를 암송하십시오.

.... (롬 8:1, 요일 1:9)

나눔 그리고 기도의 시간

1. 현대 교회에서 세례를 받기 위한 준비 과정은, 세례 문답식과 신앙 고백이 거의 전부인 경우가 대부분입니다.

   당신이 세례를 받았다면 죄의 자복을 포함한 회개의 과정이 있었습니까?

   회개의 아픔이 없는 세례식은 형식만 남고 하나님의 자녀 된 기쁨은 반감될 것입니다. 성경적 세례식을 위해 교회적으로 어떤 준비가 필요합니까?

2. 하나님보다 사람에게 자신의 과실을 자복하기가 어려운 이유는 무엇 때문인지 자신의 경험을 나누는 시간을 갖습니다.[2]

   허물어진 관계를 회복할 수 있도록 구체적으로 자복해야 할 사람과 자복의 내용을 점검하고 실행한 후, 다음 시간에 나눔의 시간을 갖습니다.

3. 당신이 차를 후진하다가 다른 차의 옆면을 긁었다고 가정합시다. 당신은 어떻게 죄를 자복해야 합니까? (변상, 배상해야 하는 경우를 생각하십시오.)

4. 당신은 주변인들로부터 그들의 연약함과 과실 등을 자백 받았을 때, 세례자 요한의 입장에서 그들을 예수님께 인도하려고 시도했습니까?

---

1. 사람에게만 배상하는 것은 아니다. 성경에 제사장에게 배상하라는 것은 인격이신 하나님께 배상하라는 뜻이다.

   레 5:16, 22:14, 27:13, 15, 민 5:8

2. 교회 내에서 자신의 죄를 자복하고 밝힘으로써 더 많은 문제를 야기할 수도 있다.

〈 해 답 〉

1. 하나님, 사람, 빨리, 배상
2. 짐, 빚, 담
3. 세례, (예수님)영접
4. 성경 본문 참고

단 원 III

3. 공생애 준비의 첫 관문

제 6 과　왕의 취임식
제 7 과　홀리 패밀리

학습내용

당신은 본 단원에서 배우게 될 핵심 주제와 개인적으로 혹은 소그룹에서 성령님의 감동으로 깨달은 진리를 삶의 자리에서 **적용 실천할 때** 하나님의 나라를 경험하게 될 것입니다.

인도자는 **나눔과 기도 시간**을 통하여 학습 목표에 맞는 마무리를 해야 합니다.

1. 예수님의 공생애 준비의 첫 관문인 왕의 취임식에 대해 배우게 됩니다.
2. 예수님께서 왕의 취임식 때 받은 물과 성령의 세례가 영적으로 어떤 의미가 있는지 깨닫게 됩니다.
3. 예수님께서 요한에게 세례를 받으실 때 성부와 성령 하나님께서 함께 하셨던 사건을 통하여 삼위일체를 배우게 됩니다.
4. 구약 성경과 이스라엘의 종교와 문화에 익숙한 유대인들과 사도들이 어떻게 삼위일체 신앙을 받아들이게 되었는지 배우게 됩니다.
5. 삼위일체 교리와 사도 신경이 역사적으로 어떻게 형성되었는지 배움으로써 성경에 대한 바른 이해를 하게 되며 이단들에 대처할 수 있게 됩니다.

제6과 왕의 취임식(마 3:13~17)

(세례 받으신 예수 그리스도)

▲ 오바마의 대통령 취임 [1]

◀ 왕의 수세(受洗) [2]

"이와 같이 하여 모든 의를 이루는 것이 합당하니라 . . .
이에 요한이 허락하는지라" (마 3:15)

세례자 요한의 사역이 최고의 정점에 이를 때에 예수님께서 요한으로부터 세례를 받게 되는데, 이는 천국이 '가까이'(마 3:2) 온 정도가 아니라 천국이 이미 도래(到來)했음을 의미합니다.

죄 없으신 하나님의 아들 예수님께서 죄인의 자리에서 요한으로부터 세례를 받으신 것은, 그가 장차 대속의 죽음에 이르게 될 것을 예고할 뿐만 아니라, 그가 천국의 왕이 되심을 공개적으로 선언하는 의미가 담겨있습니다.

세례를 받으신 예수님

1. 예수님께서는 많은 사람이 주시하는 가운데 요한으로부터 세례를 받으셨는데, 이는 그가 메시야이며 천국의 왕 되심을 천하에 공포하는 취임식입니다.

  1) 요한의 세례는 그 당시 유대인들에게 새롭고 독특했는데, 요한의 세례에 대한 잘못된 설명은 무엇입니까? (   )

    가) 전통적으로 유대인은 부정함을 없애기 위해 흐르는 물이나 미크바에서 정결의식을 행했다. [3]

    나) 요한은 자기에게 온 자들을 예수님께로 인도하기 위해 율법에 따라 정결 의식을 행하고 이후에 세례를 베풀었다.

    다) 요한이 베푸는 물세례의 독특함 중에 하나는 죄의 자복이었다.

    라) 유대 종교 지도자들은 물 세례는 이방인들이 받는다고 생각했다.

    마) 요한은 자기에게 나아와 죄를 자복하고 물로 세례를 받은 자들에게 죄 사함을 선언했다.

  2) 예수님께서는 요한에게 세례를 받기 위해 갈릴리 지방 나사렛 동네에서 유대 광야에 가까운 요단강으로 가셨습니다. 왕의 취임식에 관한 성경 본문(마 3:13~17)을 관찰하고 질문에 답하십시오.

---

1. 2009년 1월, 워싱턴 의회 광장에 200여만 인파가 모인 가운데 오바마는 링컨이 보았던 성경에 손을 얹고 대통령 선서를 하였다.

2. James Tissot

3. 현대 교회에서 행해지는 세례의 기원은 흐르는 물이나 미크바에서 행해지는 유대교의 정결의식이 아닌 세례자 요한의 세례이다.

세례가 교회 공동체에 참여할 수 있는 자격 기준이 된 것은 요한으로부터 시작되었다.

〈 해 답 〉

1. 1) 나), 마)

4. '이 때'는 다른 복음서에 약 30회 마태복음에만 약 90회 기록됨.

5. 성령께서 비둘기가 내려오듯 예수님 머리 위에 임했는지, 비둘기 모양으로 예수님을 감쌌는지 모호하다

6. 히 4:15, 벧전 2:22, 요일3:5

7. Jose Ferraz de Almeida Junior(1850~1899, 브)

8. 예수께서 요한에게 "지금은 내가 하자는 대로 하여라. 우리가 이렇게 해야 하느님께서 원하시는 모든 일이 이루어진다." 하고 대답하셨다. 그제야 요한은 예수께서 하자 하시는 대로 하였다. (마 3:15, 공동)

가) 마태복음은 '때'를 무척이나 강조하는데, 유대인들은 하나님께서 400여년의 침묵을 깨고 메시야를 보내주실 것을 간절히 기대했습니다. 마 3:13절의 '이 때'는 세례자 요한의 사역이 어떠한 때입니까? [4]

ㄱ) 최 전성기 ㄴ) 침묵기 ㄷ) 퇴조기 ㄹ) 박해기

나) 하나님께서 요한에게 예수님의 정체에 대해 미리 알려주셨으므로 (요 1:29~34) 요한은 예수님께 세례 베풀기를 힘써 거절했습니다.

ㄱ) 그 이유는 단적으로 다음과 같습니다.

► 낮은 자가 .... 자에게서 축복을 받기 때문 (히 7:7)

ㄴ) 예수님께서 요한보다 높은 이유를 세례의 종류로 설명하십시오.

► 예수님의 세례는 구원하는 .... 세례이다. (마3:11~12)

► 예수님의 세례는 심판하는 .... 세례이다.

다) 요한의 거절에도 불구하고 예수님께서는 요한으로부터 세례 받기를 원했습니다. 그 이유를 복음서는 다음과 같이 설명하고 있습니다.

► 하나님의 모든 .... 를 이루기 위해서 (마 3:15)

라) 왕의 취임식에는 요한과 그에게 세례를 받기 위해 몰려온 무리 이외에 누가 참여했습니까?

ㄱ) .... 같은 성령님 (마 3:16~17) [5]

ㄴ) .... 하시는 하나님 (마 3:16~17)

3) 예수님께서 세례를 받을 때는 요한이 베풀었던 세례의 중요한 특징인 죄의 자복 과정이 없었습니다. 그 이유를 설명하십시오. [6]

.... (히 4:15)

▲ 왕의 취임식 [7]

왕의 취임식에 대한 해설

2. 예수님의 메시야 취임식이 자신보다 낮은 요한에 의해 진행되는 것은 참으로 의아한 일입니다. 그렇지만 예수님께서 받은 세례가 요한이 그동안 행한 '죄 사함을 받게 하는 회개의 세례'와 질적으로 다르다는 것은 의심의 여지가 없습니다.

어쨌든 예수님께서는 '하나님의 의'에 순종함으로써 물세례를 받으셨는데 이는 아담의 불순종과 비교가 되며, 앞으로 그의 사역이 전적으로 하나님의 뜻에 순종하게 될 것임을 보여줍니다. [8]

〈 해 답 〉

1. 2) 가) ㄱ)
나) ㄱ) 높은
ㄴ) 성령, 불
다) 의
라) ㄱ) 비둘기
ㄴ) 말씀
3) 예수님께서 무죄하기 때문

1) 예수님께서는 하나님께 순종함으로써, 요한은 예수님께 순종함으로써, 이루어진 세례는 결국 다음과 같이 '**모든 의**'(마 3:15)를 이루게 됩니다.

가) 요한은 세례를 베풀라는 예수님의 부탁에 믿음으로 순종했기 때문에 (　　　)롭습니다.

나) 예수님께서는 하나님의 뜻에 순종하여 요한에게 세례를 받았기 때문에 (　　　)롭습니다.

다) 하나님께서는 아들을 화목제물로 삼아 그의 피를 믿는 자마다 속죄함을 받게 하셨기 때문에 하나님께서는 (　　　)롭습니다.[9)]

라) 예수님께서 인류를 대신하여 죄를 짊어지셨기 때문에 그리스도 안에 있는 모든 성도들은 (　　　)롭습니다.[10)]

마) 이와 같이 예수님께서는 모든 (　　　)를 이루기 위해 자신보다 낮은 세례자 요한으로부터 세례를 받았습니다.

2) 아래 그림은 예수님의 수세(水洗)가 갖는 궁극적인 '하나님의 의'를 설명하고 있는데 질문에 답하십시오.

가) 예수님께서 야고보와 요한에게 아래와 같이 '잔과 세례'를 말씀하신 것은 자신이 장차 받을 고난을 예고하는데, (　　　)에 답하십시오.

> "예수께서 이르시되 너희는 너희가 구하는 것을 알지 못하는도다 내가 마시는 (　　　)을 너희가 마실 수 있으며 내가 받는 (　　　)를 너희가 받을 수 있느냐" (막 10:38)

나) 예수님께서 세베대의 아들 야고보와 요한에게 상징적으로 말씀하신 '잔'(the cup)과 '세례'(the baptism)는 각각 무엇을 의미합니까?

ㄱ) 잔: .... (막 10:38)

ㄴ) 세례: .... (막 10:38)

다) 결국 예수님의 수세(水洗)는 다음과 같은 의미가 있습니다.

> ✔ 잔은 예수님께서 장차 우리 (　　　)를 위해 받으실 십자가의 고난을 상징합니다. 그리고 세례는 (　　　)에 대해 죽는 것을 상징합니다. 예수님께서는 친히 죄인의 자리로 내려오셔서 요한에게 세례를 받으심으로써 장차 우리의 (　　　)를 위하여 십자가에서 죽으실 것을 미리 보여주셨습니다. (롬 6:3~5, 고전 15:3)[11)]

9. 롬 3:25~26

10. 고후 5:21

11. 갈 3:27, 골 2:12

〈 해 답 〉

2. 1) 가)~마) 의
2) 가) 잔 세례
나) ㄱ) 고난
ㄴ) 죽음
다) 죄, 죄, 죄

12. – the Word became flesh(NIV)

– the Word was made flesh(KJV)

13. Carl Heinrich Bloch (1834-1890, 덴)

14. 제1권, 7과 『천국의 왕, 예수 그리스도』 참고

15. 예수님께서는 세례를 받을 때, 하나님으로부터 '내 기뻐하는 자라'는 음성을 들었다. 이때에, 예수님께서 자신의 메시아 됨을 인식했다고 주장하기도 한다.

3) '말씀이 육신이 되어'(요 1:14)[12] 이 땅에 오신 예수님께서는 삼십 세쯤 되어 성령으로 세례를 받으셨습니다. 이때에 예수님께서는 왕을 포함한 세 가지의 직분에 취임하심으로써 메시야로서 하나님의 의를 이루기 시작하셨습니다.

▲ 사랑하는 아들[13]

가) 예수님께서 세례를 받으실 때, 성령이 비둘기(마 3:16, 눅 3:22) 같이 임했습니다. 이와 같은 세례를 특별히 무엇이라 합니까?

.... 세례

나) 예수님께서 물세례를 받으실 때, '기름 부음'(눅 4:18)이 임하는 성령 세례도 받으셨습니다. 기름 부음은 직분(職分)과 관련이 있는데, 그는 세례를 받을 때에 공식적으로 어떤 직분에 취임하셨습니까? [14]

ㄱ) 천국의 .... (마 21:5)

ㄴ) 천국의 .... (마 9:2)

ㄷ) 천국의 .... (마 21:11)

다) 예수님께서는 성령으로 기름부음을 받은 메시야가 구체적으로 행할 사역에 대해 다음과 같이 선언하셨습니다. (사 61:1~3)

ㄱ) 가난한 자에게 .... 을 전파함 (눅 4:18)

ㄴ) 포로 된 자, 눈 먼 자, 눌린 자를 자유하게 함 (눅 4:18)

ㄷ) 주의 .... 의 해를 전파함 (눅 4:19)

4) 하나님께서는 왕의 취임식 때 예수님을 향하여 '내 기뻐하는 자라'(마 3:17)고 하셨는데,[15] 이는 예수님께서 행하시는 모든 일들이 **하나님의 의**를 이루어 하나님의 기쁨이 되기 때문입니다.

취임하신 예수님께서는 성령 충만함을 받아 가장 먼저 어떤 일로 하나님을 기쁘게 했습니까? .... (마 4:1)

✔ 예수님을 영접한 모든 그리스도인에게는 기름 부음이 임합니다(고후 1:21, 요일 2:20, 27). 기름 부음이 임했다는 것은 하나님 나라를 위해 그 사람에게 걸맞은 직분도 주어졌다는 뜻이기도 합니다. 그러므로 그리스도인은 예수님과 같이 왕으로(롬 5:17), 제사장으로(벧전 2:9), 혹은 선지자, 목사, 교사로(엡 4:11) 부르심을 받았습니다.

〈 해 답 〉

2. 3) 가) 성령
나) ㄱ) 왕
ㄴ) 제사장
ㄷ) 선지자
다) ㄱ) 복음
ㄷ) 은혜
4) 성경 본문 참고

중심 내용 되씹기

1. 예수님의 취임식과 관련된 다음 설명 중 옳고 그름을 ○, ×로 답하십시오.
   1) 예수님의 메시야 취임식 때, 그는 성령으로 세례를 받으시고 하나님께로부터 왕과 제사장과 선지자의 직분을 받았다. ( )
   2) 현대 교회에서 행해지는 물세례는 요한이 예수님께 행했던 세례가 기원이다. ( ) [1)]
   3) 예수님께서는 다른 사람들에게 본을 보이기 위해 요한에게 세례를 받을 때 죄를 자복했다. ( )
   4) 예수님께서 요한으로부터 받은 세례는 장차 있을 십자가에서의 대속적 죽음을 미리 보여준 사건이다. ( )
   5) 동방박사들이 아기 예수님께 경배한 사건과 예수님의 수세 사건은 초대교회에서 성탄절보다 먼저 기념했다. ( ) [2)]

2. 예수님께서 요한에게 세례를 받으신 것은 하나님의 의를 이루기 위해서인데, 가장 중요한 하나님의 의는 무엇입니까? (잔과 세례로 설명하십시오.)

....

나눔 그리고 기도의 시간

1. 예수님께서는 상당한 기간 동안 공생애를 준비하신 후에 세례를 받으시고 공생애를 시작하셨습니다.

   지역교회에서 제직으로 안수를 받는 것은 공생애 시작을 알리는데, 당신은 '언젠가는 예수님처럼 공생애를 시작하겠다'는 생각을 해보셨습니까? [3)]

2. 물세례는 물속에서 그리스도와 함께 옛 사람이 죽고 그리스도의 부활의 생명으로 그리스도와 함께 물 밖으로 나옴으로써 하나님의 백성과 교회 공동체의 가족이 되었음을 선언하는 상징적인 교회 예식입니다.

   당신은 세례를 받았던 때의 감동(혹은 날짜)을 기억하고 있으며 또한 그 날을 기준으로 어떤 영적인 전환이 있었습니까? [4)]

   당신이 세례를 받을 때, 앞으로 닥칠 고난의 잔과 죽음이라는 세례도 그리스도와 함께 받을 수 있다고 생각한 적이 있습니까? (막 10:38) [5)]

3. 당신은 세례를 받는 순간부터 하나님의 가족이 되었다는 것을 믿습니까?

   당신이 세례를 받을 때, 하나님께서 당신을 '사랑한다'(마 3:17)고 하시면서 하나님의 가족으로 맞이한 사실을 알고 있습니까?

---

1. 현대 교회의 물세례는 요한의 물세례가 기원인 것은 맞다.

2. 주현절(主顯節, epiphany)이란 예수님의 신성(神性)이 온 세상 사람들 앞에 드러난 날로, 서방교회에서는 동방박사가 예수님을 찾은 때를, 동방교회에서는 예수님께서 요한으로부터 세례를 받은 때를 가리킨다.

3. 권사, 안수 집사, 장로 등은 평신도로서 공생애를 시작하는 것이다.

4. 세례 대신 제직 임명으로 바꾸어도 좋다.

5. 성도들은 교회에서 물세례를 받기 전에 성령 충만을 구해야 한다.

〈 해 답 〉

1. 1) ○ 2) × 3) × 4) ○ 5) ○
2. 십자가의 고난과 대속적 죽음

제7과 홀리 패밀리(Holy Family, 마 3:16~17)

◀ 삼위께서 함께하는 예수님의 수세(受洗) [1]

"예수께서 세례를 받으시고 곧 물에서 올라오실 새... 하나님의 성령이 비둘기 같이 내려... 임하심을 보시더니 하늘로부터 소리가 있어 말씀하시되 . . ." (마 3:16, 17)

삼위일체(트리니티, Trinity) [2]

성경에 삼위일체(三位一體)란 용어는 물론 그에 대한 직접적인 설명이 없기 때문에 역사적으로 이 가르침은 기독교 이단들로부터 공격을 받아왔습니다. 그럼에도 이 교리는 성경에 의해 강력히 지지를 받음으로써 정통 기독교 교리로 자리매김이 되었습니다.

이 교리는 철학과 이성으로 완벽하게 설명될 수 없었기 때문에, 그 중요성에 비해 지역 교회에서 제대로 교육되지 않았던 것이 사실입니다. 본과는 삼위일체에 대한 가르침을 성경과 역사적 배경을 통해 설명하고 있습니다.

1. 예수님께서 천국의 왕으로 취임하실 때에 세례자 요한과 많은 무리뿐만 아니라 성부 하나님과 성령 하나님께서도 참석하셨는데, 예수님의 수세식은 삼위일체에 관한 개념을 이해하는데 큰 도움을 줍니다.

   1) 예수님의 '취임식'(수세식, 마 3:13~17) 때, 성부와 성령 하나님께서 어떤 방식으로 자신의 존재를 드러내셨습니까?

      가) 성령 하나님: .... (마 3:16)

      나) 성부 하나님: .... (마 3:17)

   2) 예수님의 수세식을 통해 볼 때 삼위일체란 용어에 대한 바른 추론은 무엇입니까? (   )

      가) 하나님이 세 분이라는 뜻이다.

      나) 한 분이신 하나님께서 어떤 때는 하나님으로 어떤 때는 예수님으로, 또 어떤 때는 성령님으로 존재한다는 뜻이다.

      다) 하나님은 한 분이지만 세 인격(위격, 位格)으로 존재한다는 뜻이다.

      라) 세 분 하나님이 각기 독립적으로 존재한다는 뜻이다.

      마) 성부(聖父), 성자(聖者), 성령(聖靈) 하나님은 본질적으로 동일하다.

1. Joachim Patinir (1480~1524, 벨)

2. 삼위(三位)
- 지. 정. 의를 갖춘 세 인격(personality)

일체(一體)
- 하나의 통일체

〈 해 답 〉

1. 1) 가) 눈에 보이게 비둘기 같은 형상으로
   나) 귀에 들리게 말씀으로 임하심
   2) 다), 마)

3) 당신은 위 문제를 통해 '삼위일체'(三位一體)란 용어 자체가 갖는 의미를 개괄적으로 이해하셨을 것입니다.

성부, 성자, 성령 하나님은 왕의 취임식 때에 처음으로 함께 하신 것은 아닙니다. 세 분 하나님은 독자적으로 활동하지 않고 태초에 천지를 창조하실 때는 물론 어느 때이고 항상 함께 하십니다.

가) 하나님께서 천지를 창조하실 때 성령 하나님은 어떻게 천지 창조에 참여하셨습니까? .... (창 1:2)

나) 성자 하나님은 어떻게 천지 창조에 참여하셨습니까?
.... (창 1:3, 요 1:1~3)

4) 삼위 하나님께서 함께 하심을 보여주는 아래 성경구절을 완성하십시오.

"그러므로 너희는 가서 모든 민족을 제자로 삼아 (　　　　)와 (　　　)과 (　　　)의 이름으로 세례를 베풀고" (마 28:19) [3]

"하나님이 오른손으로 (　　　　)를 높이시매 그가 약속하신 (　　　　)을 (　　　　)께 받아서 . . . 이것을 부어 주셨느니라" (행 2:33)

"주 (　　　) 그리스도의 은혜와 (　　　　)의 사랑과 (　　　)의 교통하심이 너희 무리와 함께 있을지어다" (고후 13:13)

2. 사람이 하나님의 세계에 대해 완전히 이해한다는 것은 사실상 불가능하지만 (고전 2:11) 성경에 계시된 내에서 삼위일체 교리를 배우도록 하겠습니다. [4]

1) 아래 그림은 불완전하지만 삼위일체를 설명하고 있습니다.

〈그림 가〉 〈그림 나〉

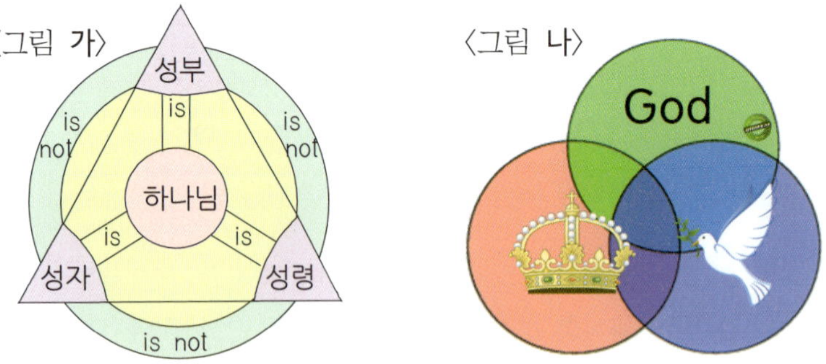

가) 그림 **'가'**는 본질적인 측면에서 삼위 하나님을 설명하고 있습니다.

ㄱ) 성부와 성자와 성령은 (　　　　　)이십니다.

ㄴ) 성부 하나님은 (　　　　)와 (　　　　) 하나님이 아니고
성자 하나님은 (　　　　)와 (　　　　) 하나님이 아니며
성령 하나님은 (　　　　)와 (　　　　) 하나님이 아닙니다.

나) 그림 **'나'**는 역할의 관점에서 삼위 하나님을 설명하고 있습니다.

3. 아버지와 아들과 성령의 이름들(names)이 아닌 이름(name)이다. 곧 세 위격 안에 존재하는 한 하나님을 의미한다.

baptizing them in the name of the Father and of the Son and of the Holy Spirit

행 7:55~56, 벧전 1:2을 참고하라.

4. 롬 11:33, 엡 3:9

〈 해 답 〉

1. 3) 가) 수면 위에 운행함으로써
나) 말씀으로 (이르시되)
4) 아버지, 아들, 성령
예수, 성령, 아버지
예수, 하나님, 성령
2. 1) 가) ㄱ) 하나님
ㄴ) 성자, 성령
성부, 성령
성부, 성자

ㄱ) (   ) 하나님께서는 흙으로 사람을 지으셨습니다. (창 2:7)

ㄴ) (   ) 하나님께서는 죄로 죽은 자들을 자신의 피로 속량하셨습니다. (엡 1:7) [5]

ㄷ) (   ) 하나님께서는 속량 받은 성도들의 몸을 성전 삼아 그 안에 거주하십니다. (고전 6:19)

ㄹ) **그러므로 역할의 관점에서 볼 때,**

► 성도들은 자신의 '몸'으로 (   )께 영광을 돌려야 합니다. (고전 6:20) [6]

► 성도들은 먹든지 마시든지 무엇을 하든지 (   )의 (   )을 위해 살아야 합니다. (고전 10:31)

2) 아래 이미지는 하나님에 대한 다양한 이해를 나타내고 있습니다.

가) 각 이미지(ㄱ~ㄹ)에 대한 설명을 [ ]에서 찾으십시오.

〈그림 ㄱ〉

〈그림 ㄴ〉

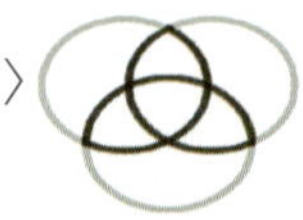

〈그림 ㄷ〉 [7]

〈그림 ㄹ〉

① 한 사람이 집에서는 아버지로, 직장에서는 사장으로, 교회에서는 집사로 활동하는 것과 같다. (양태론적 단일신론) [8]
② 세 분 하나님이 각기 별도의 인격체로 존재한다. (삼신론) [9]
③ 한 분 하나님이 다른 세 위격 (인격)으로 존재한다. (삼위일체론)
④ 하나님, 예수님, 성령님은 영광과 존귀와 능력이 동일하지만 독자적인 사역의 영역이 있다. (삼위일체론)

그림 ㄱ) - (   )   그림 ㄴ) - (   )
그림 ㄷ) - (   )   그림 ㄹ) - (   )

✔ 크로버, 가면, 물, 구름, 꽃, 해 등을 예로 들어 삼위일체를 설명하지만 사실은 하나님을 피조물로 설명하려는 것 자체가 모순입니다.

나) 위 이미지(ㄱ ~ ㄹ)에서 삼위일체와 가장 거리가 있는 설명은 무엇입니까? ► 그림 .... , 그림 ....

다) 지금까지 배운 바에 의하면 삼위일체의 정의는 다음과 같습니다.

► 성부와 성자와 성령 하나님은 신이라는 본질에서는 (   ) 하나 세 (   )으로 존재한다.

5. 속량이란 포로나 노예를 값을 주고 구입함으로써 그들을 자유롭게 하는 것을 말한다.
그리스도께서는 율법의 저주 아래 있는 사람들을 보혈을 흘리시고 속량하셨다. (벧전 1:18~19)

6. 몸/ in your body, and in your spirit (KJV)
with your body (NIV)

7. 클로버, by 百樂兎, 2009, Wikimedia
가면, by * AshTgFEM, deviantART

8. 한 사람이 다양한 가면을 쓰고 연극에 출연하는 것과 같다. 단일신론의 일종인 양태론(樣態論)을 설명하고 있다.

9. 성부, 성자, 성령 하나님이 본질적으로 제각각 다른 신이라는 개념을 삼신론(三神論)이라 하며 잘못된 삼위일체론이다.

〈 해 답 〉

2. 1) 나) ㄱ) 성부
ㄴ) 성자
ㄷ) 성령
ㄹ) 하나님, 하나님, 영광
2) 가) ㄱ) ② ㄴ) ④
ㄷ) ③ ㄹ) ①
나) ㄱ, ㄹ
다) 동일, 위격

10. 양자론: Adoptianism
역동적 단일신론:
Dynamic Monarchianism

11. 양태론적 신론은 가면을 쓴 하나님과 같다.
양태론: modalism

12. 사 9:6, 마 1:23, 눅 5:21, 요 1:1~2, 14, 8:58 (출 3:14), 요 10:30, 14:9, 20:28, 빌 2:6, 골 1:15, 19, 2:9, 히 1장 등등

✔ 단일신론(單一神論): 성부만이 유일한 하나님임을 주장하는 극단적인 유일신 사상으로 '여호와의 증인'과 '유니테리안'(Unitarian)이 대표적입니다.

1) 역동적 단일신론(양자론): 예수님은 단순한 인간인데 '하나님의 아들로 받아들여졌다'(양자, 養子)는 주장입니다. [10)]

2) 양태론적 단일신론: 창조에서는 성부로, 구속에서는 성자로, 성화(聖化)에서는 성령으로 표현되었을 뿐 결국 한 하나님이라는 주장입니다. [11)]

초대 교회에 정착된 삼위일체 교리

3. 이스라엘 주변 나라들은 다신(多神)을 믿었는데 구약성경은 하나님의 유일성을 강조하고 있습니다. 유일신에 익숙한 유대인들이 예수님과 성령님도 하나님이라는 주장을 수용하기란 어려웠습니다. 그러나 사도들은 예수님의 삶과 죽음, 부활을 통하여 그도 하나님 되심을 점차 깨닫게 되었습니다.

1) 다음은 유대인들이 어릴 적부터 암송하는 대표적인 성경 구절로 그들의 단일신론적인 신관을 잘 나타내고 있습니다.

> "이스라엘아 들으라 우리 (   ) 여호와는 오직 (   )한 여호와이시니 너는 마음을 다하고 뜻을 다하고 힘을 다하여 네 하나님 여호와를 사랑하라" (신명기 6:4~5)

2) 위와 같은 말씀을 통하여 유일신론(단일신론)을 당연시 했던 유대인들이 여호와 하나님 이외에 성자 예수님까지도 또 다른 하나님으로 받아들일 수 없었던 것은 당연합니다.

가) 유대인들은 예수님께서 그리스도요 하나님의 아들이란 사실도 받아들이기 힘들었는데, 그가 하나님과 동일한 존재라는 사실을 받아들이기는 더욱 힘들었습니다.

예수님께서 하나님 되심을 보여주는 성경 구절을 쓰십시오. (2가지)

.... [12)]

나) 다음은 부활하신 예수님에 대한 도마의 신앙 고백입니다.

> "도마가 대답하여 이르되 나의 (   )이시요 나의 (   ) 이니이다" (요 20:28)

3) 유대인들이 삼위일체를 받아들이기 힘들었던 또 다른 이유는 성령님도 하나님이라는 사실 때문입니다. 사도행전 5:1~4절을 읽고 답하십시오.

가) 베드로 사도는 아나니아가 누구를 속였다고 하였습니까?

.... (행 5:3)

〈 해 답 〉

3. 1) 하나님, 유일
2) 가) 위 설명 참고
나) 주님, 하나님
3) 가) 성령(님)

나) 베드로 사도는 아나니아가 사람에게 거짓말 한 것이 아니요 하나님께 거짓말을 했다고 합니다. (행 5:4)
그러면 성령님은 어떤 존재입니까? .... 13)

4) 도마의 신앙 고백(요 20:28)과 '아나니아와 삽비라'의 사건(행 5:1~4)을 통해 알 수 있듯이 ( )님은 물론 ( )님도 성부 하나님과 동일한 하나님 되심을 알 수 있습니다.

4. 기독교 신앙이 로마 제국에 전파될 때는 유대인들에게 전파될 때와 판이하게 다른 어려움에 직면했습니다. 그것은 로마 제국 내의 다양한 민족들은 다신교 신앙을 가졌기 때문에 삼위(三位)의 하나님은 믿을 수 있었으나, 세 하나님이 본질적으로 동일하다는 것을 받아들일 수 없었습니다.

또한 사도들이 세상을 떠난 후에 삼위일체 신앙을 위시한 성경적 진리가 더욱 도전을 받게 되자, 교회 지도자들은 한 자리에 모여 성경의 가르침을 바르게 세우기에 이르렀습니다.

1) 이제까지 배운 바를 기억하여 ( )에 알맞은 단어를 넣으십시오.
가) 유일신 신앙이 배어있는 ( )들은 한 분 하나님 안에 세 위격(인격)이 존재한다는 사실을 새롭게 깨달아야 했습니다.
나) 반대로 다신교 신앙이 배어있는 ( )들은 하나님은 오직 한 분임을 깨달아야 했습니다.
다) 그러므로 유대인과 이방인은 ( )와 ( )와 ( ) 하나님은 신이라는 ( )에서는 동일하나 세 ( )으로 존재한다는 사실을 깨달아야 했습니다.

2) 사도 베드로가 활동할 때는 이미 거짓 선지자들이 교회에 가만히 들어와 삼위일체에 관한 진리 등을 어지럽혔습니다. (벧후 2:1)
그래서 사도 베드로(?~AD 64년)는 성도들에게 다음과 같은 두 가지를 기억하라 권면했습니다.
가) **첫째**는, ( )들이 예언한 말씀
나) **둘째**는, 예수님께서 ( )에게 명하신 가르침 (벧후 3:2)

▲ 트리니티 아이콘 14)

3) 주후 1세기가 지나기 전에 사도들은 모두 죽었고, 사도들이 기록한 성경을 교묘하게 푸는 자들이 많이 생겨났습니다. 그 결과 교회는 지극히 개인적인 영적 경험을 바탕으로 신앙을 전하는 이단들로 말미암아 혼동

13. 성령님께 자신의 고유한 이름이 없는 것은 예수님을 증언하는 영이기 때문이다. 하나님의 영, 예수의 영 등으로 불리는 것은 성령님도 하나님이라는 뜻이다.

14. 구약성경 표지, by Andrey Rublev 작, AD. 1400년경(Tretyakov Gallery, Moscow)

〈 해 답 〉
3. 3) 나) 하나님
4) 예수, 성령
4. 1) 가) 유대인
나) 이방인(로마인)
다) 성부, 성자, 성령, 본질, 인격
2) 가) 선지자
나) 사도

과 갈등을 겪게 되었습니다.[15)]

그래서 교회는 사도들이 예수님으로부터 배운 (삼위일체를 포함한) 가르침을 요약하여 성도들을 교육할 필요가 있었습니다.

가) '사도들의 신앙 고백'(사도신경)은 누구에 대한 신앙을 담고 있습니까? ► 창조주 .... , 구속주 .... , 보혜사 ....

✔ 사도신경은 2세기 말에 로마의 교회에서 세례 때에 신앙고백문으로 사용된 로마신조와 AD 215년의 히폴리투스의 질문식 신앙고백의 영향을 받아 5세기 말에 완성되었습니다.

나) 삼위일체 신앙이 담겨 있는 사도신경을 거부하는 교회는 정통교회라 할 수 없는데, 사도신경을 부인하는 이단들을 예로 들어보십시오.

....

4) 잘못된 교리로 말미암은 교회의 갈등과 분열을 종식시키고 로마제국의 안정을 위해 동서에 흩어진 교회의 대표들이 AD 325년 '니케아'(Nicaea)에 모여 성경의 가르침을 바로 세웠습니다.

가) 이 회의에서 예수 그리스도의 신성이 확정되었고 또한 (　　　　　　) 라는 가르침이 정통 교리로 채택되었습니다.[16)]

나) 예수님과 성령님의 하나님 되심은 종교회의에서 만들어진 교리로 오해되기도 하지만, 성경이 그 사실을 분명하게 계시하고 있습니다.

ㄱ) 구약성경에서 예수님의 하나님 되심의 증언을 완성하십시오.

"한 아기가 우리에게 났고 . . . 그의 이름은 . . . 전능하신 (　　　　　　)이라, 영존하시는 (　　　　　　)라" (사 9:6)

ㄴ) 신약성경에서 예수님의 하나님 되심의 증언을 완성하십시오.

"나와 (　　　　　　)는 하나이니라" (요 10:30, 17:11, 22)
"나의 주님이시요 나의 (　　　　　　)이시니이다" (요 20:28)
"그는 참 (　　　　　　)이시요 영생이시라" (요일 5:20)

✔ 성경은 하나님의 이름을 망령되게 부르지 못하도록(출 20:7) '여호와' 대신에 '엘로힘'(Elohim) 등을 사용하고 있습니다. 엘로힘은 형태상으로는 (신적 장엄) 복수형으로 1인칭 복수 대명사인 '우리'(창 1:26, 3:22)로 받고 있지만 동사는 단수를 사용하는 경우가 많기 때문에 삼위일체를 나타낸다고 알려졌습니다.[17)]

---

15. 벧후 3:15~17

16. 니케아 종교회의 – 로마황제 콘스탄티누스 1세에 의해 소집된 세상 모든 교회의 최초 모임이다.

17. 창세기 1장의 하나님은 엘로힘의 번역이며, 강하다는 뜻이다.

성경은 이방신들에 대해서도 수없이 엘로힘이란 단어를 사용하기 때문에 엘로힘이 삼위일체의 확실한 증거인지는 알 수 없습니다.

참고로 아브라함을 방문한 세 사람(창 18:2)은 삼위 하나님으로 알려졌다.

▲ 아브라함과 세 천사

출처: Bibliotheque nat-ionale de France

〈 해 답 〉

4. 3) 가) 하나님, 예수님, 성령님
나) 유대교, 몰몬교, 여호와의 증인, 유니테리안 등
4) 가) 삼위일체
나) ㄱ) 하나님 아버지
ㄴ) 아버지, 하나님(×2)

중심 내용 되씹기

1. 다음 설명을 읽고 옳고 그름을 ○, ×로 답하십시오.
   가) 삼위일체라는 용어는 성경에 없다. (　　)
   나) 삼위일체란 용어는 AD 325년 니케아 종교회의에서 처음으로 만들어졌다. (　　) [1)]
   다) 삼위일체 교리의 이론적 근거는 성경이다. (　　)
   라) 삼위일체 교리는 예수님께서 능력 있는 인간에 불과한가, 아니면 하나님이신가에 대한 문제이기도 하다. (　　) [2)]
   마) 예수님의 하나님 되심은 사도들 조차도 처음엔 믿기 어려웠다.(　　)
   바) 사도신경은 삼위 하나님에 대한 신앙고백이다. (　　)
   사) 삼위일체란 하나님이 세 분이라는 가르침이다. (　　)
   아) 삼위일체란 한 분 하나님이 성부, 성자, 성령 하나님이란 세 인격으로 존재하는 것을 말한다. (　　)
   자) 삼위일체 교리를 부정하는 교회는 사도신경을 사용하지 않는다. [3)] (　　)
   차) 유대인은 한 하나님이 세 인격으로 존재하는 것을 믿을 수 없었고 비유대인은 세 인격이 한 하나님으로 존재하는 것을 믿을 수 없었다. (　　)

2. 삼위일체를 한 사람이 집에서는 아버지로, 직장에서는 사장으로, 교회에서는 집사로 활동하는 것으로 설명하는 경우가 있습니다. 이와 같은 설명을 '양태론적 단일신론'이라 하는데 성경적이지 못한 이유를 설명하십시오.

....

3. 유대인과 이방인(로마인)이 삼위일체를 이해하기 힘든 이유는 각각 무엇 때문이었습니까? ....

4. 신학적으로 삼위일체란 한 분 하나님이 **동일한 신적 본질**을 소유하고 계시는 성부, 성자, 성령이라는 각각 **구별된 인격(위격)으로 존재**한다는 가르침입니다.

   이해하기가 쉽지 않은 삼위일체 교리는 다음과 같이 성경 말씀으로 이해하는 것이 좋습니다.

   1) 세 분 하나님께서 함께 사역하는 성경 구절은 무엇입니까? ....
   (마태복음에서 2가지)
   2) 예수님과 성령님도 하나님이 되시는 이유를 성경으로 설명하십시오.

1. 터툴리안(Tertullianus, AD 160~220]은 최초로 삼위일체란 용어를 사용했지만, 그 이전에도 삼위 하나님에 대한 논의는 있었다.

2. 이단들은 니케아 종교회의에서 예수님을 반인반신(半人半神)이라는 괴물로 만들었다고 주장한다.
그러나 그리스도는 초대 교회에서 이미 찬양의 대상이었다. (빌 2:6~11, 계 5:12~14)

3. 반대로 예배 시간 등에 사도신경을 사용하지 않는다고 삼위일체를 부인하는 것은 아니다.

〈 해 답 〉

1. 가) ○　나) ×
다) ○　라) ○
마) ○　바) ○
사) ×　아) ○
자) ○　차) ○
2~3. 생략
4. 1) 마 3:16~17, 28:19
2) 가) 요 10:30, 요일 5:20
나) 요 14:16, 행 5:3~4

가) 예수님께서 하나님 되시는 성경 구절은 .... (2가지)

나) 성령님께서 하나님 되시는 성경 구절은 .... (2가지)

▲ 삼위일체를 주제로 한 성화들 [4]

나눔 그리고 기도의 시간

1. 당신이 교회에서 세례를 받았다면, 예수 그리스도의 명령대로 '성부와 성자와 성령의 이름으로 세례를 받았을'(마 28:19) 것입니다.

   성도에게 있어 세례식(입교식)이 가장 축복된 날인 이유를 설명하고, 전 교회적으로 축제 분위기를 연출해야 하는 이유를 설명하십시오.

   생일은 축하하면서도 삼위 하나님께서 복을 주신 세례 받은 날을 축하하지 못한 이유는 무엇 때문입니까?

2. 삼위일체는 성경에 계시된 가르침이지 니케아 종교회의에서 결정하였기 때문에 그 교리가 탄생된 것은 아닙니다.

   삼위일체를 양태론(樣態論) 혹은 사물(事物) 등을 예로 들어 설명하는 것이 위험스러운 이유는 무엇 때문입니까?

   당신은 삼위일체 교리에 도전하는 이단들에게 어떤 성경 말씀으로 변증하겠습니까? [5]

3. 삼위일체는 하나님의 존재 방식 혹은 하나님 자신의 '계시'(revelation, 보여 나타냄) 방식을 설명하고 있습니다. 그래서인지 어떤 그리스도인들은 삼위 하나님을 각각 만났다고 고백하기도 합니다.

   당신은 하나님(혹은 예수님, 성령님)을 언제 어떻게 만났습니까?

by ~tomatokisses, deviantart

4. 왼쪽부터
The Adoration of the Tri-nity, Albrecht Dürer (1471~1528, 독)
Holy Trinity, Hendrick van Balen(1573~1632, 네)
Holy Trinity, Fridolin Lei-ber(1853~1912, 독)
Holy Trinity, Pieter Coe-cke van Aelst(1502~1550, 벨)
Trinity, Jerónimo Cosida, 1510~1592, 스페인)

5. 삼위의 함께 하심과 예수님과 성령님이 하나님 되심을 증언하는 것이 바람직하다. (본 페이지 상단의 그림을 참고)

단 원 IV

4. 공생애 준비의 둘째 관문

제 8 과 세 가지 시험
제 9 과 시험을 이기신 예수 그리스도 1
제10과 시험을 이기신 예수 그리스도 2
제11과 시험하는 자에 대하여

학습내용

당신은 본 단원에서 배우게 될 핵심 주제와 개인적으로 혹은 소그룹에서 성령님의 감동으로 깨달은 진리를 삶의 자리에서 **적용 실천할 때** 하나님의 나라를 경험하게 될 것입니다.

인도자는 **나눔과 기도 시간**을 통하여 학습 목표에 맞는 마무리를 해야 합니다.

1. 공생애 준비기에 있었던 세 가지 사건과 예수님께서 시험 받았던 유대 산지와 그 지형 등에 대해 복습하게 됩니다.
2. 시험이란 단어가 갖는 의미와 예수님께서 마귀에게 받았던 세 가지 시험에 대한 전체적 흐름을 숙지하게 됩니다.
3. 예수님께서 두 본성(하나님의 아들, 사람의 아들)을 어떻게 조화롭게 사용하셔서 마귀의 시험(물질, 명성, 세상 권위와 영광)을 이기셨는지 배우게 됩니다.
4. 예수님께서 받았던 시험이 이 시대에 모든 성도들이 겪는 시험임을 깨닫게 되며 이로 말미암아 하나님의 생명과 풍성함을 누릴 수 있는 역량을 기르게 됩니다.
5. 시험하는 자의 기원과 특징 그리고 사탄(마귀)의 나라에 대해 배우게 되며, 마귀가 어떤 모략으로 자기 나라를 확장하게 되는지 배움으로써 마귀를 대적할 힘을 기르게 됩니다.

제 8 과 세 가지 시험(마 4:1~11)

◀ 여리고에서 바라본 시험 산[1]

"그 때에 예수께서 성령에게 이끌리어 마귀에게 시험을 받으러 광야로 가사 사십 일을 밤낮으로 금식하신 후에 주리신지라" (마 4:1~2)

1. by Tango7174, 2012, Wikimedia

우리는 이미 제3단원(6~7과)에서 예수님의 '공생애 준비의 첫 관문'에 대해 배웠고, 본 제4단원(8~11과)에서는 예수님의 '공생애 준비의 둘째 관문'에 대해 배우게 됩니다. (제8과보다 9, 10과를 먼저 공부해도 좋습니다.)

마귀로부터 시험받는 예수님을 다루고 있는 '공생애 준비의 둘째 관문'은 아래 표에서 보듯이 '공생애 준비기'에 있었던 마지막 사건에 해당합니다.

예수 그리스도의 공생애 준비기 분류

그리스도의 생애 분류		장절(마태복음)[2]	
서 론		1장	
탄생과 유아기		2장	
공생애 준비기	1) 요한의 사역을 바라보시는 예수님	3 ~ 4장	3:1 ~ 12절
	2) 세례 받으신 예수님(첫 관문)		3:13 ~ 17절
	3) 시험 받으신 예수 그리스도(둘째 관문)		**4:1 ~ 11절**

2. 특정한 사건이 복음서의 어느 부분(몇 장)에 기록되었는지를 기억하면 예수님의 생애를 체계적으로 이해하는데 큰 유익을 얻게 된다.

시험의 윤곽과 그 무대

1. 예수님의 '공생애 준비기'에 있었던 사건들을 대략적으로 살펴보는 시간을 갖겠습니다.

   1) 요한의 전도 설교는 그리스도의 생애 가운데 어느 부분에 해당합니까? ( )
   가) 서론 나) 탄생 다) 유아기 라) 공생애 준비기

   2) 예수님의 공생애 준비 기간에 있었던 세 가지 사건들은 무엇입니까?
   가) .... (마 3:1~12)
   나) .... (마 3:13~17)
   다) .... (마 4:1~11)

   3) 예수님의 공생애 준비 기간 중, 마지막에 있었던 사건은 '마귀의 시험' (마 4:1~11)입니다. 그 시험의 내용은 순서대로 다음과 같습니다.

〈 해 답 〉

1. 1) 라)
   2) 가)~다) 도표 참고

가) .... 의 시험 (마 4:2~4)

나) .... 의 시험 (마 4:5~7)

다) .... 의 시험 (마 4:8~10)

2. 예수님께서 마귀에게 시험을 받았던 유대광야의 시험 산과 그 인근 지형에 대한 대략적 질문에 답하십시오.[3]

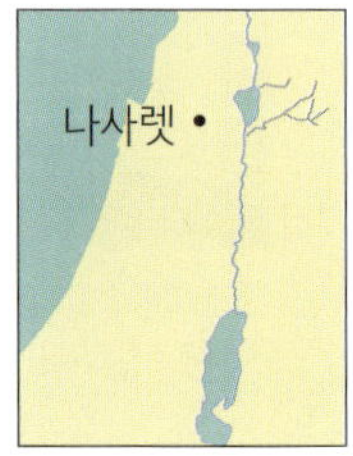

1) 예수님께서 갈릴리 나사렛에서 요단강에 이르러(마 3:13) 세례를 받으신 후, 마귀에게 시험을 받으러 광야로(마 4:1) 가신 행적을 오른편 지도에 그려보십시오.

2) 아래 지형의 이름을 화살표(↘)를 따라 ⬚에서 찾아 답하십시오.

가) ㉠ ....

나) ㉡ ....

다) ㉢ ....

라) ㉣ ....

유대 광야　유대 산지　동부 고원
블레셋 평야　세펠라　지구대

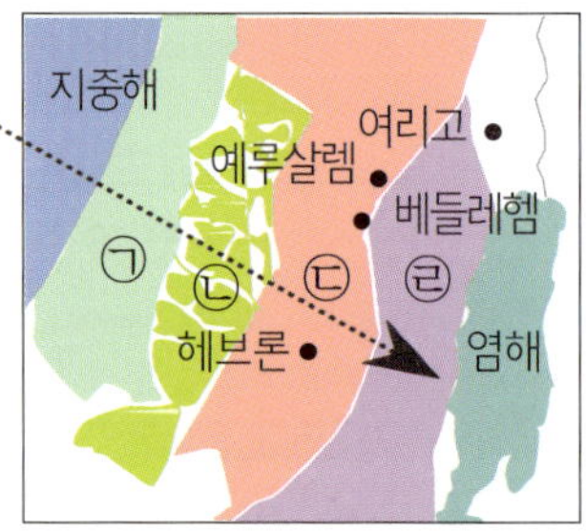

3) 예수님께서 시험받았던 곳과 가장 밀접한 도시는 어느 곳입니까? (　　)

가) 헤브론　나) 예루살렘　다) 베들레헴　라) 여리고

✔ 여리고는 요단 지구대에 위치하며, 해발 - 260m의 가나안 최고(最古, 주전 7천년)의 고대 도시로 현재는 팔레스타인 자치구에 속합니다.

4) 예수님께서 시험 받았던 곳으로 알려진 시험 산(Mt. Temptation)은 고대 여리고 북서쪽에 위치하며 유대 광야가 시작되는 부분이기도합니다.

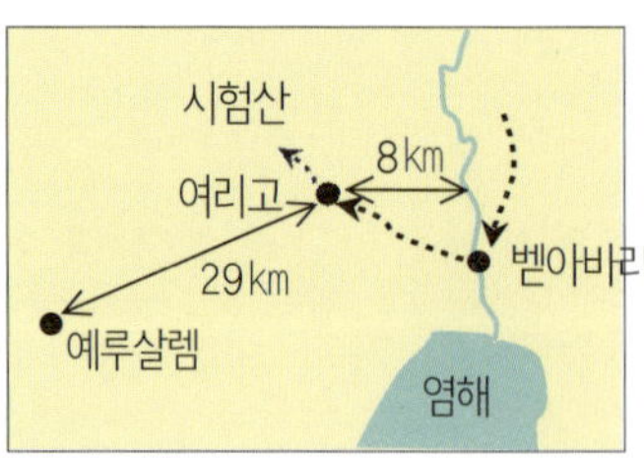

▲ 시험산 중턱의 수도원들[5]

가) 예수님께서 세례를 받으신 후, 마귀에게 시험을 받으러 간 과정을 위 지도를 보면서 설명하십시오.[6] ....

나) 여리고의 시험산은 서쪽으로 유대광야가 시작되는 곳입니다. 예수님께서 금식 기도하시다가 멀리 바라 보셨을 유대광야에 대한 설명으

---

3. 제1권, 9과 「팔레스타인 지방의 (자연)지리」 참고

4. '벧아바라'를 요 1:28절의 요단강 건너편 '베다니'로 보기도 한다 (제 2권 3과, 「주의 길을 준비하는 세례자 요한」 을 참조)

5. by See the holy-land.net, 2010, Flickr

6. 나사렛 ⇒ 벧아바라 ⇒ 여리고 ⇒ 시험산

〈 해 답 〉

1. 3) 가) 광야
나) 성전 꼭대기
다) 높은 산

2. 1) 생략
2) 가) 블레셋 평야
나) 세펠라
다) 유대산지
라) 유대 광야
3) 라)
4) 가) 위 설명 참고
나) ㄴ)

로 잘못 된 것은 무엇입니까? (   )

ㄱ) 유대 산지와 염해 사이의 열은 황토 빛의 황량한 구릉지이다.

ㄴ) 연 평균 강수량 400mm 이하이지만 나무가 무성한 곳도 있다.

ㄷ) 광야의 서쪽 끝자락에 900M에 이르도록 급하게 솟아있는 유대 산지는 지중해로부터 불어오는 습한 공기를 차단하고 있다.

ㄹ) 요한이 설교했던 유대지방의 요단강 근처도 광범위하게 유대 광야(마 3:1)라고 한다.[7]

◀ 유대광야 [8]

예루살렘 동쪽에 위치

시험(유혹)

신약에서 흔히 '시험'으로 번역된 페이라조(peirazo, 헬)는 '살펴본다'는 긍정적인 의미와 '유혹하여 넘어지게 하다'는 부정적인 의미로 쓰였습니다.[9]

예수님께서 완전한 사람이면서 완전한 하나님이시기 때문에 시험은 물론 어떤 고난도 어렵지 않게 초월하리라 생각하는 경향이 있습니다. 그러나 성경은 '모든 일에 우리와 똑같이 시험'(히 4:15)'을 받았고, 시험을 당할 때에 우리와 같이 '심히 고민하여 죽게 되었다'(막 14:34)고 증언합니다.

▲ 시험받는 그리스도 [10]

예수님께서 '완전한 사람'이라 불리는 이유는 그가 '죄가 없으신 분'(히 4:15)으로서 인간의 원죄를 대신 지실 뿐만 아니라 고통당하는 사람들을 동정하여 그들의 고난에 동참하셨기 때문입니다.

3. 예수님께서는 하나님의 아들과 사람의 아들로서 마귀로부터 시험을 받았는데, 그 시험의 질은 다를지라도 내용은 에덴동산에서 아담과 하와가 받았던 것과 유사하며 또한 모든 인간이 겪고 있는 시험과도 유사합니다.

1) 시험 산의 주변 환경과 인근 도시를 살펴보면, 그곳은 마귀가 예수님을 시험하기에 적합한 장소임을 알 수 있습니다. 성령님께서는 예수님을 시험 산으로 인도하시되 마귀의 시험을 이길 수 있도록 함께 하셨습니다.

마귀가 예수님을 시험하는 내용(A)과 시험을 극대화하는 주변의 환경(B)을 바르게 연결하십시오.

7. 유대광야
남북의 길이: 75㎞
동서의 폭: 16~25㎞

8. by Ian W Scott, 2011, Flickr

9. KJV는 일괄적으로 유혹(tempt)으로 번역을 했지만 NIV는 시험(test), 유혹(tempt), 덫(trap) 등으로 번역했다.

10. Ivan Nikolaevich Kram-skoi(1837-1887, 러)

11. 성전 꼭대기(혹 십자가)에서 뛰어내리면 사람들이 박수를 칠 것이고 자신의 자랑거리가 될 것이다(어떤 사람은 돈, 육체, 가문, 학벌을 자랑한다). 그러나 이것이 얼마나 인간적인 지혜인가?

the pride of life
(요일 2:16)

12. 높은 산에서 내려다보이는 헤롯 왕궁의 세속적 권력은 보기에 화려하고 굉장해 보인다. 그러나 그것은 오래가지 못 한다.

the lust of the eyes
(요일 2:16)

〈 해 답 〉

3. 1) 가) ㉢ 나) ㉡
다) ㉠
2) 가) ① 나) ③
다) ②
3) 가) ㉠
나) ㉡
다) ㉢

(A) 시험하는 내용

① **광야의 시험**(마 4:1~4): "돈이 있어야 한다." (물질)

② **성전 꼭대기의 시험**(마 4:5~7): "사람들의 환심을 사라!" (명예)

③ **높은 산의 시험**(마 4:8~10): "권력을 잡아라!" (정치, 종교적 헤브론)

(B) 주변 환경

㉠ 시험 산에서 내려다보이는 여리고의 (헤롯의) 겨울 궁전

㉡ 시험 산의 계곡을 통과해서 가는 예루살렘의 성전

㉢ 시험 산 주변에 흩어져있는 떡처럼 생긴 돌들

A	①, 광야	②, 성전꼭대기	③, 높은 산
B	가) (　　)	나) (　　)	다) (　　)

2) 처음 아담을 뱀이 시험한 것이나 마귀가 마지막 아담인 예수님을 시험한 것은 결국 내용적으로 동일합니다. 아담에 대한 '뱀의 시험'(가 ~ 다)은 예수님에 대한 '마귀의 시험'(① ~ ③) 중 어떤 것과 관련이 있습니까?

"여자가 그 나무를 본즉 먹음직도 하고 보암직도 하고 지혜롭게 할 만큼 탐스럽기도 한 나무인지라 여자가 그 열매를 따먹고 자기와 함께 있는 남편에게도 주매 그도 먹은지라" (창 3:6)

〈뱀의 시험〉
가) 먹음직함 (의식주)
나) 보암직함 (세상 권력의 화려함)
다) 탐스러움 (세상 지혜, 명예)

〈마귀의 시험〉
· ① 광야의 시험
· ② 성전 꼭대기의 시험
· ③ 높은 산의 시험

3) 요한 사도는 '세상으로부터 온 것'(요일 2:16)을 '육신의 정욕, 안목의 정욕, 이생의 자랑'으로 분류했는데, 이 세 가지 것들 역시 '뱀의 시험'과 '마귀의 시험'에 대한 또 다른 표현입니다. '가) ~ 다)'에 들어갈 적절한 단어를 아래 ⬚에서 찾으십시오.

뱀의 시험	먹음직함	탐스러움	보암직함
마귀의 시험	광야의 시험	성전꼭대기의 시험	높은 산의 시험
요한의 글	육신의 정욕	이생의 자랑 [11]	안목의 정욕 [12]
	가)	나)	다)

㉠ 의식주(경제) ㉡ 명예(과시) ㉢ 권력(정치, 종교)

4. 예수님께서는 마귀로부터 세 가지 유형의 시험을 받으셨는데, 이는 모든 그리스도인들도 예수님과 비슷한 형태의 시험을 받을 수 있으며, 예수님께서 시험을 이기셨던 것처럼 그리스도인들도 시험을 이길 수 있음을 뜻합니다.

1) 시험의 성격은 차이가 있지만, 성경은 시험이 마귀뿐만 아니라 심지어 하나님으로부터도 온다고 증언하고 있습니다. 시험의 다양한 의미를 ⬚

에서 찾아 바르게 연결하십시오.

가) 하나님께로부터 오는 시험 (창 22:1): (   )

나) 사탄으로부터 오는 시험 (욥 2:7): (   )

다) 자신의 욕심으로 말미암은 시험 (약 1:14): (   )

㉠ 시련과 연단	㉡ 과시와 탐욕	㉢ 유혹과 혼미함

2) 하나님께로부터 온 시험과 그 목적을 [ ] 에서 찾아 답하십시오.

가) 이삭을 제물로 바치라 명하심 (창 22:1, 12): (   )

나) 이스라엘 백성이 광야에서 갖은 고난을 당함 (신 8:14~16): (   )

다) 하나님께서 거짓 선지자나 꿈꾸는 자를 보내심 (신 13:3): (   )

㉠ 하나님을 사랑하는지 알기 위해
㉡ 자기 백성들을 낮추고 복을 주기위해
㉢ 하나님을 경외하는가 알기 위해

3) 예수님께서 마귀의 시험을 이기셨고 하나님의 시험은 긍정적이기 때문에 성도들이 겪고 있는 시험은 대부분 자기 자신의 탐욕에서 옵니다.

가) 성도들은 여러 가지 시험을 당할 때 어떻게 대처해야합니까?

ㄱ) 첫째, 시험이 어디에서 왔는지 (   )해야 합니다. (히 5;14, 요일 4:1) [13]

ㄴ) 둘째, 시험 받는 자들을 능히 도우시는 큰 (   )되시는 예수님께 나아가야 합니다. (히 2:18, 4:14~16)

ㄷ) 셋째, 여러 가지 시험을 당할 때에 온전히 (   )해야 합니다. (약 1:2) [14]

나) 성도들이 탐욕을 이기기 위해서는 다음 말씀을 기억해야 합니다.

ㄱ) "사람이 시험을 받을 때에 내가 (   )께 시험을 받는다 하지 말지니 (   )은 . . . 친히 아무도 시험하지 아니하시느니라 오직 각 사람이 시험을 받는 것은 (   ) 욕심에 끌려 미혹됨이니 욕심이 잉태한즉 죄를 낳고 죄가 장성한즉 사망을 낳느니라" (약 1:13~15) [15]

ㄴ) "(   )을 따라 행하라 그리하면 육체의 욕심을 이루지 아니하리라" (갈 5:16) [16]

✔ 천연광석을 도가니에 넣어 그 가운데 있는 불순물을 태우고 또 태우면 광석의 표면에 자신의 얼굴이 비취게 됩니다. 이렇듯 성도들은 **'불시험'**(fiery trial, 벧전 4:12)을 통과하면서 자신의 모습 가운데 그리스도를 드러내게 됩니다. [17]

▲ 탐 욕

13. 자신의 탐욕을 그리스도를 위한 것(마 16:25)과 교회를 위한 것(고후 11:28)으로 위장해서는 안 된다.

14. 벧전 4:12~13, 골 1:24,

15. 하나님의 시험은 유혹(temptation)이 아니다.

16. 갈 5:24

17. by Timitrius, 2010, flickr

〈 해 답 〉

4. 1) 가) ㉠ 나) ㉢ 다) ㉡
2) 가) ㉢ 나) ㉡ 다) ㉠
3) 가) ㄱ) 분별
ㄴ) 대제사장
ㄷ) 기뻐
나) ㄱ) 하나님, 하나님, 자기
ㄴ) 성령

중심 내용 되씹기

1. 예수님의 공생애 준비기에 있었던 두 개의 큰 사건은 무엇입니까?

   가) 예수님의 .... 나) 마귀의 ....

2. 예수님께서 금식하시면서 겪었던 세 종류의 시험은 무엇입니까?

   가) .... 의 시험 나) .... 의 시험

   다) .... 의 시험

3. '뱀의 시험'과 '요한의 글'을 아래 예시(,)를 참고하여 완성하십시오.

시험의 형태 / 시험의 종류		물질(경제)	명예(사회)	권력(정치, 종교)
가)	뱀의 시험			
	마귀의 시험	광야의 시험	성전꼭대기 시험	높은 산의 시험
나)	요한의 글			

가) **뱀의 시험에 대한 예시:** 먹음직함/ 보암직함/ 탐스러움

나) **요한의 글에 대한 예시:** 육신의 정욕/ 안목의 정욕/ 이생의 자랑

나눔 그리고 기도의 시간

1. 예수님께서는 수세 후에 마귀의 시험을 받았습니다. 이와 같이 성도들도 세례를 받은 후, 혹은 교회의 직분을 받은 후에 시험에 들기도 합니다.

   성도들이 위와 같이 하나님의 특별한 부르심을 받은 후에 마귀의 시험을 받게 되는 이유는 무엇 때문입니까?

2. 쇠를 풀무 불에 넣으면 불순물이 점차 없어져 결국은 쇠에 얼굴이 비칩니다. 이처럼 시련을 통과한 성도의 얼굴에는 예수님의 모습이 나타납니다.[1]

   당신에게 닥친 시험이 하나님으로부터 온 것인지 마귀로부터 온 것인지 아니면 인간의 본성 때문인지 어떻게 분별할 수 있습니까?[2]

   대부분의 사람들은 비슷한 시험(유혹)에 반복적으로 빠지는 경향이 있는데, 그 이유는 무엇 때문입니까? (당신에게 거듭되는 실수는 무엇입니까?)

3. 하나님과 인간과의 관계가 단절된 이후로부터 창조 세계에 고난이 시작되었습니다. 그래서 시험의 부정적인 결과는 대체로 고난으로 나타납니다.[3]

   현재의 고난을 내가 짊어져야할 십자가로만 생각하지 말고, 그 고난이 왜 그리고 어떻게 시작되고 악화되었는지 분별하는 시간을 갖도록 하십시오.

1. 시험 받는 것은 그 자체가 죄가 아니다. 예수님께서도 마귀에게 시험을 받았다.

2. 하나님으로부터 오는 시험은 말씀에 순종을 요구하지만, 마귀로부터 오는 시험은 말씀을 교묘하게 왜곡한다. 인간의 본성에 의한 시험은 주로 탐욕에 기인한다.

3. 고난은 위장된 축복이라고 한다. 하지만 자신의 과실로 말미암은 고난을 자신의 십자가라고 오해하기도 한다.

〈 해 답 〉

1. 가) 수세
   나) 시험
2. 생략
3. 가) 먹음직함, 지혜롭게 함, 보암직함
   나) 육신의 정욕, 이생의 자랑, 안목의 정욕

제9과 시험을 이기신 예수 그리스도 1(마 4:1~4)

(예수님의 두 본성, 광야의 시험)

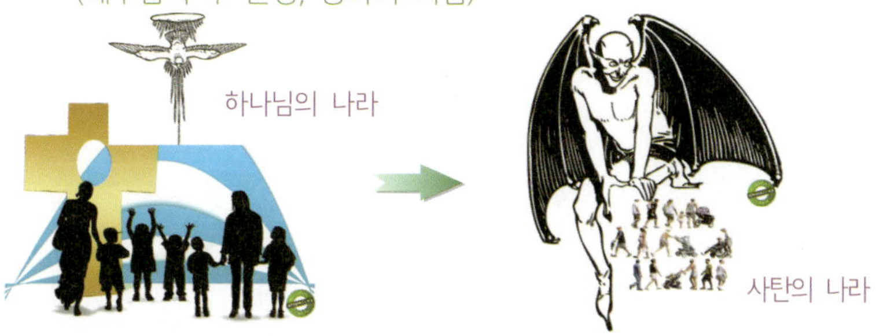

성도들은, 예수님께서는 시험을 받지 않을 뿐더러 혹시 시험을 당할지라도 신적 본성으로 그 상황을 쉽게 초월하리라, 생각하는 경향이 있습니다. 그러나 예수님께서는 신성뿐만 아니라 인성도 지니셨기 때문에 '모든 일에 우리와 똑같이 시험을 받으신 분'(히 4:15)입니다.

예수님께서는 유대 광야에서 마귀의 세 가지 시험을 (하나님의) 말씀으로 물리치셨는데, 이는 천국 백성들이 갖가지 시험을 당할 때 어떻게 대처해야 할지를 보여줍니다.

예수 그리스도의 사역과 두 본성 [1)]

우리가 이미 배웠듯이 예수님을 두 본성으로 이해하려 했던 시도는 니케아 종교회의의 산물이 아니라 제자들과 초대교회 성도들이 경험했던 예수님에 대한 이해로부터 출발했습니다.

한편 예수님께서 겪었던 시험들을 두 본성 가운데 '사람의 아들'(인자, Son of Man)로서 겪은 것인지 혹은 '하나님의 아들'(신자, Son of God)로서 겪은 것인지를 구분하는 것은 쉽지 않지만, 본 소단원에서는 예수님께서 그의 생애에 두 본성을 어떻게 활용하셨는지를 살펴보겠습니다.

1. 예수님께서는 '죽기를 무서워하므로 한평생 매여 종노릇 하는 모든 자들을 놓아'(히 2:15) 천국 백성으로 삼고자, 곧 인간을 구원하고자 '두 본성'(참 사람과 참 하나님)을 가지고 성육신하셨습니다.

   1) 예수님께서 두 본성을 가지고 성육신 하셨음을 보여주는 아래의 말씀을 완성하십시오. [2)]

> "그는 근본 (   )의 본체시나 (   )과 동등됨을 취할 것으로 여기지 아니하시고 오히려 자기를 비워 종의 형체를 가지사 (   )들과 같이 되셨고 (   )의 모양으로 나타나사 죽기까지 복종하셨으니 곧 십자가에 죽으심이라" (빌 2:6~8)

1. 제1권, 15과 「왕의 탄생 준비」의 '예수님의 인성과 신성'을 참고.

2. '케노시스' (kenosis, 비움) 기독론'이라 한다.

〈 해 답 〉

1. 1) 하나님, 하나님, 사람, 사람

3. by Jim padgett, 1984, Wikimedia

2) 예수님께서 사람의 아들로서 겪는 시험은 **'인'**, 하나님의 아들로서 겪는 시험은 **'신'**으로 표시하십시오.

가) 이 돌들로 떡덩이가 되게 하라 (마 4:3): (인, 신)

나) 성전 꼭대기에서 뛰어내리라 (마 4:5~6): (인, 신)

다) 내게 엎드려 경배하라 (마 4:9): (인, 신)

라) 당신이 우리의 임금이 되시오 (요 6:15): (인, 신)

마) 하늘로부터 오는 표적을 보이라 (마 16:1): (인, 신)

바) 내 마음이 매우 고민하여 죽게 되었다 (마 26:38): (인, 신)

사) 열두 군단 더 되는 천사를 보내시게 할 수 없는 줄로 아느냐 (마26:53): (인, 신)

3) 예수님께서는 공생애 동안 두 본성을 조화롭게 사용하시면서 천국 복음을 전파하셨습니다. 아래의 (　　)에서 바른 단어를 선택하십시오.

가) 예수님께서 사십 일을 밤낮으로 금식하실 때 (인성, 신성)을 지니셨기 때문에 심히 주렸으나 (인성, 신성)을 사용하여 돌들을 떡덩이로 만들지 않았습니다.

나) 예수님께서는 자신 안에 있는 두 본성 가운데 (인성, 신성)을 사용하여 물 위를 걸었으나(마 14:25), (인성, 신성)도 지녔기 때문에 길을 가시다가 피곤하자(요 4:6) 수가 마을의 우물 곁에서 휴식을 취했습니다.

▲ 물 위를 걷는 예수님 [3)]

4) 예수님께서는 두 본성을 지녔기 때문에 천국 사역의 핵심인 인간 구원이 가능했습니다.

가) 오른 쪽 그림을 보고 예수님께서 두 본성을 지녔기 때문에 인간 구원이 가능한 이유를 설명하십시오.

.... (딤전 2:5)

나) 예수님께서는 인류를 구원하시기 위해 인성과 신성을 함께 사용하셨는데, (　　)에서 바른 단어를 선택하여 설명을 완성하십시오.

ㄱ) 하나님께서 인류를 구원하시기 위해 '자기 아들을 죄 있는 육신의 모양으로 보내신 것'(롬 8:3)은 예수님께서 (인성, 신성)을 지녔다는 뜻이며, 예수님께서 중풍병자에게 '네 죄 사함을 받았느니라'(마 9:2)하신 것은 그가 (인성, 신성)을 지녔다는 뜻입니다.

ㄴ) 예수님께서 세상 죄를 지고 어린 양으로 죽으신 것은 그가 (인

〈 해 답 〉

1. 2) 가) 신　나) 신
다) 인　라) 인
마) 신　바) 인
사) 신
3) 가) 인성, 신성
나) 신성, 인성
4) 가) 생략
나) ㄱ) 인성, 신성
ㄴ) 인성, 신성

성, 신성)을 지녔기 때문이며, 그 후에 부활 승천하신 것은 그가 (인성, 신성)을 지녔기 때문입니다.

✔ 예수 그리스도의 신성 [4]
사 9:6, 렘 23:6, 단 7:13, 미 5:2, 슥 13:7, 말 3:1, 마 5:17, 9:6, 요 1:3,14, 18, 25~27, 11:41~44, 20:28, 롬 1:7, 고후 5:10, 빌 2:6, 골 2:9 등

5) 지금까지 살펴본 바에 의하면 예수님의 두 본성에 관한 교리는 그의 사역을 옆에서 지켜본 제자들에 의해 고백된 진리임을 알 수 있습니다. 아래의 설명을 읽고 ○, ×로 답하십시오.

가) 예수님의 부활 이후 사도들은 그의 인성과 신성을 믿게 되었다. ( )[5]

나) 예수님께서는 천국 복음을 전파하시면서 두 본성이 서로 충돌하여 몹시 괴로워하셨다. ( )

다) 예수님을 영접한 성도들은 육신을 가지고 살아가고 있지만 이미 하나님의 신성한 성품에 참여한 자들이다. ( )[6]

광야의 시험(마 4:1~4)

하나님의 자리에 앉으려다 '하늘로부터 번개 같이 떨어진(쫓겨난)'(눅 10:18) 사탄은 하나님의 대리자로서 에덴동산에서 왕 노릇하던 아담과 하와를 시험하여 그들을 죄와 사망에 이르게 했습니다. 그 후로부터 사탄은 이 땅에서 사망의 왕 노릇(롬 5:14)을 하게 되었습니다. [7]

모세가 출애굽한 이스라엘을 가나안으로 인도하기 위해 시내 광야에서 40일 금식을 했듯이, 예수님께서는 아담 이후로 이 땅에서 왕 노릇하는 권한을 상실한 온 인류를 (죄와 사망의) '사탄의 나라'에서 '하나님의 나라'(천국)로 인도하기 위해 유대광야에서 40일 금식을 하셨습니다.

하나님의 인류 구원 계획을 간파한 마귀는 자신의 불법적인 자리가 위태로운 줄 알고 공생애 시작을 앞두고 광야에서 금식 기도하시는 예수님을 시험했습니다.

✔ 예수님께서 사십 주야를 금식하셨던 곳으로 알려진 '시험산'의 남쪽은 비가 올 때에만 물이 흐르는 '와디켈트'라 불리는 깊은 계곡을 이루고 있는데 신약 시대에' 예루살렘 ~ 여리고'를 오가는 유일한 교통로였습니다. [8]

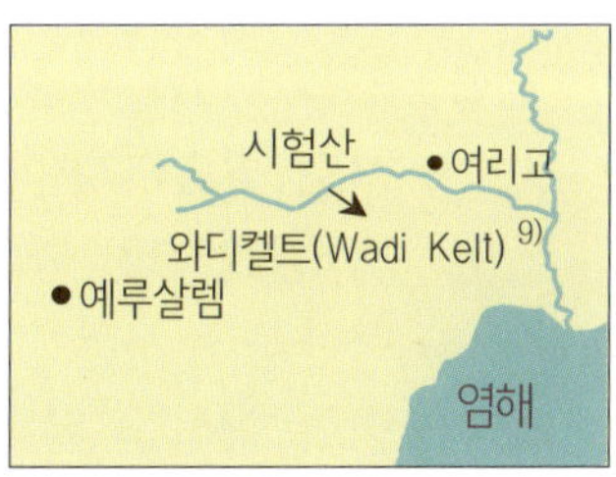

4. 예수님의 신성은 삼위일체가 나오게 된 배경이며, 대표적으로 여호와의 증인은 그의 하나님 되심을 부인한다.

5. 예수님의 두 인격에 관한 교리는 AD 451년 칼케돈에서 있었던 종교회의에서 확정되었다.

6. 하느님의 본성을 나누어 받게 되었습니다.(벧후 1:4, 공동)

participate in the divine nature (NIV)

7. 롬 5:17, 21

8. 어떤 전승에 의하면 예수님께서 시험받으신 곳은 시험산이 아닌 여리고 남서쪽의 '와디켈트'로 알려졌다.

9. 와디(wadi, 간헐하천) – 호우가 내리면 물이 흐르나 보통 마른 골짜기를 이루어 교통로로 이용된다.

와디켈트 중에 계곡이 깊은 곳은 연중 물이 흐른다.

헤롯 대왕은 와디켈트에서 여리고의 겨울궁전에 이르는 수로를 만들었다.

〈 해 답 〉

1. 5) 가) ○ 나) ×
다) ○

2. 예수님께서는 공생애를 시작하시기 직전에 마귀로부터 세 번의 시험을 받게 되는데, 그 첫 번째는 '돌들로 떡덩이가 되게 하라'(마 4:3)는 '광야의 시험'이었습니다. 예수님께서는 인성을 지녔기 때문에 말할 수 없는 굶주림의 고통을 받았지만 자신의 신성으로 굶주림을 해결하지 않았습니다. 다만 예수님께서는 '사람이 떡으로만 사는 것이 아니요'(신 8:3)라는 하나님의 말씀에 전적으로 순종하심으로써 마귀의 첫 번째 시험을 이겨내셨습니다.

1) 두 본성을 가진 예수님께서 사십 일을 밤낮으로 주리신 후에 마귀의 시험을 받았는데, 예수님께서 겪게 된 상황을 잘못 설명한 것은 무엇입니까? (　　)

▲ 와디 켈트

가) 예수님은 인성 때문에 몹시 굶주렸다.
나) 신적 능력으로 마귀의 시험을 이겼다.
다) 마귀의 요구를 거절했기 때문에 광야의 시험은 몹시 혹독했다.
라) 굶주림으로 말미암은 현실적 고통을 실제 체험하시면서 이 땅에 하나님의 나라를 어떻게 실현할 것인지를 깊이 생각하셨다.[10]

2) 아담 이후로 인간은 하나님의 말씀에 불순종했지만, 마지막 아담인 예수님께서는 모든 시험에도 하나님과 그의 말씀을 끝까지 신뢰했습니다.

► 아담은 '선악을 알게 하는 나무의 열매를 . . . 먹는 날에는 반드시 죽으리라'(창 2:17)는 하나님의 (　　　　)을 믿지 않았습니다.

► 이스라엘은 광야에서 만나를 먹으면서도, 사람이 떡으로만 사는 것이 아니라 하나님의 입에서 나오는 모든 (　　　　)으로 사는 것을 깨닫지 못했습니다. (신 8:3)

► 예수님께서는 떡을 먹어야 살 수 있는 극도의 굶주림 속에서도 '사람이 떡으로만 살 것이 아니라'면서 하나님의 (　　　　)이 진리임을 확인시켜주셨습니다.

3) '사람이 떡으로만 살 것이 아니요 하나님의 입으로부터 나오는 모든 말씀으로 살 것이라'(마 4:4)는 말씀이 의도하는 메시지를 잘못 설명한 것은 무엇입니까? (　　)

가) 떡도 필요하지만 사람의 본질을 회복하게 하는 하나님의 말씀은 더욱 필요하다.
나) 떡만을 구하는 자는 천하를 얻고도 자기 목숨을 잃은 것과 같다.[11]
다) 영의 양식과 육의 양식을 균형 있게 먹어야 온전한 인격이 된다.
라) 떡이 육체에 필수적이듯 영의 양식은 사람의 존재에 필수적이다.

10. 구원의 대상인 인간은 의식주 문제를 해결하기 위한 현실적 고통에 항상 직면해 있다.

11. 마 16:26

〈 해 답 〉

2. 1) 나)
2) 말씀, 말씀, 말씀
3) 다)

3. 하나님께서 예수님을 향해 "내 사랑하는 아들이요"(마 3:17)라고 하자, 마귀는 광야의 시험에서 예수님께 "네가 (하나님으로부터 사랑받는) 하나님의 아들이거든 . . . (신성을 사용하여) 돌들로 떡덩이가 되게 하라"(마 4:3)고 시험했습니다. 그러나 예수님께서는 자신의 신성을 사용하지 않았습니다.

1) 마귀는 예수님께 "당신은 배고픔이 얼마나 고통스러운지 지금 겪고 있다. 당신이 만일 하나님의 아들이라면 돌들로 떡덩이가 되게 하여 지금 이 시대에 굶주려 신음하는 이스라엘(선택받은 하나님의 백성들)에게 양식을 공급하라"고 시험하고 있습니다.

▲ 유대광야의 돌들 [12]

가) 마귀가 '하나님의 아들이라면 ~ 하라'면서 예수님의 신성을 자극했지만, 예수님께서는 두 본성 가운데 어떤 본성을 사용하여 광야의 시험을 이기셨습니까? ....

나) 배고플 때 음식을 구하는 것은 정당함에도 불구하고 만약 예수님께서 돌들을 떡덩이가 되게 했다면 어떤 잘못을 범하게 됩니까? [13]

....

2) 예수님께서는 굶주린 하나님의 백성들을 위해 자신의 신적 능력을 사용하여 양식을 기적적으로 공급하신 적도 있었습니다.

가) 위와 같은 사례는 다음과 같습니다.

ㄱ) .... 의 기적으로 먹이심 (마 14:13~21)

ㄴ) .... 을 .... 로 변화시킴 (요 2:1~11)

나) 예수님께서 급식(給食) 기적으로 자기 백성들을 먹이신 후에 하신 아래의 말씀을 보면 돌덩이로 떡을 만든 것이 얼마나 위험한 일인지를 알 수 있습니다.

ㄱ) 아래 말씀을 완성하십시오.

> "너희가 나를 찾는 것은 표적을 본 까닭이 아니요 (　　　)을 먹고 배부른 까닭이로다 (　　　　　) 양식을 위하여 일하지 말고 (　　　)하도록 있는 양식을 위하여 하라" (요 6:26~27)

ㄴ) 가난한 자들에게 하나님의 말씀이 없이 떡만을 공급하는 것이 하나님 나라의 관점에서 얼마나 위험한 일인지 설명하십시오.

....

12. by מתוי ת נסא, 2011, Wikimedia

예수님 당시 유대인들이 먹었던 빵은 일반적으로 얇고 넓적했다. 그래서 광야의 돌들은 금식하시는 예수님께 빵을 생각나게 했다.

13. 자신의 유익을 위해 신적 능력을 남용하는 것은 잘못이다.(마 27:40 참고) 말씀만으로 못 산다고 틈을 주면 마귀는 때를 만난 듯 떡의 중요성을 말할 것이다. (창 3:1~5)

〈 해 답 〉

3. 1) 가) 인성
나) 위 설명 참고
2) 가) ㄱ) 오병이어
ㄴ) 물, 포도주
나) ㄱ) 떡, 썩을, 영생
ㄴ) 생략

14. 성도들은 예수님을 믿고 물질적인 풍부함을 기대하는 경우가 많다.

요한복음에서 생명은 육체적 생명이 아닌 하나님의 생명을 말한다.

"나는 양들이 생명을 얻고 더 얻어 풍성하게 하려고 왔다" (공동)

"나는 양들이 생명을 얻고 더 얻어서 풍성함을 얻게 하려고 왔다" (표준)

3) 예수님일지라도 사람의 아들로 태어나셨기 때문에 말씀만으로는 살 수 없는 것은 사실입니다. 마찬가지로 신의 본성에 참여하게 된 성도일지라도 말씀만으로 살 수는 없습니다.

가) 그러면 성도들은 어떤 생각으로 살아가야 하는지, 아래 설명을 읽고 ○, ×로 답하십시오.

ㄱ) 물질은 필요하지만 하나님 없는 물질은 우상이 된다. ( )

ㄴ) 상황에 따라 하나님이 중요할 수도 물질이 중요할 수도 있다. ( )

ㄷ) 영적인 사람은 물질적 축복을 받을 수는 없다. ( )

ㄹ) 물질을 구할지라도 먼저 하나님 나라를 위해 구해야 한다. ( )

ㅁ) 하나님을 잘 믿으면 물질적 복을 받는 것은 분명하다. ( )

ㅂ) 인간이기 때문에 의식주를 먼저 해결해야 한다. ( )

나) 성도들이 하나님과 그의 나라와는 아무 상관이 없는 물질을 구하지 말아야 할 이유를 바울 사도는 아래 말씀과 같이 증언했습니다.

"( )의 생각은 사망이요 ( )의 생각은 생명과 평안이니라 ( )의 생각은 하나님과 원수가 되나니 이는 하나님의 법에 굴복하지 아니할 뿐 아니라 할 수도 없음이라 ( )에 있는 자들은 하나님을 기쁘시게 할 수 없느니라" (롬 8:6~8)

✔ 물질을 구하여도 하나님의 나라와 이웃을 위한 것이라면 육신의 생각이 아닌 영의 생각이며 영적입니다.

다) 예수님께서는 자신이 이 땅에 오신 목적을 아래(요 10:10)와 같이 말씀하셨는데, '풍성'의 의미를 물질적인 풍성으로 이해하는 경우가 있습니다. 풍성의 구체적 의미를 묵상하고 나눔의 시간을 갖습니다.[14)]

"도둑이 오는 것은 . . . 멸망시키려는 것뿐이요 내가 온 것은 양으로 생명을 얻게 하고 더 풍성히 얻게 하려는 것이라" (요 10:10)

〈 해 답 〉

3. 3) 가) ㄱ) ○ ㄴ) ×
ㄷ) × ㄹ) ○
ㅁ) × ㅂ) ×
나) 육신, 영, 육신, 육신
다) 생략

TG0342 : Norfolk's County Flower near to Wiveton, Norfolk, Great Britain

중심 내용 되씹기

1. 예수님의 두 본성에 관한 설명을 완성하십시오.
   1) 두 본성이란 성육신 하신 예수님께서 ( )의 아들(신자 神子, Son of God)로서 신성을 지녔으며, 또한 ( )의 아들(인자 人子, Son of Man)로서 인성도 지녔다는 뜻입니다.
   2) 예수님께서 인성(人性)뿐만 아니라 신성(神性)도 지니신 이유는 "우리의 ( )함을 동정하시고(히 4:15), ( )을 받아 고난을 당한 자들을 돕기 위함일 뿐만 아니라(히 2:18) 육신에 속한 사람의 ( )를 속하기(롬 8:3)" 위해서입니다.
   3) 예수님께서는 인성과 신성을 조화롭게 사용하셨는데, 광야의 시험을 받은 것은 그가 (인자 or 신자)로서 받은 것이지만 그는 신적 능력을 사용하지 않으시고 다만 ( )으로 마귀의 시험을 이기셨습니다.

2. 예수님께서 겪었던 광야의 시험과 그 의미를 완성하십시오.
   1) 예수님께서는 광야에서 마귀로부터 '네가 만일 ( )의 아들이라면 이 돌들로 떡덩이가 되게 하라'는 시험을 받았습니다.

   2) 예수님께서는 '사람이 ( )으로만 살 것이 아니요 하나님의 입으로부터 나오는 모든 ( )으로 살 것이라'면서 마귀의 요구를 거절했습니다.
   3) 성도에게 물질은 필요하지만 ( )과 관계없는 물질은 경계해야 하며, 돈(빵, 물질)을 ( )보다 사랑하는 것은 일 만 ( )의 뿌리임을 알아야 합니다.[1] 또한 예수님을 믿으면 반드시 경제적으로 윤택해진다는 생각은 비성경적이며, 사람을 돈(경제적 능력, 연봉)으로 평가하는 것은 물신(物神)을 섬기는 자의 생각입니다.

나눔 그리고 기도의 시간

1. 예수님께서는 성령으로 세례를 받은 후에 마귀로부터 시험을 받았습니다. 성경은 그도 **모든 일**에 우리와 **똑같이** 시험을 받으셨다고 증언합니다.[2]
   사람으로 오신 예수님께서 일상에서 겪었던 고난을 생각한 적이 있습니까?

---

1. 딤전 6:10

2. 히 4:15

성도들은 예수님의 고난을 십자가로 한정하려는 경향이 있다.

〈 해 답 〉

1. 1) 하나님, 사람
   2) 연약, 시험, 죄
   3) 신자, 말씀
2. 1) 하나님
   2) 떡, 말씀
   3) 하나님, 하나님, 악

3. by navalatanjjnn, deviantart

4. by Filipe Moreira, 2005, Flickr

5. 현 사회는 먹고사는 것과 복지를 최우선 과제로 삼는다. 학문과 진리를 앞세워야 할 학교는 이미 취업의 도구로 전락했다. 교회는 인간의 죄악, 인간성 상실, 경제 만능주의와 사회 부조리를 진리의 편에서 고발해야 한다.

의식주 해결과 육체적 건강만을 위한 복음은 마치 썩을 양식을 공급하는 것과 같고, 영혼 구원만을 외치는 복음은 공허할 수 있다.

고난을 통과한 후, 모질게 되는 사람이 있는가 하면 겸손하여 남의 고난을 이해하고 돕는 사람이 되기도 합니다. 그 차이는 어디에서 온다고 생각하십니까?

2. 광야는 사람들이 모여 사는 도시로부터 고립된 황량한 지역입니다. 이곳에서의 금식은 영적 충전에 유익할 뿐만 아니라 각종 문제(혹은 마귀)와 맞설 때, 하나님으로부터 지혜를 공급받는 장소이기도 합니다.

▲ 주님의 기도 3)

당신이 기도하는 자리가 하나님을 만나는 장소이면서도 마귀의 시험을 받을 수 있는 영적 전쟁터인 이유를 설명하십시오.

예수님께서는 배고픈 자들의 자리에서 기도하셨습니다. 물질로 고통 받는 교우, 친구, 동료, 친족 등을 어떻게 도울지를 두고 기도하는 시간을 갖습니다.

3. 사람의 가치를 경제력으로 평가하고 한 나라의 경쟁력을 경제 지표만으로 판단하는 것은 마치 마귀가 예수님께 '이 돌들로 떡덩이가 되게 하라'는 시험과도 같습니다.

당신이 겪었던 광야의 시험을 소그룹에서 서로 나누는 시간을 갖습니다.

누군가가 '예수를 믿는데도 왜 가난한가?'라고 묻는다면, 당신은 어떻게 답변하시렵니까?

4. 예수님께서 이 땅에 세워지기를 바랐던 하나님의 나라는 단지 영적으로만 풍성한 나라는 아니었음에도 불구하고 교회는 전통적으로 개인적인 영혼 구원에 절대 가치를 두는 경향이 있습니다.

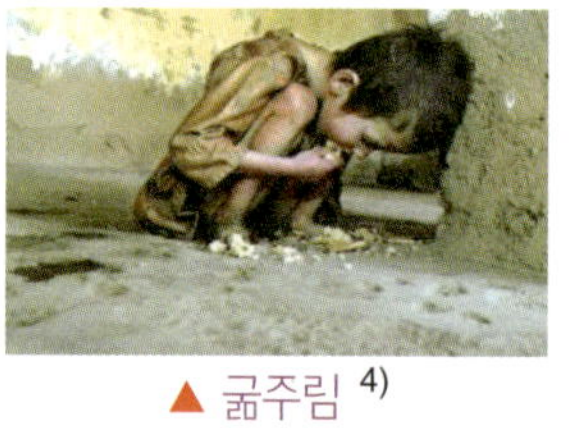
▲ 굶주림 4)

영적인 복음과 육적인 복음, 곧 전인적 복음은 함께 전해져야 합니다. 그럼에도 한국의 교회는 사회적(혹 경제적) 개혁 등에 많은 관심을 기울이지 못한 이유는 무엇 때문입니까? 5)

✔ 유엔 식량 특별 조사관 '장 지글러'(Jean Ziegler)는 식량은 아직 풍부한데 기근이 있는 이유를 부자나라들과 금융 자본가들에 의한 세계 곡물시장의 가격 조작, 식량의 대량 폐기 처분, 농산물 생산의 제한과 같은 사회 구조적 문제에서 찾았습니다.

제 10 과 시험을 이기신 예수 그리스도 2(마 4:5~11)

(성전 꼭대기와 높은 산의 시험)

◀ 성전 꼭대기의 시험 [1]

마귀가 예수를 거룩한 성으로 데려다가 성전 꼭대기에 세우고 "이르되 네가 만일 하나님의 아들이어든 뛰어내리라" (마 4:5~6)

마귀는 사십 일을 밤낮으로 금식하신 예수님께 '이 돌들로 떡덩이가 되게 하라'고 시험했습니다. 이는 '인간을 (원)죄로부터 구원하는 것보다 그들을 가난으로부터 구원하는 것이 시급하다'는 주장입니다. 원죄(原罪)도 악(惡)이고 가난도 악이지만, 마귀는 가난이 원죄의 그림자에 불과하며 원죄가 보다 근원적인 악이라는 진실을 호도하고 있습니다. [2]

돌들로 떡덩이가 되게 하라는 '광야의 시험'에 실패한 마귀는 예수님을 '성전 꼭대기'와 '높은 산'으로 인도하여 또 다른 시험을 했습니다. 이 모든 시험들은 육신을 입은 예수님의 약점을 교묘하게 이용한 것입니다.

성전 꼭대기의 시험(마 4:5~7)

성전의 제사장은 예루살렘 시내가 한 눈에 내려다보이는 헤롯 성전의 꼭대기에서 안식일과 월삭(초하루), 신년 등을 알리는 나팔을 불었습니다.

예수님 당시의 유대인들은 제사장이 나팔을 불던 곳인 성전 꼭대기에서 울려퍼지는 나팔 소리와 함께 메시야의 통치가 시작될 것으로 기대했습니다. 그러므로 마귀는 예수님더러 무리가 보는 앞에서 성전 꼭대기에서 뛰어내림으로써 자신이 메시야 됨을 증명해 보이라는 것입니다.

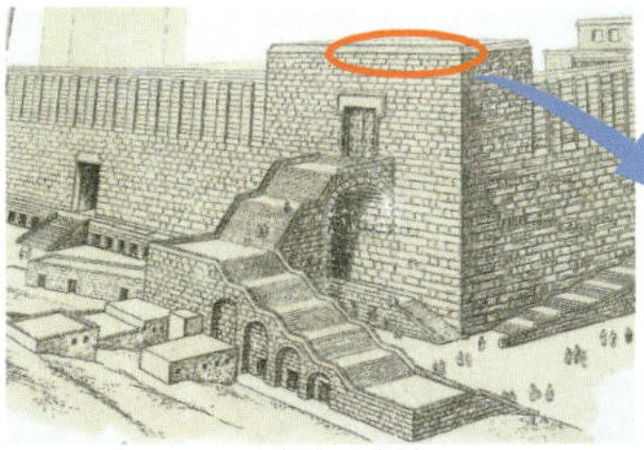

▲ 헤롯 성전

◀ 돌조각의 글씨 [3]

▲ 성전 꼭대기의 돌조각

1. 예수님께서 성전 꼭대기에 직접 가셨다기보다는 시험 산에서 환상 가운데 거짓의 아비인 마귀로부터 시험을 받았던 것으로 보입니다.

1. James Tissot

2\.

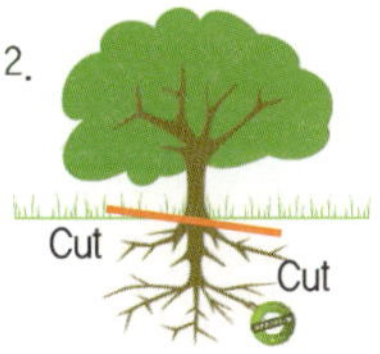

열매가 수많은 악들이라면 뿌리는 많은 악들의 근원인 원죄와 같다.

3\. 히브리어로 '나팔 부는 곳'이라 새겨졌다.

1) 마귀는 예수님을 '거룩한 성의 성전 꼭대기'에 세우고 시험했습니다.

가) '거룩한 성'(마 4:5)은 어디를 두고 한 말입니까?

► 유대 지방의 수도인 ....

나) '성전 꼭대기'(마 4:5)는 어떤 성전의 꼭대기를 말합니까?

► 스룹바벨 성전을 개축한 .... 성전

2) 마귀(마 4:1)는 '사탄'(마 4:10)으로 불리는데, 하나님의 말씀으로 아담을 시험했을 뿐만 아니라 예수님도 동일한 방법으로 시험했습니다. [4]

가) 마귀가 아담과 하와를 시험했던 내용은 다음과 같습니다.

► 선악과나무의 열매를 먹으면 .... 과 같이 된다. (창 3:5)

나) 마귀가 예수님을 시험했던 내용을 풀어쓰면 다음과 같습니다.

✔ (   )께서 네게 '내 사랑하는 아들이라'(마 3:17)고 했는데, 네가 참으로 (   )의 아들이라면 성전 꼭대기에서 뛰어 내려도 조금도 다치지 않을 것이다. 그러므로 지금 성전 꼭대기에서 뛰어내려 스스로 자신이 (   )의 아들 됨을 증명하시오. [5]

다) 마귀는 하나님의 말씀을 왜곡하여 아담을 속이고 하나님의 아들까지도 속이려했기 때문에, 예수님께서는 마귀를 어떻게 불렀습니까?

► 거짓말쟁이, ... 의 아비 (요 8:44)

▲ 성전 꼭대기의 시험 [6]

2. 예수님께서 마귀의 요구대로 많은 사람들이 보는 가운데 성전 꼭대기에서 예루살렘 성내로 사뿐히 뛰어내리는 기적을 보여주셨다면 예수님의 개인적인 명성은 온 이스라엘에 알려져 천국 복음을 쉽게 전했을지도 모릅니다.

1) 마귀가 예수님께 하나님의 아들 됨을 증명해 보이라고 했듯이, 이스라엘의 지도자들 역시 예수님께 메시야 됨을 증명해 보이라고 했습니다.

가) 마귀는 예수님께서 하나님의 아들 됨을 어떻게 증명하라 했습니까?

ㄱ) .... (마 4:3)

ㄴ) .... (마 4:6)

나) 어떤 바리새인과 사두개인들은 예수님께서 메시야 됨을 어떤 방식으로 증명하라 했습니까? .... (마 16:1) [7]

2) 만약 예수님께서 성전 꼭대기에서 뛰어내리거나 바리새인들에게 하늘로부터 온 기적을 보여주셨다면, 어떤 시험에 걸려들게 됩니까? (   )

---

4. 히브리어 사탄은 대적자라는 뜻이며, 마귀는 헬라어 '디아볼로스'(diabolos)의 번역으로 '고발하는 자', '비방하는 자'라는 뜻이다.

5. 에덴동산에서 뱀이 여자를 유혹한 말과 같다.
"당신이 참으로 하나님의 대리자로서 에덴동산을 관리한다면 동산에서 먹지 못할 열매가 있겠는가?" (창 3:1)
(하나님의 대리자라는 명예를 자극하고 있다.)

6. by cristianocani, 2008, flickr

7. 마 12:38, 14:33, 16:1, 막 8:11, 12, 눅 11:16, 23:8, 요 2:18, 4:48, 6:30, 고전 1:22

〈 해 답 〉

1. 1) 가) 예루살렘
나) 헤롯
2) 가) 하나님
나) 하나님, 하나님, 하나님
다) 거짓

2. 1) 가) ㄱ)~ㄴ) 생략
나) 하늘로부터 온 표적을 보이라
2) 나)

가) 물욕 나) 명예욕(명예) ㄷ) 권력 ㄹ) 자아 성취

3) 예수님께서는 마귀와 천국 복음을 거절하는 자들 앞에서 기적을 행치 않았지만, 필요하다면 각색 병자를 고치시며 많은 기적을 행하셨습니다. 아래 설명 중 기적에 대한 잘못된 이해는 무엇입니까? (　　)

가) 자기 과시나 명예를 위한 수단으로 사용되지 않도록 경계해야 한다.

나) 기적을 체험하지 않고도 하나님의 말씀을 믿거나 예수님을 하나님의 아들로 믿는 자는 더욱 복이 있다.

다) 하나님의 나라를 위한 선한 목적일지라도 기적 신앙은 나쁘다.[8]

라) 기적은 그 자체를 위해 존재하지 않고 진리로 안내하는 안내판과 같은 역할을 한다.[9]

마) 기적은 항상 믿음으로 연결되지는 않지만 신앙과 불신앙 중 하나를 선택하도록 촉구한다.

> ✔ 애굽의 왕 바로는 모세의 기적을 보고 마음이 더욱 완악하게 되었고(출 8:19), 아합과 이세벨은 엘리야의 기적에도 불구하고 오히려 그를 죽이려했으며(왕상 19:1~2), 예수님의 기적을 경험한 어떤 바리새인들은 오히려 그를 죽이려 했습니다(마 12:13~14).

3. 돌덩이가 떡덩이가 되게 하라는 마귀의 시험에 예수님께서 기록된 말씀으로 답변하자 마귀도 기록된 말씀을 왜곡하여 예수님을 시험했습니다.

1) 마귀는 '기록된 하나님의 말씀'(시 91:11~12)을 어떻게 왜곡했습니까?

> "그가 너를 위하여 그의 천사들을 명령하사 <u>네 모든 길에서 너를 지키게 하심이라</u> 그들이 그들의 손으로 너를 붙들어 발이 돌에 부딪히지 아니하게 하리로다" (시 91:11~12)

.... (마 4:6)

2) 마귀(디아볼로스; diabolos, 헬)는 '거짓으로 고소하는 자'란 뜻입니다. 마귀는 성전 꼭대기에서 뛰어내리기를 거절한 예수님을 어떤 말로 시비하겠습니까? ....

3) 예수님께서는 마귀가 말씀을 왜곡하자, 그것은 마귀가 (예수님) 자신을 시험하는 것이 아니라 '하나님을 시험하는 것'(신 6:16)이라 하셨습니다.

성경을 오해함으로써 하나님을 시험할 뿐만 아니라 스스로 시험에 빠지는 경우도 있는데, 다음의 두 성도는 어떤 오해에 빠져있습니까?

가) '믿기만 하라'(막 5:36)고 해서 믿기만 했는데 딸이 병들어 죽었다.

나) 하나님을 믿으면 사업에 성공할 줄 알았는데 결국 실패했다.

(마 14:31)

8. 막 16:17, 20, 행 8:6

9.

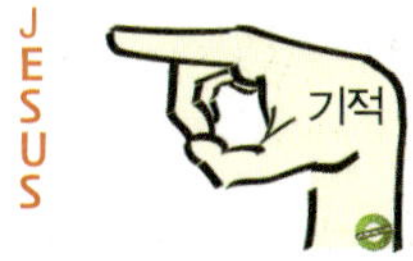

〈 해 답 〉

2. 3) 다)

3. 1) 성전 꼭대기에서 뛰어 내려도 안 다친다고 기록되지 않았다.

2) 뛰어 내리면 약속대로 발이 돌에 부딪치지 않도록 천사들이 받들 텐데, 그(예수)는 아담처럼 하나님의 말씀을 신뢰치 않는다.

3) 가) ~ 나) 생략

10. Ary Scheffer(1795-1858, 네)

11. 하나님께서 마귀에게 어떤 권세와 영광도 허락하신 적이 없다. 그러므로 마귀가 자기 것이라 주장하는 세상 권세와 영광은 불법적인 것이다.

하나님께서는 모든 권세를 예수 그리스도께 주셨다. (마 11:27, 요 3:35, 13:3, 17:2, 행 2:36, 롬 14:9, 고전 15:27, 엡 1:10 등)

높은 산의 시험(마 4:8~10)

◀ 높은 산에서 시험 받는 그리스도 [10]

"마귀가 또 그를 데리고 지극히 높은 산으로 가서 천하 만국과 그 영광을 보여 이르되 . . . 예수께서 말씀하시되 . . . 기록되었으되 주 너의 하나님께 경배하고 다만 그를 섬기라" (마 4:8~10)

'광야의 시험'과 '성전 꼭대기의 시험'에 실패한 마귀는 천국의 왕이신 예수님을 '높은 산'으로 이끌고 올라가 세상의 왕들이 장악하고 있는 천하만국과 그 영광을 보여주면서 '만일 내게 엎드려 경배하면 이 모든 것을 네게 주리라'(마 4:9)고 시험했습니다.

1. 광야의 시험	2. 성전 꼭대기의 시험	3. 높은 산의 시험
물질, 돈	명예, 과시	(영적)권세, (세상적)권력
경제	사회, 종교	정치, (정치 등과 결탁한)종교
만일 하나님의 아들이라면		완전한 사람의 아들이라면

4. 에덴동산에서 아담과 하와를 유혹함으로써 하나님을 대적했던 마귀는 이 땅을 회복하기 위해 오신 하나님의 아들 예수님을 시험함으로써 하나님의 인간 구원에 대한 작정(의도)을 무력화시키려 했습니다.

1) 마귀는 아담으로부터 왕 노릇하는 권세를 찬탈했습니다. (눅 4:6) [11]

가) 하나님께서는 에덴동산을 지배하고 다스리는 '왕 노릇'하는 권세를 누구에게 주셨습니까?.................... (창 1:28, 2:15~16)

나) 아담은 하나님의 말씀에 순종하지 않고 마귀의 말에 순종함으로써 에덴동산에서 왕 노릇하는 권세를 누구에게 빼앗겼습니까?

.... (눅 4:6, 롬 6:16)

2) 아담 이후로 이 세상에서 불법으로 왕 노릇하는 마귀는 자기가 원하는 자들에게 권력을 나눠줌으로써(눅 4:6) 천하만국을 지배해왔습니다.

가) 그러므로 영적으로 바라보면, 예수님의 하나님 나라 사역을 방해했던 헤롯 정권과 로마제국은 누구로부터 권세를 부여받았습니까?

.... (시 2:1~6, 계 13:2)

나) 하나님께서는 이스라엘과 그 나라의 왕들을 통하여 이 땅에 하나님의 나라와 왕권이 회복되기를 바라셨지만, 이스라엘의 불순종으로 말미암아 하나님의 계획은 실패한 것처럼 보였습니다.

마귀는 아담에게 했던 것처럼, 하나님의 나라와 왕권을 회복하기 위

〈 해 답 〉

4. 1) 가) 아담

나) 마귀

2) 가) 마귀(용)

해 이 땅에 오신 예수님을 아래와 같이 시험(유혹)했습니다.

► 예수님께서 마귀에게 엎드려 .... 하는 시험 (마 4:9) [12]

✔ 예수님은 '하늘과 땅의 모든 권세'를 상속받으실(마 28:18, 마 21:38) 분입니다. 마귀는 아담으로부터 불법으로 찬탈한 이 땅에서의 왕권을 빼앗기지 않으려고 예수님을 갖가지 방법으로 유혹하고 있습니다.

5. 예수님께서 금식기도를 하셨던 와디 켈트의 높은 곳에서는 헤롯 대왕의 화려하고 웅장한 겨울 궁전이 내려다 보였습니다. [13]

마귀는 예수님을 순식간에 높은 산으로 인도하여 천하만국을 보여주면서 이 세상 나라들을 상속받고 그곳의 왕(임금)이 되도록 시험하였고, 자신은 천하만국의 임금들과 백성들로부터 하나님처럼 경배를 받으려 했습니다.

1) 마귀는 아담으로부터 불법적으로 찬탈한 세상 권위와 영광을 자신이 원하는 자들에게 주겠다고(눅 4:6) 합니다. 헤롯 대왕과 로마 황제와 같은 자들은 세상 권위와 영광을 가지고 백성들로부터 신(神)처럼 경배를 받았는데, 마귀는 배후에서 이들을 조종함으로써 사실상 신처럼 군림했습니다. 이런 점에서 마귀의 별명은 아래와 같습니다.

가) 이 세상의 .... (요 12:31, 14:30, 16:11)

나) 이 세상의 .... (고후 4:4) [14]

2) 마귀는 금식하여 초라한 모습으로 있는 예수님에게 천하만국과 그 영광(화려함)을 보여주었는데, 이는 마귀가 인성을 지니신 예수님의 어떤 부분을 시험하고 있습니까?

► 아담처럼 (보암직한) .... 의 정욕 (요일 2:16, 창 3:6)

3) 마귀는 예수님을 높은 산으로 이끌고 올라가 **순식간**(잠깐 사이, 눅 4:5)에 천하만국을 보여주면서 자기의 말을 들으면 **순식간**에 하나님의 나라가 이루어 질 것처럼 유혹했습니다.

가) 예수님께서 보리떡 다섯과 물고기 둘로 많은 사람들을 먹이시자 큰 무리가 **순식간**에 예수님을 어떻게 하려 했습니까?

.... 으로 삼으려 했다. (요 6:15)

나) 무리 역시 **순식간**에 어떤 시험을 겪었습니까? (　　) [15]

ㄱ) 광야의 시험　ㄴ) 성전 꼭대기의 시험　ㄷ) 높은 산의 시험

다) 사람들은 세상의 왕(혹은 신)과 같은 존재가 **순식간**에 모든 것을 바

12. 마귀가 경배를 받겠다는 것은 자신이 하나님의 자리에 앉겠다는 뜻이다.

13. 여리고의 겨울 궁전은 하스몬 왕조 때의 것을 더욱 크고 화려하게 확장한 것으로, 왕궁터, 수영장, 목욕탕, 수로 등의 유적이 남아있다.

▲ 여리고의 수로 (by Daniel Ventura, 1980, Wikimedia)

14. 고대국가에서 황제는 신과 같은 존재이며, 현대에는 그 자리를 국민의 여론 등이 대체하고 있다.

15. 예수님께서 겪었던 세 가지 시험은 성도가 자주 겪는 시험이다.

꾸리라는 마귀적인 발상을 가지고 있는데, 예수님의 천국 사역은 '처음에는 싹이요 다음에는 이삭'(막 4:28)이 나는 것과 같았는데,

► 예수님의 '겨자씨 한 알' 사역, '한 알의 밀' 사역은 구체적으로 ………………… 훈련 사역에 잘 나타나 있습니다.[16]

라) 높은 산의 시험에 대한 역사적인 증거는 무엇입니까?(   )

ㄱ) 교황이 주도한 십자군 전쟁　　ㄴ) 예수님 당시의 열심당
ㄷ) 소외받은 자의 친구인 교회　　ㄹ) 황제가 주도한 종교회의

✔ 진리를 보존하고 전파해야 할 교회는 정치, 사회 등에 대해 바른 감시자의 역할을 하여 정의와 공의를 하수처럼 흘려보내야 합니다. 한때 한국 교회는 삼일운동(1919년) 등에 주도적으로 참여했으며, 한때의 독일 교회는 독재자들을 옹호하여 지구촌에 불행을 안겼습니다.

◂ 무솔리니
히틀러(좌)
유관순(중)
안창호(우)[17]

4) 예수님께서는 높은 산에서 마귀의 시험을 받자 "주 너의 하나님께 경배하고 다만 그를 섬기라"(마 4:10)며 하나님의 말씀으로 대적하셨습니다.

가) 예수님께서는 하나님의 아들임에도 아담과 같이 아니하고 공생애 기간에 오로지 하나님의 말씀에 순종하셨는데, 순종의 내용은 다음 말씀에 잘 나타나 있습니다.

"하나님과 (   )됨을 취할 것으로 여기지 아니하시고 . . . 자기를 비워 종의 형체를 가지사 . . . 자기를 (   )시고 죽기까지 (   )하셨으니 곧 십자가에 죽으심이라" (빌 2:6~8)

✔ 나는 세상의 주인이 아니며 우주의 중심도 아니며 나는 피조물에 불과하고 심지어 나는 나의 주인도 되지 못함을 알아야 합니다.

나) 성도들도 예수님을 영접한 그리스도인다운 삶을 살아야 합니다.

ㄱ) 그리스도인은 (   )를 부인하고 (   ) 십자가를 지고 예수님을 따라야 하며(마 16:24), 그가 마시는 고난의 (   )을 마시고 죽음의 (   )도 받아야 합니다(막 10:38).[18]

ㄴ) 그리스도인은 세상 권세와 영광에 마음을 빼앗기지 말고 서로 마음을 같이하며 (   ) 데 마음을 두지 말고 도리어 (   ) 데 마음을 두어야 합니다(롬 12:16).

16. 겨자씨 한 알
- 마 13:31
한 알의 밀
- 요 12:24

17. by Bundesarchiv, Bild 146-1969-065-24/CC-BY-SA), Wikimedia

Benito Mussolini
(1883-1945, 이)
Adolf Hitler
(1889-1945, 독)
유관순(1902-1920)
안창호(1878-1938)

✔ 2차 대전 당시 독일과 이태리는 기독교인이 90%가 넘었다.

3.1 운동의 민족대표 33인 가운데 16명이나 기독교인이었지만 기독교인은 전체 인구의1% 미만이었다.

18. 마귀는 끝없이 자신을 강조한다.

"이르되 이 모든 권위와 그 영광을 내가 네게 주리라 이것은 내게 넘겨 준 것이므로 내가 원하는 자에게 주노라. 그러므로 네가 만일 내게 절하면 다 네 것이 되리라"(눅 4:6~7)

〈 해 답 〉

5. 3) 라) ㄱ, ㄴ, ㄹ)
4) 가) 동등, 낮추, 복종
나) ㄱ) 자기, 자기, 잔, 세례
ㄴ) 높은, 낮은

중심 내용 되씹기

1. 예수님께서는 마귀로부터 세 가지 시험을 받았습니다. 세 가지 시험과 관련된 내용을 ▭에서 찾아 답하십시오.

   1) 광야의 시험 : (, , ,)
   2) 성전 꼭대기 시험 : (, , ,)
   3) 높은 산 시험 : (, , ,)

㉠ 명성의 유혹	㉡ 권력의 유혹	㉢ 물질의 유혹
㉣ 사회적 문제	㉤ 경제적 문제	㉥ 정치적 문제
㉦ 안목의 정욕	㉧ 이생의 자랑	㉨ 육신의 정욕
㉩ 신자(神子)로서 받은 시험		㉪인자(人子)로서 받은 시험

2. 마귀의 시험과 관련하여 세상 나라의 지배 원리와 백성들의 메시야에 대한 기대를 각각 ▭에서 찾아 답하십시오.

마귀의 시험	세상 나라		백성들의 기대 (㉣~㉥)
	중심 계층	지배원리(㉠~㉢)	
광야의 시험	경제적 기득권자, 상류층	1)	2)
성전 꼭대기 시험	사회, 종교 지도자	3)	4)
높은 산의 시험	헤롯 왕가, 로마 제국	5)	6)

㉠ 부와 금권	㉡ 전통과 지식	㉢ 무력과 권력
㉣ 떡과 필요한 물질	㉤ 기적과 표적	㉥ 새로운 왕

3. 마귀는 예수님에게 했던 것처럼 지금도 성도들을 시험합니다. 성도들을 넘어뜨리는 마귀의 시험 가운데 광야의 시험은 '**광**'으로, 성전 꼭대기의 시험은 '**성**'으로, 높은 산의 시험은 '**산**'으로 표시하십시오.

   1) 자신의 세상 지식이나 성경 지식을 자랑하듯 말한다. ( )
   2) 권사나 장로가 된 후로부터 섬김보다 주장하는 자세가 많아졌다. ( )
   3) 정의를 위해 폭력을 정당화하며 반대자들을 힘으로 누른다. ( )
   4) 성도들이 모여 옷, 집, 유행, 음식, 연예인 이야기를 잘 한다. ( )
   5) 토의를 하면 논쟁으로 이어져 이기기를 좋아한다. ( )
   6) 가난한 자들을 위한 최고의 자선은 가난을 해소하는 것이다. ( )
   7) 힘써 노력하지 않고 말씀과 기도를 통한 기적만을 바란다. ( )
   8) 스마트폰, 태블릿 PC 등의 전자기기에 지나친 관심을 갖는다. ( )
   9) 학벌, 직업, 가문 등으로 은근히 자신을 드러낸다. ( )
   10) 정치인을 잘 뽑으면 사회 문제가 모두 해결되리라 생각한다. ( )[1]

1. 정치란 가장 높은 형태의 자선입니다. 정치가 공공의 선에 봉사하기 때문입니다. (빌라도처럼) 손을 씻고 뒤로 물러나 있을 수 없습니다. (교황 프란치스코)

정치는 경제와 사회의 정의를 순식간에 실현시킬 수 있다는 점에서 가장 유혹적이다.

〈 해 답 〉

1. 1) ㉢, ㉤, ㉨, ㉩
   2) ㉠, ㉣, ㉧, ㉩
   3) ㉡, ㉥, ㉦, ㉪
2. 1) ㉠ 2) ㉣
   3) ㉡ 4) ㉤
   5) ㉢ 6) ㉥
3. 1) 성 2) 산
   3) 산 4) 광
   5) 성 6) 광
   7) 성 8) 광
   9) 성 10) 산

나눔 그리고 기도의 시간

1. 예수님은 '하나님의 아들'(神子)일지라도 '사람의 아들'(人子)로 오셨기 때문에 가난한 자들과 병든 자들의 아픔을 아셨습니다.

   "사람이 하나님의 입으로부터 나오는 모든 말씀으로만 살 것이 아니요 갖가지 떡(각종 물질, 차량, 주택, 연봉, 노후 대책 등)으로 살 것이라"고 말하고 싶은 이유는 무엇 때문입니까?

   당신은 장래(혹 노후)를 위해 어떤 준비를 했으며, 미래에 경험하게 될 하나님의 나라를 위해 지금 개인적으로 어떤 투자를 하고 있습니까?

2. 마귀는 우리를 떨어뜨리기 위해 성전 꼭대기 같은 높은 곳으로 이끌어 가는데, 예수 그리스도와 함께라면 골짜기라도 영광스러운 자리입니다.[2]

   상대적 박탈감(연봉, 학벌, 직장, 주택 등)으로 고민한 경험을 소그룹에서 나누십시오.

   당신이 직장이나 교회에서 나이 어린 사람이 상위 직급(직분)에 있다는 이유만으로 시험에 들었던 적이 있었다면 그 이유는 무엇 때문입니까?

▲ 성전 꼭대기의 시험[3]

3. 시험하는 자가 예수님을 순식간에 높은 산으로 이끌고 간 것처럼 사람들은 가능하면 빠른 성공의 에스컬레이터를 타고 싶어 합니다.[4]

   사람들은 어떤 경우에 성공했다고 하며, 당신은 무엇을 성공이라 합니까?[5]

   당신은 겨자씨 한 알을 심는 그리스도의 제자입니까? 아니면 커다란 나무를 부러워하는 세속의 제자(자녀)입니까?

4. 예수님께서 마귀에게 '주 너희 하나님을 시험하지 말라'(마 4:7)고 했는데 성도들이 자신도 모르게 하나님을 시험하는 경우가 있습니다.[6]

   어떤 성도들은 스스로 미혹되어 시험을 당하는 경우가 많은데도 불구하고 마귀에게 그 시험의 원인을 전가시키는 이유는 무엇 때문입니까? (약 1:14)

by Elena Botoeva, 2012.

2. 잠 16:18, 고전 10:12

3. Sandro Botticelli (1445-1510, 이)

4. 기도하고 기다릴 줄 모르고 바로 응답 받기를 바라는 인스턴트 신앙, 땀 흘려 연구하고 준비하는 과정이 없는 잘못된 성공신화를 생각해 보라. 술과 마약은 얼마나 빨리 기분이 좋아지는가?

5. 예수님을 영접한 것이 성공이며, 예수님을 닮은 삶이 참 성공이 아닌가?

6. 성령의 영감을 받지 않은 기도, 언약을 의심하는 것, 하나님의 능력을 시험해 보는 것, 병의 원인을 자신에게서 찾지 않고 치료의 기적만을 구하는 것, 어떤 노력도 하지 않고 하나님의 역사만을 바라는 것, 습관에 젖은 예배, 이성적인 생각을 포기하는 감성적인 맹신, 예수님 이외의 중보자를 찾는 것, 하나님께 도무지 구하지 않는 신앙 등

제 11 과 시험하는 자에 대하여(마 4:1~11)

◀ 마귀를 꾸짖는 그리스도 [1)]

"너희 대적 마귀가 우는 사자 같이 두루 다니며 삼킬 자를 찾나니 너희는 믿음을 굳건하게 하여 그를 대적하라"
(벧전 5:8~9)

마귀는 어떤 악한 기(氣) 혹은 어두운 힘이나 성향으로 오해되기도 하지만, 그는 하늘에서 하나님께 대적하다 땅으로 쫓겨난 이후 에덴동산에서 아담과 하와를 시험하여 타락하게 했던 지정의(知情意)를 가진 인격적인 존재입니다. 그는 지상에 세워진 수많은 나라를 통하여 자신의 나라를 확장하던 중, 요한에게 세례를 받고 공생애를 준비하시던 예수님을 유대광야에서 시험하던 자이기도 합니다. 그는 하나님의 나라를 무너뜨리고 자신의 나라를 유지 확장하기 위해 그리스도와 그의 택하신 자들을 지금도 시험하고 있습니다.

마귀(사탄)의 정체(마 4:3)

이방인들의 신들을 탐구하지 말라(신 12:30)는 구약의 말씀 때문에, 그리스도인들이 그들의 신들에 대해 지나치게 무지할 것까지는 없습니다. 그리스도인은 성경에 계시된 범위 내에서 하나님의 나라를 대적하는 마귀의 기원과 정체, 특성 등에 대해 정확하고 바른 지식을 가지고 있어야 합니다. [2)]

1. 하나님께서 하늘에서 창조하신 영적 존재(골 1:16) 가운데 하나인 마귀는 하나님께 반역하다가 하나님에 의해 땅으로 쫓겨났는데, 신. 구약성경은 마귀에 대한 어느 정도의 정보를 제공하고 있습니다. [3)]

1) 에스겔은 마귀와 그가 다스리는 나라에 대한 중요한 기록을 남겼습니다.

가) 두로의 왕에 대한 설명으로 알려진 에스겔 선지자의 기록(겔 28:12~19)은 마귀에 대한 설명으로도 알려졌는데, [4)] 마귀의 신원은 다음과 같습니다.

ㄱ) .... 부음을 받고

ㄴ) 지키는 .... 천사 (겔 28:14, 16) [5)]

나) 두로 왕이 한 나라를 다스리는 것처럼, 마귀가 다스리는 영적인 영역을 무엇이라 합니까? ► 마귀(사탄)의 .... (마 12:26)

2) 성경은 '지키는 그룹' 천사의 타락에 대해 어느 정도 계시하고 있습니다.

1. Duccio di Buoninsegna (AD 1255~1318, 이)

2. 제1권, 5과 「실낙원과 복낙원」을 참고하라.

3. 사 14:12, 겔 28:16~17 눅 10:18, 계 9:1

4. 겔 28:14절의 번역
"너는 기름 부음을 받고 지키는 그룹임이여" (개역)
"나는 그룹을 보내어, 너를 지키게 하였다" (표준)
두로 왕의 배후에 타락한 그룹인 마귀가 있는 것으로 해석하기도 한다.

5. 출 25:20, 왕상 8:7
KJV – covering cherub
NIV – guardian cherub

〈 해 답 〉

1. 1) 가) ㄱ) 기름
ㄴ) 그룹
나) 나라

가) 지키는 그룹은 하나님께 어떤 죄를 지었습니까?

ㄱ) 지극히 높은 이와 .... 함 (사 14:14)

ㄴ) 마음이 .... 하고 .... 를 더럽힘 (겔 28:17)

나) 결국 '지키는 그룹' 천사는 어디로 쫓겨났습니까?

► 하늘에서 .... 으로 (겔 28:17, 눅 10:18) [6]

다) 땅으로 쫓겨난 '지키는 그룹'은 또 다시 어떤 죄를 범했습니까?

.... (창 3:1~5)

3) 기름부음을 받은 '지키는 그룹'은 '아침의 아들 계명성'(사 14:12), 곧 마귀로 알려졌는데, 그는 아담의 타락 이후에 이 땅에 영적인 '사탄의 나라'(마 12: 26)를 세워 하나님을 대적하고 있습니다. [7]

개역개정 아침의 아들 계명성 [8]

루시퍼 [9] ►

KJV: Lucifer, son of the morning

NIV: morning star, son of the dawn

✔ 라틴 교부인 제롬(Jerome, 345 ?~419 ?)은 '계명성'을 '루시퍼'(Lucifer)로 번역했으며, 죤 밀턴(John Milton, 1608~1674)은 '실낙원'이란 책에서 위 '루시퍼'를 사탄으로 등장시켰습니다. 그런데 원래 '루시퍼'는 그리스 신화에 나오는 '빛의 사자'입니다.

가) 마귀는 그를 따르는 타락한 천사들과 함께 땅으로 내쫓겼습니다. (계 12:9)

ㄱ) 이들이 커다란 조직을 가지고 있음을 어떻게 알 수 있습니까?

► 사탄이 .... 를 가지고 있기 때문 (마 12:26)

ㄴ) 사탄을 따르는 무리가 많음을 어떻게 알 수 있습니까?

.... (막 5:9, 계 12:4) [10]

나) 사탄의 나라가 조직과 서열에 따른 위계질서를 가지고 있음을 어떻게 알 수 있습니까?

► 사탄의 나라에 .... (들)이 있기 때문이다. (엡 6:12)

✔ 하나님의 나라가 하나님의 '권위(권세)들'(authorities, powers)로 유지되듯이 사탄의 나라도 동일한 힘으로 유지되고 있습니다. (엡 6:12)

다) 아래 계시록에 의하면, 마귀는 자기가 원하는 자들에게 권세(권위)를 나눠줌으로써 자신의 나라를 유지하고 확장함을 보여줍니다.

"용은 자기의 능력과 보좌와 큰 권세를 그에게 주었습니다" (계 13:2)

---

6. 사 14:12, 계 12:9)

7. 계명성은 샛별, 금성, 비너스(Vinus)라 불린다. 헬렐(히), 헤오스포로스(그)

8. 계명성은 새벽 동녘에 보이는 금성(Venus)이다.
– 샛별(공동번역)
– 새벽별(표준새번역)

9. by Luc Viatour, 2008, Wikimedia

10. '군대'는 로마 군대의 여단 규모로 약 5천명이다. 계 12:4의 별은 천사를 의미한다.

〈 해 답 〉

1. 2) 가) ㄱ) 같아지려
ㄴ) 교만, 지혜
나) 땅
다) 생략
3) 가) ㄱ) 나라
ㄴ) 생략
나) 통치자 (rulers, 정사)

ㄱ) 앞 페이지의 말씀에서 **'용'**은 누구입니까? .... (계 12:9)

ㄴ) 앞 페이지의 말씀에서 **'그'**와 거리가 먼 대상은 누구입니까? (　　)

㉠ 그리스도　　㉡ 적그리스도[11]

㉢ 타락한 천사　　㉣ 헤롯과 같은 예수님의 적대자

ㄷ) 마귀는 예수님께 '네가 만일 내게 절하면 세상의 모든 (　　　) 와 (　　　)을 주겠다'(눅 4:6~7)고 시험했지만, 예수님께서는 마귀의 제안을 거절하셨습니다.

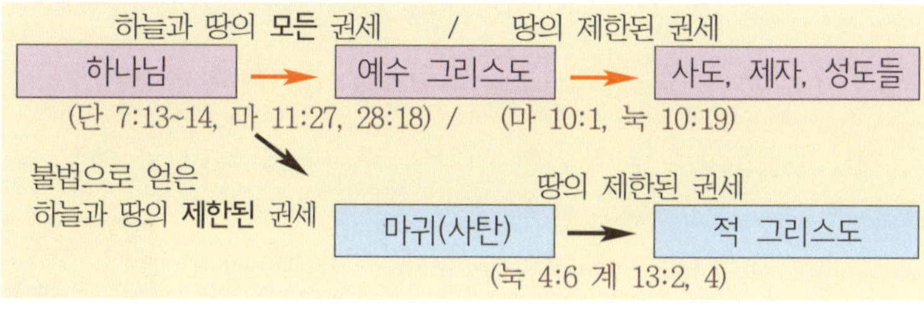

4) 히브리어 사탄(Satan)은 중상자 혹은 고발자란 뜻을 가지고 있으며, 그가 가진 수많은 별명은 사탄의 특성을 잘 나타내 보여주고 있습니다.

가) .... (마 4:1)[12]　　나) .... 하는 자 (마 4:3, 살전 3:5)

다) .... 의 왕(마 9:34)　　라) .... (마 12:24)

마) 악한 자(마 13:19), 원수(마 13:39)

바) .... 한 자, ... 쟁이, ... 의 아비(요 8:44)

사) 이 .... 의 임금(요 12:31)　　아) .... (고후 6:15)

자) 공중의 권세 잡은 자(엡 2:2), 이 어둠의 세상 주관자들(엡 6:12)

차) 죽음의 세력을 잡은 자(히 2:14), 대적(벧전 5:8)

카) 무저갱의 사자, 아바돈, 아볼루온(계 9:11)

타) 큰 .... , 옛 .... , 마귀, 사탄(계 12:9)

마귀의 모략과 그의 최후

2. 마귀는 아담과 하와를 시험하여 이 땅에 자신의 나라를 세우는데 성공하는 듯 했지만 하나님의 나라를 회복하기 위해 성육신하신 예수님을 시험하는데 실패함으로써 그의 나라는 무너지기 시작했습니다.

마귀는 부활하신 예수님으로부터 왕권을 위임받은 그리스도인들을 미혹하여 이 땅에 자신의 나라를 유지하려 하지만, 종말에 미가엘 천사에 의해 결박되어 유

▲ 유혹하는 뱀[13]

11. 적그리스도(Antikristos)란 단어는 요한 사도만이 4번(요일 2:18, 22, 4:3, 요이 1:7) 사용했다. 넓게는 그리스도를 대적하는 모든 세력(사람, 귀신 포함)이다.

12. 마귀 - 디아볼로스 (diabolos, 헬) 분리, 나뉘게 한다는 뜻임
귀신(마귀들) - 다이몬 (daimon, 헬)

13. William Blake (1757-1827, 영)

〈 해 답 〉

1. 3) 다) ㄱ) 마귀(사탄)
ㄴ) ㉠
ㄷ) 권위, 영광
4) 가) 마귀
나) 시험
다) 귀신
라) 바알세불
바) 살인, 거짓말, 거짓
사) 세상
아) 벨리알 (Belial)
타) 용, 뱀

14. 계 20:2~3, 10

15. 창 2:17, 창 3:4, 요 8:44

16. Benjamin West (1738-1820, 영)

17. 생명의 성령의 법 (the law of the Spirit of life)
죄와 사망의 법 (the law of sin and death)

황 못에 던져지게 됩니다.[14]

1) 교활하여 수많은 이름으로 불리는 마귀는 뱀의 모습으로 나타나 거짓이라는 모략을 사용하여 아담과 하와를 넘어뜨렸습니다.[15]

가) 마귀는 하와더러 하나님의 대리자가 아닌 어떤 위치(자리)에서 에덴 동산을 관리하라고 시험했습니까?

.... 의 위치 (창 3:5)

나) 아담과 하와는 마귀의 제안에 순종함으로써 하나님의 대리자라는 신분에서 어떤 신분으로 격하되었습니까?

► 마귀의 .... 이라는 신분 (롬 6:16)

2) 마귀의 종으로 전락한 아담의 후손들은 에덴동산에서 추방된 이후에 바벨론, 로마 등과 같은 세상 나라를 세우지만, 이 나라들의 권위와 영광은 하나님의 나라와 비교할 바가 못 됩니다.

▲ 에덴에서의 추방[16]

가) 하나님을 떠난 인간은 마귀가 주도하는 질서 아래 놓이게 됩니다.

ㄱ) 마귀의 나라를 대표하는 질서(法)는 무엇입니까? ► 죄와 .... 의 법 (롬 8:2)

ㄴ) 죄(사망)의 법 아래에 놓인 인간은 어떤 상황에 놓이게 됩니까?

► .... (창 2:16~17, 3:17~19, 눅 15:14~17)[17]

► .... (창 2:16~17, 3:17~19, 눅 15:32)

나) 예수님을 영접하여 하나님의 나라에 속하게 되면 새 질서 아래 놓이게 됩니다.

ㄱ) 하나님의 나라를 대표하는 질서(法)는 무엇입니까?

.... 의 성령의 법 (롬 8:2)

ㄴ) 생명의 성령의 법 아래에 놓인 인간의 삶을 특징짓는 두 단어는 다음과 같습니다. .... (요 10:10)과 .... (갈 5:1)

✔ 하나님 나라의 법 아래에 살지 않는 인간은 먹고 사는 문제에 매여(마 6:25) 죽기를 두려워하여 일평생 마귀의 종노릇(히 2:15)을 하며 살다가 결국 영원한 사망에 이르게 됩니다.
마귀가 주도하는 권위와 영광은 그 화려함과 위용이 대단해 보이지만 그의 법 아래 사는 인간은 궁핍과 영원한 죽음에 이르게 됩니다.

〈 해 답 〉

2. 1) 가) 하나님
나) 종
2) 가) ㄱ) 사망
ㄴ) 궁핍, 죽음
나) ㄱ) 생명
ㄴ) 생명, 자유

3) 사실을 왜곡하거나 속임수를 써 남을 해롭게 하는 것을 모략이라 하는데, 마귀의 대표적인 모략은 하나님의 말씀을 이용한 거짓말입니다.

가) 마귀는 '선악을 알게 하는 나무의 열매를 먹으면 반드시 죽으리라'(창 2:17)는 하나님의 말씀을 어떻게 왜곡했습니까?

► "결코 .... 아니하리라" (창 3:4)

나) 마귀는 '(하나님께서 천사들을 명하여) 모든 길에서 너를 지키게 하심이라'(시 91:11)'는 하나님의 말씀에 어떤 말을 덧붙였습니까?

► "................ 꼭대기에 세우고 . . . 뛰어내리라" (마 4:5~6)

✔ 마귀는 특정한 상황에서 주어진 성경 본문을 전체 맥락과 분리하여 인용하고 적용시킴으로써 하나님과 예수님과의 신뢰 관계를 깨뜨리려 했습니다. 만약 예수님께서 마귀의 제안대로 성전 아래로 뛰어내리면 오히려 하나님(의 말씀)을 시험하는 것이 됩니다.

다) 성경 왜곡을 방지하기 위한 바른 태도는 무엇입니까? (　　)

ㄱ) 성경 본문의 특이한 단어를 중심으로 해석해야 한다.[18]

ㄴ) 성경 본문의 전체적 맥락을 살펴보아야 한다.

ㄷ) 성경 본문이 기록된 역사적 상황도 점검해야 한다.

ㄹ) 성경을 가감하지 말고 문자적으로 그대로를 믿어야 한다.

라) 다음 생각은 어떤 시험에 해당하는지 '①~③' 중에서 답하십시오.

ㄱ) 믿기만 하면 만사가 형통이다. (　　)

ㄴ) 경제 문제만 해결되면 된다. (　　)

ㄷ) 지도자와 정권이 바뀌면 문제가 해결 된다. (　　)

① 광야의 시험　② 성전 꼭대기 시험　③ 높은 산의 시험

4) 마귀는 하늘에서 쫓겨나 이 땅에 자신의 나라를 일시적으로 세우지만 때가 되면 그를 따르는 자들과 함께 멸망하게 됩니다.

가) (미가엘) 천사에게 붙잡힌 마귀는 천년 동안 어디에 갇히게 됩니까?

.... (계 20:3)

나) 천년 후, 풀려난 마귀(계 20:7)는 천하를 어지럽히다가 최종적으로 어떻게 됩니까?

► 불과 .... 못에 던져져 영원토록 괴로움을 받음 (계 20:10)

▲ 적 그리스도의 설교[19]

18. 대표적으로 '하나님의 교회'와 '신천지'와 같은 이단들은 특정한 성경 구절을 성경 전체적 맥락과 분리하여 자신들의 주장을 정당화하거나 자신들의 의도를 설명하는데 이용한다.

19. Luca Signorelli (1450~1523, 이), san Brizio 성당 벽화의 일부.
마귀의 조정을 받는 적그리스도가 이채롭다.

〈 해 답 〉

2. 3) 가) 죽지
나) 성전
다) ㄴ), ㄷ)
라) ㄱ) ②
ㄴ) ①
ㄷ) ③
4) 가) 무저갱
나) 유황

중심 내용 되씹기

1. 영적인 존재에 대한 다음 설명을 읽고 ○, ×로 답하십시오.
   1) 예레미야 선지자는 사탄의 기원에 대한 정보를 전해주고 있다. (　　)
   2) 사탄은 한 때 기름부음을 받은 지키는 그룹 천사였다. (　　)
   3) 그룹은 기쁜 소식을 전하는 천사로 날개가 여섯 개 있다. (　　)[1)]
   4) 사탄에게 별명이 많은 것은 그가 간교하며 모략에 능하다는 것을 보여준다. (　　)
   5) 예수님은 천사 중에서 가장 힘이 센 천사장 미가엘이다. (　　)[2)]
   6) 루시퍼는 사탄의 이름이다. (　　)
   7) 사탄은 악한 힘과 능력을 지닌 인격적 존재이다. (　　)
   8) 사탄의 나라가 있다는 것은 사탄에게 조직이 있음을 의미한다. (　　)

2. 에덴동산에서부터 역사의 종말에 이르기까지 성경에 등장하는 시험하는 자인 마귀에 대한 질문에 답하십시오.
   1) 마귀의 대표적인 모략: ....
   2) 사탄의 나라의 대표적인 질서: .... 와 .... 의 법
   3) 하나님을 떠난 인간의 상황: .... 과 죽음(사망)
   4) 마귀의 최후: 천년왕국 후에 .... 과 .... 못에 던져짐

나눔 그리고 기도의 시간

1. 에덴동산에 찾아온 마귀는 하나님과 아담의 관계, 한 몸을 이룬 아담과 하와의 관계, 가인과 아벨의 형제 관계를 나뉘게 한 분리와 분열의 영입니다.

   성도들이 마귀의 영향력을 무시하거나 그의 존재감을 느끼지 못한 이유는 무엇 때문입니까?

   한국 사회, 교회, 직장, 가정 등의 분열에 대해 나눔의 시간을 갖은 후에 하나됨을 위한 기도의 시간을 갖습니다.

2. 마귀는 예수님께 다양한 욕구(물질, 명예, 권위 등)를 채워주겠다고 시험했는데, 문명이 발전할수록 인간은 다양한 욕구의 노예가 되어가는 경향이 있습니다.

▲ 모략 중인 마귀[3)]

   최근에 새롭게 만들어진 대중의 욕구들에는 무엇이 있으며,[4)] 현대인들은 이것들을 얻는 대신 어떤 것들을 상실했습니까? 영원하고 거룩한 것들로 당신의 속사람을 채울 수 있도록 깊이 생각하고 기도하는 시간을 갖습니다.[5)]

1. 창 3:24, 사6:2, 겔 28:14, 눅 1:19

2. 여호와의 증인의 주장

3. by Opal_Art _Seekers _4, 2009, Wikimedia

4 스마트 폰, 명품, 게임, 마약, 성적 중독 등
새로운 욕구에 만족하게 되는 순간부터 그 욕구는 없어서는 안 되는 자연스러운 욕구가 된다.

5. 마귀의 핵심 전략인 거짓말과 속임수에 맞서기 위해 엡 4:25~27절을 핵심 구절로 삼아 묵상하고 기도 시간을 갖는 것도 좋다.

〈 해 답 〉

1. 1) ×　2) ○　3) ×　4) ○　5) ×　6) ×　7) ○　8) ○
2. 1) 거짓말
   2) 죄, 사망
   3) 궁핍
   4) 불, 유황

단 원 V

5. 하나님의 말씀인 성경

제 12 과　성경, 하나님 말씀됨의 내적 증거
제 13 과　성경, 하나님 말씀됨의 외적 증거와 보존
제 14 과　예수 그리스도와 성경
제 15 과　예수 그리스도의 복음서

학습내용

당신은 본 단원에서 배우게 될 핵심 주제와 개인적으로 혹은 소그룹에서 성령님의 감동으로 깨달은 진리를 삶의 자리에서 **적용 실천할 때** 하나님의 나라를 경험하게 될 것입니다.

인도자는 **나눔과 기도 시간**을 통하여 학습 목표에 맞는 마무리를 해야 합니다.

1. 천지를 창조하신 말씀(다바르)이 육신이 된 사건이 성육신이라면 그 하나님의 말씀(로고스)이 문서로 기록된 것이 성경이라는 개념을 이해하게 됩니다.
2. 성경이 오류가 없는 하나님의 말씀이 되는 내적 증거(성경의 주제의 통일성, 언약의 성취성)에 대해 배우게 됩니다.
3. 성경이 오류가 없는 하나님의 말씀이 되는 외적 증거(고고학적 증거, 역사적 사료, 신속한 기록, 연속된 수많은 사본들)를 통하여, 성경이 다른 종교의 경전보다 객관적으로 우월한 이유를 배우게 됩니다.
4. 신약성경의 정경화 과정을 배움으로써 교주들의 글을 절대시하거나 특정 성경을 강조하는 이단들의 도전에 대처하는 힘을 기르게 됩니다.
5. 예수님과 성경 말씀과의 관계를 깨닫게 되며, 예수님의 성경 말씀 활용을 배움으로써 성도들이 기록된 하나님의 말씀을 실생활에서 활용할 수 있게 됩니다.
6. 예수님의 생애를 기록한 공관복음과 요한복음의 특징과 차이점은 물론, 본 교재 『예수 그리스도의 복음』을 포함한 성경을 공부하는 방법을 배우게 됩니다.

제 12 과 성경, 하나님 말씀됨의 내적 증거

(기록된 말씀, 주제의 통일성과 언약의 성취성)

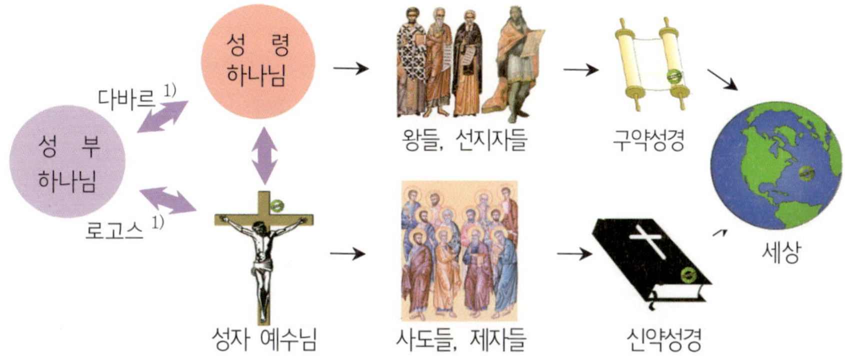

"옛적에 선지자들을 통하여 여러 부분과 여러 모양으로 우리 조상들에게 말씀하신 하나님이 이 모든 날 마지막에는 아들을 통하여 우리에게 말씀하셨으니 . . ." (히 1:1~2)

성경, 하나님의 말씀됨의 내적 증거(內的 證據)

성경이 하나님의 말씀을 기록한 책이라면 '하나님이 계신가?' 그리고 '하나님이 계신다면 그는 사람에게 말씀하신가?'라는 두 가지 질문에 대한 답변이 필요합니다. 성경은 위와 같은 질문에 대해, '반드시 그(하나님)가 계신다(히 11:6)', '성경은 전부가 하나님의 계시로 이루어진 책(딤후 3:16, 공동)'이라고 답변합니다. 그러므로 성경 자체가 '성경은 하나님의 말씀을 기록한 책'이라고 변증하고 있는 셈입니다.[2]

인간의 역사 속에서 사람에 의해 기록된 성경이 하나님의 말씀이 되는 이유를 성경 자체 내에서 찾을 때, 우리는 성경이 하나님의 말씀이 되는 내적 증거라고 합니다. 예를 들어 '주제의 통일성', '계시의 연속성', '언약의 성취성' 등은 오직 성경만이 가지고 있는 특징으로, 성경이 하나님의 말씀이 되는 내적 증거에 해당합니다.

1. 하나님께서는 창조 세계에 대한 섭리와 인간 구원에 대한 경륜 등을 옛적에는 선지자들을 통하여 마지막 날에는 예수님을 통해 말씀하셨는데(히 1:2), 성경에는 주로 이러한 내용들이 기록되어 있습니다.[3]

   1) 기록된 하나님의 말씀인 신구약 성경이 어떤 과정을 거쳐 우리 손에 들어 오게 되었는지 본과 첫 페이지 상단의 그림을 보고 설명하십시오.

   .... (히 1:1~2)

   2) 성경이 하나님의 말씀이 되는 내적 증거들에는 무엇이 있습니까?

   ....의 통일성, ...의 연속성, ...의 성취성

1. 구약의 말씀은 '다바르'(히)의 번역이며, 신약의 말씀은 '로고스'(헬)의 번역이다.

2. 어떤 이들은 성경에 이스라엘의 역사가 기록되었는데도 하나님의 말씀이랄 수 있느냐고 질문한다. 또 성경에는 하나님께서 직접 하신 말씀 외에 사도, 선지자, 왕들, 심지어 악인이나 마귀의 말이 있는 데도 성경이 하나님의 말씀인 이유를 알고 싶어 한다.

3. 성경에는 하나님의 섭리와 경륜 외에도 주권, 작정, 예정하심 등이 기록되어 있다.

제 1권, 21과 「하나님의 주권과 인간의 책임」 참고

〈 해 답 〉

1. 1) 생략
   2) 주제, 계시, 언약

주제의 통일성(unity)

교회가 공식적으로 채택한 경전을 정경(正經)이라 하는데, 성경은 그 자체가 하나님 말씀됨의 권위를 가지고 있기 때문에 초대교회에서 정경으로 채택되었습니다. 이와 같이 성경 스스로가 하나님 말씀됨의 권위가 있는 것을 가리켜 성경이 하나님의 말씀이 되는 내적 증거라고 하는데, 주제의 통일성은 대표적인 내적 증거에 해당합니다.

성경은 여러 시대에 서로 다른 장소에서 다양한 직업을 가진 많은 사람들에 의해 기록되었습니다. 그럼에도 불구하고 신구약 성경 66권은 '하나님의 인간 구원'(혹은 하나님의 나라)이라는 주제의 통일성을 가지고 있습니다. [4)]

2. 성경이 하나님의 말씀이 되는 내적 증거는 주제의 통일성에서 찾아볼 수 있는데, 주제의 통일성에 대한 구체적 내용을 살펴보도록 하겠습니다.

   1) 신구약 성경 66권은 서로 다른 장소에서 다양한 직업을 지닌 40여명의 선지자, 사도, 제자 등에 의해 기록 되었지만 주제는 동일합니다.

      가) 성경의 저자들은 어느 대륙에서 활동했습니까?

      .... , ... , ...

      나) 성경을 기록한 사람들의 직업을 [ ]에서 찾아 바르게 연결하십시오.

      ㄱ) 모 세: ( ) ㄴ) 다 윗: ( ) ㄷ) 마 태: ( )
      ㄹ) 아모스: ( ) ㅁ) 누 가: ( ) ㅂ) 베드로: ( )
      ㅅ) 바 울: ( )

㉠ 목축업	㉡ 목동	㉢ 천막제조	㉣ 농부	㉤ 의사
㉥ 어부	㉦ 왕	㉧ 세리	㉨ 왕자	

   2) 신구약 성경은 매우 오랜 기간에 거쳐 기록되었지만 주제는 동일합니다.

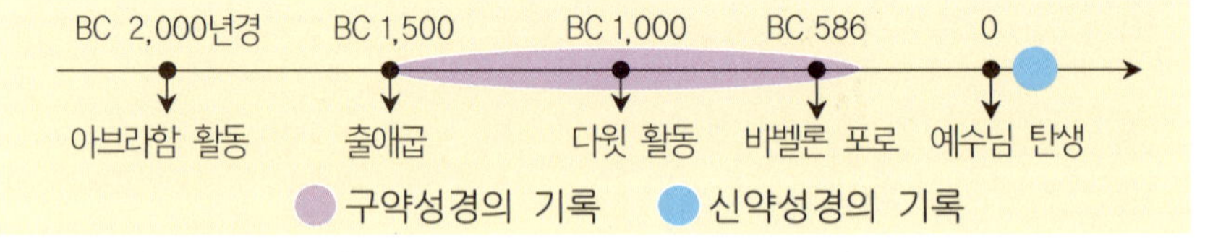

✔ 구약성경 가운데 모세 오경은 BC 15세기경에 기록되었으며 가장 늦게 기록된 말라기는 BC 5세기경에 기록되었습니다. [5)]

최초의 신약성경으로 알려진 데살로니가 전서는 바울 사도에 의해 AD 49~51년경에 기록되었고 가장 늦게 기록된 요한 사도의 계시록은 AD 95년경에 기록되었습니다. [6)]

4. 하나님의 인간 구원이 구체화된 모습이 하나님의 나라이다.

5. 구약의 기록시기를 BC 10 ~ BC 2세기로 보기도 한다.

6. 신약성경은 예수님께서 부활하신 지 약 20년 후인 약 AD 50부터 기록되었다. (혹자는 갈라디아서가 최초의 신약성경이라 한다.)

신구약 성경 집필 기간:
- 약 1,600년
- 등장인물 2,390명

〈 해 답 〉

2. 1)
   가) 아시아, 아프리카, 유럽
   나) ㄱ) ㉡, ㉨
      ㄴ) ㉡,㉦
      ㄷ) ㉧ ㄹ) ㉣
      ㅁ) ㉤ ㅂ) ㉥
      ㅅ) ㉢

가) 구약성경은 대략 몇 년 동안 기록되었습니까?

► 약 .... 년

나) 신약성경은 대략 몇 년 동안 기록되었습니까?

► 약 .... 년

다) 신구약 성경 66권은 모두 몇 년 동안에 거쳐 기록되었습니까?

► 약 .... 년 (모세 시대 ~ 요한 사도)

3) 신구약 성경은 다양한 언어로 기록되었지만 하나님의 인간 구원이라는 주제는 동일합니다. 각 성경에 쓰인 언어를 바르게 연결하십시오.

가) 구약성경의 일부 ▪ ① 히브리어

나) 구약성경 ▪ ② 아람어 [7]

다) 신약성경 ▪ ③ 헬라(그리스)어

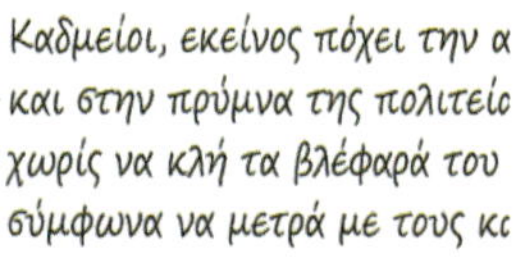

▲ 헬라(그리스)어

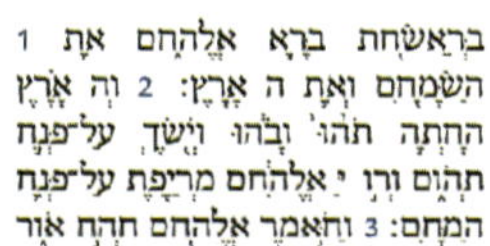
▲ 히브리어

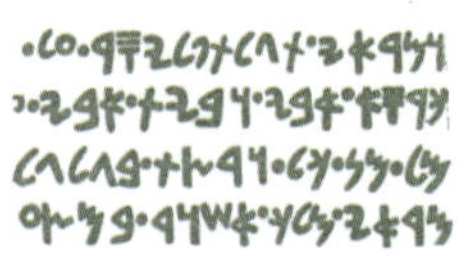
▲ 아람어

4) 성경이 하나님의 말씀이라는 내적 증거는 신구약 성경이 통일된 주제를 가졌다는 점에서 찾을 수 있는데, 이는 성경이 하나님의 감동으로 기록되었기 때문입니다.

이에 대한 바른 부연 설명은 무엇입니까? (   )

▲ 주제의 통일성

가) 하나님께서 성령의 감동하심을 받은 사람을 통해 단어 하나하나에 자신의 뜻을 담았다. [8]

나) 성령의 감동을 받은 자가 하나님의 말씀을 인간의 언어로 기록했다.

다) 하나님께서는 자신의 생각을 함께 소유할 사람들을 준비시켜 그들로 하여금 성경을 기록하도록 했다. [9]

라) 하나님께서는 성령 충만한 사람들을 선택하여 그들로 하여금 하나님께서 불러주시는 대로 성경을 기록하도록 했다. [10]

마) 하나님께서는 성경기자들의 성격, 기질, 은사와 재능, 교육 정도에 따라 그들의 문화를 통하여 오류가 없는 메시지를 기록하게 했다. [11]

바) 성경의 기자들은 예술가, 문학가들이 받았던 것과 같은 영감을 하나님께로부터 받아 성경을 기록했다. [12]

7. 바벨론에서 포로 생활을 하던 유대인은 자신들의 언어인 히브리어보다 그곳 언어인 아람어를 즐겨 사용하기 시작했으며, 예수님 당시 중동의 외교 상업 언어였다.
단 2:4~7:28, 스 4:8~6:18, 7:12~26 (렘 10:11, 창 31:47의 2단어)은 아람어로 기록되었다.

8. 축자적 영감설

9. 렘 1:5, 갈 1:15

10 기계적 영감설

11. 유기적 영감설

12. 자연적 영감설
(인간적 영감설)

〈 해 답 〉

2. 2) 가) 1,000
나) 50
다) 1,600
3) 가) ② 나) ①
다) ③
4) 나), 다), 마)

✔ 석가모니의 생애와 그의 설법은 구전되어 오다가 그가 세상을 떠난 지 약 300~400년이 지난 BC 1세기경에 이르러서야 아함경 등이 인도의 '산스크리스트어'나 스리랑카의 '팔리어' 등으로 기록되었습니다.[13)]

그런데 같은 불경이지만 아함경과 후대에 기록된 법화경, 화엄경 등은 내용상에 큰 차이를 보이고 있습니다.

그 결과 스리랑카와 동남아시아에 전해진 남방 불교는 석가모니를 '아라한'(성인)으로 받들어 불교를 철학으로 인식하고 있지만, 한국과 중국. 일본 등지의 북방 불교는 석가모니를 신성을 지닌 부처님으로 받들어 불교를 종교로 인식하고 있습니다.[14)]

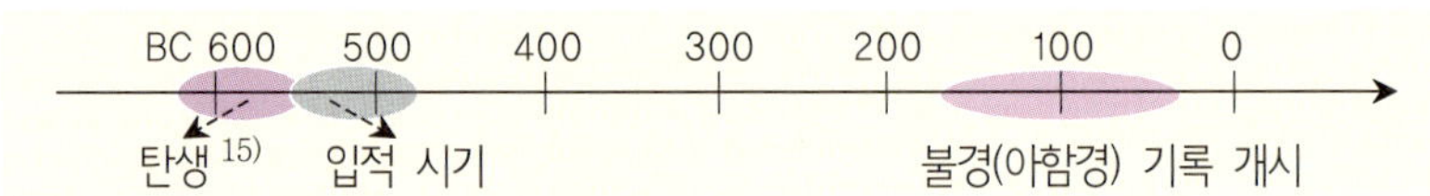

계시의 연속성(continuity)[16)]

3. 성경은 오랜 기간에 다양한 환경에 처한 사람에 의해 기록되었지만 주제의 통일성뿐만 아니라 계시의 내용이 서로 충돌하지 않는 연속성이 있습니다.

후대에 기록된 신약성경의 내용은 그 이전에 기록된 구약성경의 내용과 충돌하지 않습니다. 만약 신구약 성경보다 늦게 기록된 이슬람교의 코란이 하나님의 계시를 담고 있다면 코란은 신구약 성경의 내용과 충돌하지 않아야 할 것입니다.

✔ 이슬람교의 창시자 무함마드(AD 570~632)는 유대교의 구약성경과 기독교의 신약성경은 이슬람교의 경전인 '코란'(Koran)을 인용하여 완성되었다고 주장했습니다.[17)] 이슬람교가 가장 늦게 발생한 종교이지만 AD 7세기에 형성된 코란보다 앞선 완전한 형태의 (특히 구약) 성경 사본이 발견되지 않았기에 그들의 주장을 쉽게 뒤엎을 수가 없었습니다.[18)]

그런데 1947년, 이스라엘의 염해 북서쪽의 쿰란 동굴에서 현재 사용하고 있는 구약성경과 내용상에 차이가 없는 BC 3세기~AD 1세기의 구약성경 필사본이 발견됨으로써 이슬람의 주장은 억측임이 판명되었습니다.

▲ 사해 사본
사본 년대 (이사야, BC 1년)

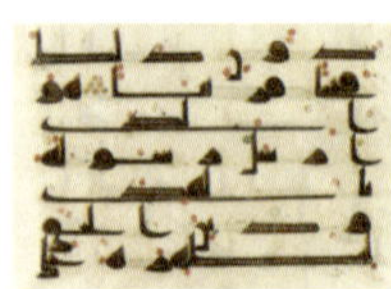
▲ 코란 사본
(AD 8~9세기)

▲ 알레포 사본
(AD 10세기 초)

13. 아함경: 아가마(Agama) 혹은 니카야(Nikaya)로 불리며 소승과 대승불교로 나눠지기 이전의 원시(原始) 불교 혹은 근본(根本) 불교의 경전으로 알려졌다.

14. 불교국가로 알려진 스리랑카 정부는 불교를 종교가 아닌 철학 (philosophy)으로 분류하고 있다.

15. 석가모니의 탄생
: BC 624 ~ BC 563
입적(죽음) 연대
: BC 544 ~ BC 483

16. 지금도 하나님의 계시가 계속되기 때문에 새로운 성경이 기록되어야 한다고 오해될 수 있지만 여기서는 그런 문제를 논외로 한다.

17. 경전의 기록 연대
구약: BC 15 ~ BC 5세기
신약: AD 30 ~ AD 100년
코란: AD 6세기 초

코란은 무함마드가 40살이 되던 AD 610년부터 AD 632년에 죽을 때까지 가브리엘 천사로부터 받은 알라의 계시를 기록한 책으로 알려졌다. (본 교재는 이 문제를 논외로 한다.)

18. 1947년에 사해 사본이 발견되기 전까지 가장 오래된 비교적 완전한 형태의 구약 사본은 AD 10세기 초의 것으로 추정되는 **알레포 사본**이었다.

1) 코란의 내용은 신구약 성경과 계시의 연속성이 있는지 설명하십시오.

- 코란: 아내를 넷까지 얻어도 좋다. (수라 4:3)
  (코란보다 오래된 신구약 성경에는 이런 내용이 없다.)
- 코란: 예수 그리스도는 십자가에서 죽지 않았고 그는 어떤 누구를 위해서도 죽은 적이 없다. (수라 3 : 54)
  (코란보다 오래된 신구약 성경과 내용이 일치하지 않는다.)
- 코란: 베드로, 야고보, 바울, 요한은 지옥 불에서 불타고 있다.
  (신구약 성경과 계시의 내용이 일치하지 않는다.) (수라 21 : 98)

언약의 성취성(achievement)

하나님께서는 아담과 언약을 맺으시고(창 1:28) 아담이 타락한 이후에는 선택된 사람들(노아, 아브라함, 모세, 다윗 등)과 언약을 맺음으로써 아담과 맺었던 언약이 결국은 예수 그리스도로 말미암아 성취되도록 하셨습니다.[19]

구약시대에 하나님과 선택된 사람들 사이에 맺어진 수많은 언약들은 하나님과 아담 사이에 맺어진 언약의 연장선에 있는데, 신약시대에 예수님의 하나님 나라 운동과 그의 십자가의 죽음과 부활로 말미암아 성취되었습니다.

4. 아담의 언약을 포함한 수많은 언약들이 기록된 구약성경과 '새 언약'이 기록된 신약성경과의 관계는 하나님의 인간 구원에 대한 약속과 그 약속에 대한 성취로 설명될 수 있는데, 이는 신구약 성경이 하나님의 말씀이 되는 내적 증거입니다.[20]

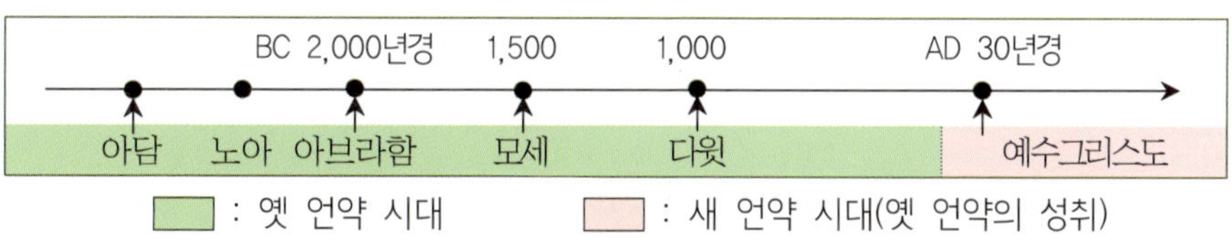

옛 언약(구약) 시대[21]			새 언약(신약) 시대	
당사자	옛 언약의 (핵심)내용	구 약	당사자	새 언약의 내용
아 담	생육, 번성, 충만, 정복, 다스림	창 1:28	예수님을 영접한 모든 자	(십자가와 부활로) 옛 언약의 성취
노 아	생육, 번성, 충만	창 9:1~17		
아브라함	번성, 여러 민족	창 17:1~14		
모 세	제사장 나라, 거룩한 백성	출 19:5~6		
다 윗	영원한 나라와 왕위	삼하 7:12~16		

1) 아담의 타락 이후에도 아담의 후손들은 하나님께서 아담과 맺었던 언약대로(창 1:28) 외형적으로는 생육, 번성, 충만하여 여러 민족을 이루게

19. 언약은 문자적으로 두 주체가 쌍방 간에 맺는 계약을 의미한다.
하나님과 사람 사이에 맺어진 언약은 주도권이 항상 하나님께 있고 사람이 지키지 못할지라도 하나님께서 일방적으로 수혜를 베푸는 특징이 있다.

20. 눅 22:20

21. 특별히 모세가 시내 산에서 하나님과 맺은 언약을 '옛 언약'이라 하지만, 여기서는 구약성경을 옛 언약이라 했다.

〈 각 언약의 특징 〉
노아: 무지개 언약
아브라함: 할례의 언약
모세: 시내산 언약(율법의 언약, 피의 언약)
다윗: 메시야 대망 약속

〈 해 답 〉
3. 1) 신약 성경보다 늦게 기록된 코란은 신구약 성경과 비교할 때 계시의 연속성이 없다.

22. 고전 11:25, 고후 3:6, 히 8:8, 13, 12:24

23. 하나님의 인간 구원이 구체화된 것이 하나님의 나라이다.

되었고 땅을 정복하고 다른 피조물들을 다스렸습니다.

가) 그러나 하나님께서 아담과 맺은 언약은 아담의 죄와 불순종으로 말미암아 두 가지가 결핍되었습니다. 그것은 하나님의 성품인 거룩함과 하나님의 생명인 영생입니다.

ㄱ) 하나님께서 아담의 후손들의 거룩함을 회복하기 위해 이스라엘과 맺은 언약은 무엇입니까?

► 하나님과 .... 와의 언약 (앞 페이지 도표 참고)

ㄴ) 하나님께서 아담의 후손들에게 하나님의 생명인 영생을 회복하기 위해 메시야를 보내주시겠다고 약속하신 언약은 무엇입니까?

► 하나님과 .... 과의 언약 (앞 페이지 도표 참고)

나) 구약 시대에 하나님과 사람 사이에 맺어진 모든 언약들이 지켜지지 못했던 근본적인 이유는 아담의 원죄 때문입니다. 그런데 예수님께서는 십자가의 죽음을 통해 원죄의 문제를 해결 하실 것을 약속하셨는데, 이를 '새 언약'이라 합니다. (눅 22:20)[22)]

ㄱ) 구약 시대에 하나님께서 그의 백성들과 맺었던 모든 언약들은 어떻게 성취되었습니까?

► 예수님께서 죽으셔서 .... 의 문제를 해결하심으로

ㄴ) 아담의 후손들이 세운 수많은 나라들과는 달리 구약의 모든 언약들이 성취된 나라를 무엇이라 합니까?

► 예수 그리스도(메시야)께서 왕이 되신 .... 의 나라[23)]

2) 세상의 어떤 약속도 그것이 이루어지기 위해 수천 년 동안 준비되었다가 성취된 적은 없습니다. 그런데 신약성경은 하나님의 인간 구원에 대한 '오랜 약속'(구약)을 성취한 내용을 담고 있습니다.

► 이는 신구약 성경 스스로가 하나님의 말씀이 되는 .... 증거에 해당합니다.

〈 해 답 〉

4. 1) 가) ㄱ) 모세
ㄴ) 다윗
나) ㄱ) 원죄
ㄴ) 하나님
2) 내적

중심 내용 되씹기

1. 신구약 성경이 하나님의 말씀이 되는 내적인 증거들은 다음과 같습니다.
   1) (   ) 스스로가 가지고 있는 권위
   2) 하나님의 인간 구원(혹 하나님의 나라)이라는 (   )의 통일성[1]
   3) 성경 내용이 서로 충돌하지 않는 계시의 (   )성
   4) 구약에서의 약속이 신약에서 이루어지는 언약의 (   )성

2. 성경이 하나님의 말씀이 되는 내적 증거들을 당신의 언어로 설명하십시오.
   1) 주제의 통일성: ....
   2) 계시의 연속성: ....
   3) 언약의 성취성: ....

3. '하나님의 감동'(하나님의 호흡, 성령의 감동)으로 기록된 성경이 또한 유기적(有機的) 영감으로 기록되었다는 것은 무엇을 의미합니까?[2]

   ....

   〈p. 113, 2-4)번 문제 참고〉

▲ 성령의 감동, 성경[3]

4. 아래 설명과 관련된 주제를 [ ] 에서 찾아 답하시오.
   1) 불교는 철학인가? 종교인가? (   )
   2) 가장 늦게 기록된 코란은 신구약 성경과 내용상에 차이가 있다. (   )
   3) 신구약 성경은 그 자체가 하나님 말씀됨에 부족함이 없다. (   )
   4) 세상의 어떤 영감어린 저작에도 하나님의 약속은 없다. (   )

㉠ 주제의 통일성	㉡ 언약과 성취
㉢ 계시의 연속성	㉣ 하나님 말씀됨의 권위

나눔 그리고 기도의 시간

1. 성경이 사람의 손에 의해 기록되었지만 천지를 지으신 하나님의 말씀이 되는 이유를 당신의 언어로 설명하십시오.

▲ 성경 사랑의 편지[4]

2. 성경은 '인간을 향한 하나님의 사랑의 편지'로 불리는데, 당신은 성경을 무엇이라고 풀어 설명하겠습니까?

3. 현명하고 신뢰할 수 있는 인도자요 선생을 '멘토'(Mentor)라고 합니다.

1. 하나님의 인간 구원이 구체화된 모습이 하나님의 나라이다.

2. 성경은 성경기자가 속한 사회의 문화와 역사를 반영하고 있을 뿐만 아니라, 성경 기자의 개인적 성향도 배어 있다. 그러나 하나님께서 사람에게 전달한 메시지에는 오류가 없다

3. by Zouavman Le Zouave, 2007, Wikimedia

4. by honorbound, 2011, flickr

〈 해 답 〉

1. 1) 성경 2) 주제 3) 연속 4) 성취
2. 1) ~ 3) 생략
3. 위 설명 참고
4. 1) ㉠ 2) ㉢ 3) ㉣ 4) ㉡

당신이 기록된 하나님의 말씀인 성경을 인격적인 멘토라고 생각하고 있다면, 어떤 방식으로 도움을 받고 있습니까? (시 119:105) [5)]

4. 성경은 언약(약속)과 성취에 관한 하나님의 말씀으로 예수 그리스도는 인류를 향한 하나님의 가장 큰 약속이며 성취입니다.

   하나님께서는 성경을 통하여 당신에게 어떤 약속을 하셨으며, 그 약속이 이루어지기 위해 당신은 어떤 준비를 하고 계십니까?

   소그룹에서 약속과 관련된 의미 있는 에피소드를 나누는 시간을 갖습니다.

   당신이 소속된 교회 공동체에서 결의된 약속이 무엇인지 기억하고 있습니까? (제직 성경공부, 헌금, 특별 새벽기도, 예배 시간 지키기 등)

by Steve Hankins, 2011, flickr

제 13 과 성경, 하나님 말씀됨의 외적 증거와 보존

▲ 릴란드스 [1)]

▲ 사해 사본

▲ 빌라도의 비문 [2)]

▲ 점토 인장 [3)]

성경, 하나님 말씀됨의 외적 증거(外的 證據)

18~19세기에 독일 중심의 일부 역사학자들은 성경을 하나님의 말씀이 아닌 일반서적과 동일시하여 고등비평(高等批評, higher criticism)을 시도했습니다. 고등비평이란 성경의 저자와 기록 연대 및 그 내용을 일반 역사와 문화 사상사적 측면에서 학문적으로 연구하는 방법을 말합니다. 어떤 이들은 고등비평을 통하여 성경이 실제 사실과는 무관한 종교적 허구로 가득하다고 주장하기도 했습니다.

그런데 20세기에 들어와 고고학이 종합 과학적 성격을 띠면서 눈부시게 발전하게 되었고, 해를 거듭할수록 새롭게 발견된 고대의 유물, 유적, 기록 등은 성경 내용의 역사성을 더욱 뒷받침하게 되었습니다. 결국 고고학적 발견으로 말미암아 특별계시가 기록된 성경이야말로 세상의 어떤 기록물보다 실제 있었던 사실을 정확하게 기록한 책임이 입증된 셈입니다.

이와 같이 성경이 하나님의 말씀이라는 증거를 성경 외적인 사실에서 찾을 때, 이를 가리켜 성경이 하나님의 말씀이 되는 외적 증거라고 합니다.

✔ 일반계시란 자연법칙, 인간의 종교성, 양심, 역사 등에 나타난 하나님의 계시입니다. 반면에 인간이 타락한 이후에, 하나님께서 자신이 선택한 특별한 사람들을 통하여 말씀하신 것들을 기록한 신구약 성경을 특별계시라 합니다.

고고학적 증거 및 역사적 사료

1. 성경은 실제로 있었던 역사적 사실들을 정확하게 기록 보존하고 있습니다.
   1) 어떤 비평가들은 창세기의 상당 부분을 허구라고 생각했지만, 고고학적 발견은 창세기의 역사성을 입증하는데 크게 기여했습니다.
      가) 아브라함의 고향 갈대아인의 ( )는 허구로 여겨졌으나 1854년 테일러는 그 도시를 발견했습니다. (창 11:31) [4)]
      나) 아브라함이 가나안 땅의 기근을 피해 ( )으로 내려간 것(창

1. 파피루스에 요한복음 18장이 기록된 '릴란드스'(Ry-lands)는 복음서 필사본 가운데 가장 오래된 것(약 AD 124 ~ 140년경)으로 이집트에서 발견되었다.

현재 영국 릴란드스 대학에서 소장하고 있다.

2. 팔레스타인 지방의 로마 주둔군 기지가 있었던 가이사라에서 1961년에 발견됨

높이 82㎝, 너비 62㎝의 비문에는 '유대 총독 본디오 빌라도는 티베리우스를 추모하여'(라틴) 라는 글이 음각되었다.

3. BC 600년경의 그다랴(상)와 유갈(하)의 인장이 예루살렘 성내의 같은 장소에서 발견되었다. (렘 38:1)

크기 : 지름 약 1 ㎝

4. J. E. Taylor, 영

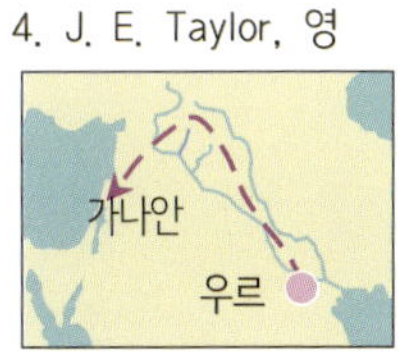

▲ 아브라함의 이동

〈 해 답 〉

1. 1) 가) 우르
   나) 애굽

12:10)은 허구로 여겨졌으나 그와 동시대(약 BC 20 세기)의 애굽 관리(크놈호텝, Khnumhotep)의 무덤에서 벽화가 발견됨으로써 그 가능성이 충분히 입증되었습니다. [5)]

▲ 크놈호텝 묘

▲ 크놈호텝 묘의 벽화 [6)]

다) 아브라함이 네 명의 왕들과 싸운 것은 허황된 이야기로 알려졌으나 1975년 시리아의 고대도시 '에블라'(Ebla)에서 '소돔, (   ), 아드마, 스보임, 소알'에 대해 기록된 점토판이 발견되었습니다. (창 14:2)

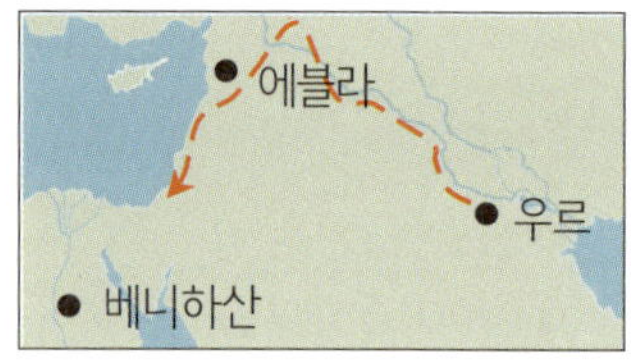

▲ 아브라함의 이동경로

✔ 고고학적 증거가 성경 본문과 정확히 일치하지 않는다 할지라도 당시에 '어떤 사실'(a certain fact)이 있었다는 것과 그 사실(사건)을 통해 하나님께서 말씀하시려는 메시지를 들을 수 있어야합니다.

2) 성경 이외의 역사 기록물, 예를 들어 비기독교인인 '요세푸스'의 저작들도 성경의 역사성을 보강하는 외적증거에 해당합니다. [7)]

가) 헤롯 대왕이 베들레헴 인근에 태어난 두 살 이하의 아이들을 죽일(마 2:16) 만큼 잔인한 왕인지 어떻게 알 수 있습니까?

► 유대 역사가 .... 의 저작들을 통해 알 수 있다.

나) 헤롯 왕 앞에서 춤을 춘 '헤로디아'의 딸은 왕에게 세례자 요한의 머리를 요구했습니다(마 14:8). 성경에는 기록되지 않았지만 요세푸스는 아래 두 사람의 이름을 알려주고 있습니다.

ㄱ) 왕의 이름은 헤롯 .... 이며 (성경은 단지 헤롯이다)

ㄴ) 헤로디아의 딸의 이름은 .... 이다. (마 14:6~11)

3) 성경이 오류가 없는 하나님의 말씀이라는 증거를 고고학적 발견 및 성경 이외의 고대 문서에서 찾을 때, 이를 가리켜 성경이 오류가 없는 하나님의 말씀이 되는 외적 증거라고 합니다.

왼쪽의 고고학적 발견과 관련된 성경 말씀을 바르게 연결하십시오.

5. '자크 드 모르강' (Jacques de Morgan, 프)은 1894년, 상 이집트 '베니하산' (Beni Hasan)에서 애굽 사람과는 확연히 다른 37명의 셈족 계통의 사람들이 지도자를 따라 애굽으로 들어가는 천연색 벽화를 발견했다.

▲ 에블라 점토판

6. by NebMaatRa, 2008, Wikipedia (좌)

by Roland Unger, 2004, Wikimedia (우)

7. 「유대 전쟁사」는 AD 79년에, 「유대고대사」는 AD 93년에 완성되었다.

참고로 신약성경 가운데 가장 늦게 기록된 「계시록」은 AD 95년경에 기록되었다.

〈 해 답 〉

1. 1) 다) 고모라
2) 가) 요세푸스
나) ㄱ) 안티파스
ㄴ) 살로메

가) 양피지 두루마리 ㉠ 마 27:13
나) 릴란드스 ㉡ 렘 38:1
다) 빌라도의 비문 ㉢ 딤후 4:13
라) 그다랴와 유갈의 점토 인장 ㉣ 요 20:31

✔ **'요세푸스'의 「유대 고대사」 가운데 그리스도와 관련된 내용**

> "빌라도가 우리 가운데 지도자격인 사람들의 제안으로 그를 십자가형에 처했을 때, 처음에 그를 사랑했던 사람들은 그를 버리지 않았다. (중략) 그가 죽은 지 사흘째 되는 날 그들 앞에 나타났기 때문이다. 그의 이름을 따라서 그리스도인이라 불리는 사람이 지금도 존재한다."

✔ **'타키투스'의 「연대기」 가운데 그리스도와 관련된 내용** [8)]

> "네로는 이미 배덕한 행위로 시민들의 증오를 받고 있던 기독교 신자들에게 혐의를 씌우고 이들을 잔인하게 처벌하기로 결정했다. 이들이 좇는 소위 그리스도는 (중략) 본디오 빌라도에 의해 처형된 인물이다."

(신약성경의) 신속한 기록

성경이 역사적으로 정확하고 오류가 없는 하나님의 말씀이 될 수 있었던 것은 구전으로 전승된 기간이 짧고 신속하게 문자로 기록되어 실제의 사건을 있는 그대로 후대에 전할 수 있었기 때문입니다.

2. 대표적 불경인 법화경과 우리나라를 대표하는 역사서인 삼국사기의 예를 들어 신약성경이 얼마나 신속하게 기록되었는지를 배우도록 하겠습니다.

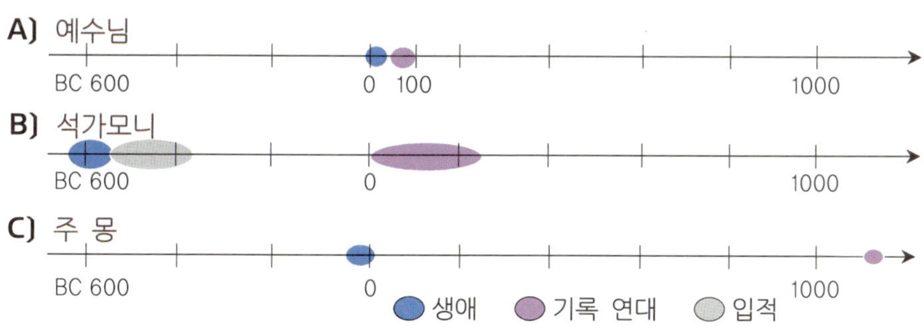

A) 최초의 신약성경은 예수님 부활 승천 후, 약 25년 후에 기록됨
B) 대승불교를 대표하는 법화경은 불멸 후, 400~500년 후에 기록됨 [9)]
C) 주몽에 대한 일대기는 그가 죽은 후, 약 1,100년 후에 기록됨

1) 신약성경과 곧잘 비교되는 법화경(法華經)이란 불경은 석가모니 사후 몇 년 후에 기록되기 시작했습니까? ► 약 .... 년 후

8. 타키투스(Tacitus, 55 ? ~ 117 ?), 로마의 역사가
로마 황제 네로는 자신에게 혐의가 있는 로마의 대화재(AD 64년)의 원인을 그리스도인에게 전가했다.

9. 대승불교를 대표하는 법화경은 28품(品)으로 되어 있는데 모두 저자 미상이며 AD 1 ~ 3세기에 기록되었다.

▶ 예수님 생애
(BC 6 ? ~ AD 30 ?)
신약성경: AD 50 ~ 95

▶ 석가모니 탄생(?)
입적(BC 543 ? ~ BC 386 ?)/ 법화경: AD 1~3 세기

▶ 주몽 생애
(BC 58 ? ~ AD 19)
삼국사기: AD 1145

〈 해 답 〉

1. 3) 가) ㉢ 나) ㉣
다) ㉠ 라) ㉡
2. 1) 400~500

10. 고구려의 시조인 동명성왕(주몽)은 BC 1세기 때의 인물로 그의 전기는 고려시대 김부식이 쓴 삼국사기의 '고구려 본기'에 약 1250자(한자) 기록되었다.

11. 모든 성경의 원본은 존재하지 않으며, 요한복음은 AD 80년대 말 ~ 90년대 초에 기록되었다.

12. Francesco Hayez (1791-1882, 이)

13. 많은 제자들이 살아있는데 예수님의 사역과 가르침과 부활을 거짓말로 꾸며대는 것은 위험천만한 일이다.

14. 예수님 당시의 평균 수명은 45세 미만이었다.

고린도전서는 AD 54년에 기록된 것으로 알려졌다.

〈 해 답 〉

2. 2) 1,100
   3) 25
   4) 사실이 왜곡되지 않았다.
3. 1) 가) 사본
      나) 130
   2) 70
   3) 가) ~ 나) 위 설명 참고

2) 주몽이 활동하던 때와 삼국사기가 기록된 때는 얼마간의 시간적 간격이 있습니까? [10] ► 약 .... 년 이상

3) 신약성경은 십자가 사건 후, 몇 년 후에 기록되기 시작했습니까?
► 약 .... 년

4) 신약성경이 불경, 삼국사기와 달리 신속하게 기록됨으로써 독자들에게 어떤 점에서 신뢰를 줍니까? ....

3. 신약의 기록 연대를 추정할 수 있는 몇 가지 기준에 대해 알아보겠습니다.

1) 방사성 동위원소로 릴란드스와 같은 성경 사본(copy)의 연대를 측정함으로써 신약성경이 얼마나 빨리 기록되었는지를 알 수 있습니다.

가) 릴란드스 요한복음은 원본(original)입니까? 아니면 사본입니까? [11]
.... (본과 첫 페이지를 참고)

나) 릴란드스가 AD 130년 전후의 것이라면 요한복음은 늦어도 언제 기록되었겠습니까? ► AD .... 년 이전

✔ 성경 필사본 특히 바울 서신들은 교회에서 회람되었는데(골 4:16), 릴란드스가 이집트에서 발견되었다는 것은 필사본 요한복음이 팔레스타인 혹은 이집트에서 읽혀졌음을 의미합니다.

2) 역사적 사건을 통하여 성경의 기록 연대를 추정할 수 있습니다.
예를 들어, 로마는 AD 70년에 예루살렘 성전을 파괴했지만 신약성경은 파괴된 예루살렘에 대해 침묵하고 있습니다. 그렇다면 신약성경은 대체로 언제 기록 되었겠습니까?

▲ 예루살렘 성전 파괴 [12]

► AD .... 년 이전 (요한복음, 계시록은 제외)

3) 성경의 내용을 통하여 신약성경이 기록된 연대를 추정할 수 있습니다.

가) 예수님의 부활이 부정할 수 없는 사실임을 어떻게 알 수 있습니까?
.... (고전 15:6) [13]

나) 바울 사도는 고린도 교회 성도들에게 예수님의 부활을 목격했던 대다수의 제자들이 아직도 살아있다고 증언하고 있습니다. 예수님의 공생애 때에 12제자의 나이를 25~30세로 가정할 때, 고린도 전서는 대략 언제 기록되었겠습니까? [14]

► AD .... 년 전후 (십자가의 죽음, 대략 AD 30년)

수많은 성경 사본들

어떤 사람들은 성경이 신속히 기록되었을지라도 성경을 필사하는 과정에서 내용상의 변형이 있지 않았을까 우려합니다. 그러나 연속된 수많은 성경 사본들은 그 내용이 얼마나 정확히 전승되었는지를 가늠하게 합니다.

4. 최초로 기록된 성경을 '원본'이라 하며, 성경의 내용을 보존하거나 전파하기 위해 파피루스나 동물의 가죽인 피지(皮紙)에 손으로 베껴 만든 책을 '필사본'(筆寫本)이라 합니다. 필사본의 발달은 성경의 내용을 정확히 보존하고 전승하는데 중요한 역할을 했습니다.

1) 고대에는 종이가 발명되지 않아 파피루스나 피지에 글을 썼습니다.[15]

가) 아래 그림에서 파피루스와 피지를 구분하십시오. (㉠, ㉡ 중에서)

[16] ㉠

[17] ㉡

ㄱ) 파피루스(papyrus) : (   )

ㄴ) 피지(parchment) : (   )

나) 둘 중에서 어느 것이 먼저 개발되었습니까? (   )

다) 둘 중에서 어느 것이 질기고 보존성이 좋습니까? (   )

라) 둘 중에서 어느 것이 싼 값에 유통되었습니까? (   )

✔ **파피루스:** 파피루스는 지중해 연안의 습지, 특히 이집트 나일 강의 하류 지역에서 1~2m 크기로 자라는 둔한 삼각형 모양의 줄기를 가진 다년생 식물입니다. 파피루스 줄기의 겉껍질을 제거하고 속대를 얇게 쪼개어 종과 횡으로 놓은 후에 무거운 물건을 올려놓으면 자체의 진액으로 접착이 되며, 말려서 광택을 내어 종이로 사용했습니다.[18]

✔ **피지:** 기원전 5세기부터 송아지나 양과 염소의 가죽에서 털을 뽑고 석회로 소독한 후에 무두질을 하여 사용했으며, 양피지가 일반적으로 많이 사용되었습니다. 피지는 파피루스의 결점인 내구성을 개선했으나 비싸고 부피가 크며 무거운 단점이 있었습니다.

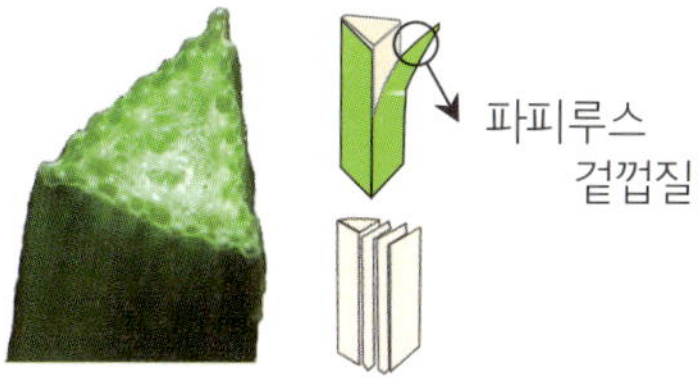

▲ 파피루스

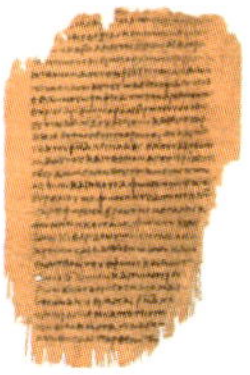

▲ 책자 모양

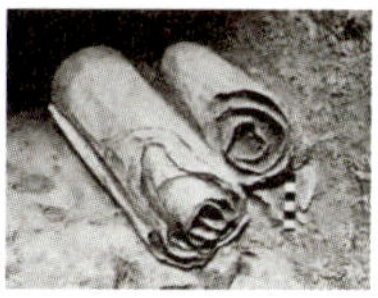

▲ 두루마리 모양

15. 파피루스는 BC 3천 년 경부터 이집트에서 사용되었는데 주로 한쪽 면에만 기록했다.

처음에는 두루마리 형태로 사용되었으나 책자 형태로 만들어진 것은 AD 1세기 초부터이다.

16. by Forest & Kim Starr, 2007, Wikimedia

17. by Michal Maňas, 2007, Wikimedia

18. 파피루스는 BC 25 ~ 30세기부터 종이로 만들어 사용했다.

파피루스에서 종이(paper)라는 단어가 유래됐으며 파피루스에 기록된 책(biblion, 헬)에서 바이블(bible, 영)이란 단어도 유래했다.

▲ 나일 강의 여신 Hapy (좌, lotus; 우, papyrus) by Jeff Dahl, 2008, Wiki-media

〈 해 답 〉

4. 1) 가) ㄱ) ㉠
ㄴ) ㉡
나) ㉠ 다) ㉡
라) ㉠

2) 로마 감옥에 갇혀있던 바울은 디모데에게 다음과 같은 부탁을 했습니다.

> "네가 올 때에 내가 드로아 가보의 집에 둔 겉옷을 가지고 오고 또 **책**은 특별히 **가죽 종이**에 쓴 것을 가져오라" (딤후 4:13)

가) 바울의 편지에서 언급된 **책**은 신약입니까? 아니면 구약입니까? 그리고 성경 원본입니까? 아니면 성경 사본입니까?

.... 성경으로 .... 이다.

나) **가죽 종이**에 쓴 것은 '파피루스'입니까? 아니면 '피지'입니까?

.... (parchment)

다) **책**은 '책자'(codex)입니까? 아니면 '두루마리'(scroll)입니까?

........................[19]

▲ 스크롤 ▲ 코덱스

✔ 두루마리 성경은 오직 한 면에, 코덱스는 양면에 필사했습니다.

5. 신구약 성경은 발견된 사본의 필사 연대가 대단히 빠를 뿐만 아니라 발견된 사본의 수도 많기 때문에 원본 성경이 정확하게 전승되었음을 알 수 있습니다.

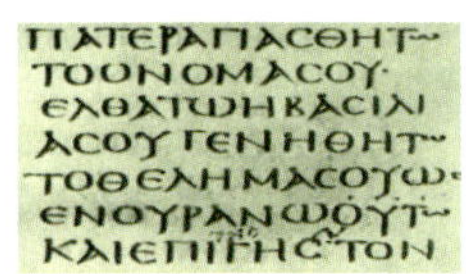

▲ 사해 사본(상), 시내산 사본(하)

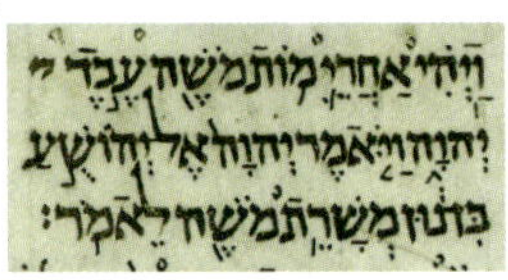

◀ 알레포 사본(좌) 레닌그라드 사본(우)

성 경	사본의 종류	기록 연대	모양	특징
구약 사본	사해	BC 3세기~AD 1세기	스크롤	모음없음/ 가장 오래된 구약
	알레포[20]	AD 930년경	코덱스	맛소라/ 모세오경 등 소실
	레닌그라드	AD 1008년	코덱스	맛소라/ 구약 전체가 보존
신약 사본	시내산[21]	AD 4세기	코덱스	신약 전체 보존 (구약 포함)
	바티칸	AD 4세기	코덱스	신약 일부 없음 (구약 포함)

1) 위 그림과 표를 보고 신구약 성경의 사본에 대한 질문에 답하십시오.

가) 아래 사본들을 스크롤과 코덱스로 구분하십시오.

ㄱ) 사해 사본: .... ㄴ) 시내산 사본: ....

나) 아래 사본 가운데 신약성경 사본인 것은 무엇입니까? (　　)

ㄱ) 사해 ㄴ) 시내산 ㄷ) 알레포 ㄹ) 레닌그라드

다) 구약성경 사본은 전문적인 필사자들이 성경을 옮겨 쓰고 보존했기 때문에 미세한 오류조차도 거의 없었는데 그들의 직업을 무엇이라

19. 파피루스나 피지는 모두 두루마리 혹은 책자 형식으로 만들었다.

오늘날의 책과 비슷한 형태인 코덱스는 AD 1세기경에 만들어졌는데, 성경이 코덱스에 기록되기까지는 상당한 시간이 흘렀다.

20. 1947년 UN이 팔레스타인에 이스라엘 나라를 승인하자 시리아에서 폭동이 일어났고, 시리아 알레포 회당에 보관된 사본의 일부가 소실되었다.

21. 우리가 사용하고 있는 신약성경은 결정적으로 시내산 사본과 바티칸 사본의 도움을 받았다.

〈 해 답 〉

4. 2) 가) 구약, 사본
나) (양)피지
다) 두루마리

5. 1) 가) ㄱ) 스크롤
ㄴ) 코덱스
나) ㄴ)
다) 서기관

합니까? [22] .... (마 2:4)
(서기관 : teacher of the law, scribe, secretary)

✔ 유대인들은 자음만이 거룩한 글자라고 생각했기 때문에(히브리어는 원래 자음만 있고 모음은 없었다), 예수님 당시의 성전이나 회당에서는 히브리어 자음만 있는 두루마리 성경이 사용되었습니다.[23] 그런데 모음이 없는 글을 읽기란 매우 어려웠기 때문에 회당마다 '바알 크리아'(baal kriyah)라는 읽기 전문가가 있었습니다.

유대인들은 예루살렘 성전이 무너진 이후 오랫동안 이방인들의 지배를 받게 되자, 후손들이 자음만 있는 히브리 성경을 읽을 수 없게 되지 않을까 하는 두려움이 생겼습니다. 그래서 AD 500년경 이후, 히브리 성경 읽기 전통을 계승하기 위해 일단의 유대교 학자들이 자음만 있는 히브리어에 모음과 악센트 등을 붙이기 시작했습니다. 이들 학자들을 맛소라 학자라 하며, 모음 등이 붙은 성경을 맛소라 성경이라 합니다.

בְּרֵאשִׁית בָּרָא אֱלֹהִים
אֵת הַשָּׁמַיִם וְאֵת הָאָרֶץ׃

▲ (모음이 붙은) 맛소라 성경 [24]

בראשית ברא אלהים
את השמים ואת הארץ׃

▲ (자음만의) 히브리 성경

라) 아래 구약성경 사본 중에 맛소라 성경은 무엇입니까? (   )
ㄱ) 성전에서 사용한 성경   ㄴ) 회당에서 사용한 성경
ㄷ) 사해 사본   ㄹ) 알레포 사본(앞 페이지 그림 참고)

2) 가장 오래된 사본의 연대가 원본이 쓰인 시기에 가까울수록, 원본의 내용을 정확히 전승하고 있습니다.
헤로도토스의 저서인 '역사'와 '신약성경' 중 어느 것이 원본의 내용을 정확하게 전승할 가능성이 크겠습니까? (   ) [25]

사본 종류	원본이 쓰인 시기	가장 오래된 사본의 연대
역 사	BC 488~428	AD 900
신약성경	AD 50~100	AD 130

3) 이슬람은 AD 7세기에 만들어진 자신의 경전인 코란이 하나님의 계시를 구약성경보다 정확하게 전승하고 있다고 주장했습니다. 그런데 1947년에 쿰란 동굴에서 발견된 이사야서 사본(BC 1세기)은 레닌그라드 사본(AD 11세기)의 이사야서와 정확히 일치했습니다.
이와 같은 사실을 성경이 하나님의 말씀이라는 외적 증거와 관련하여 설명하십시오. ....

22. 신약 사본은 전문적인 필사자들이 옮겨 쓰지 않았기 때문에 구약의 사본보다 정확도가 뒤지나 내용과 메시지에는 오류가 없다.

23. 지금도 회당에서는 자음만 기록된 두루마리 성경만을 사용한다.

24. אֱלֹהִים
모음(○) 부호가 붙으면 맛소라 사본이다. (엘로힘으로 읽는다.)

25. Herodotos (BC 484 ? ~ BC 425 ?)
서양 역사의 아버지로 그의 저서 「역사」(BC 431 ~ BC 425)는 페르시아 전쟁사를 다루고 있다.

〈 해 답 〉
5. 1) 라) ㄹ)
2) 신약성경
3) 생략

26. by Super Jew, 2012, Wikimedia(좌)

by seetheholyland, 2009, flickr(우)

27. AD 2세기경에 기록된 유다복음은 유다가 예수님을 배반한 것이 실제로는 예수님의 명령이었다는 내용을 담고 있다.

1980년에 발견된 유다복음은 AD 3 ~ 4세기의 필사본이다.

28. AD 1세기 후반에 기록된 도마복음은 예수님의 역사적인 행적은 없고 영지주의적인 가르침만 있다

1945년, 이집트 나그 하마디에서 발견된 것은 AD 4세기 중엽의 필사본이다.

29. 가톨릭은 구약 46권, 신약 27권, 총 73권이 정경이다. (외경 7권 포함)

쿰란 지역 전경(좌)[26] ▶
(멀리 염해가 보임)

필사본을 담은 항아리(우) ▶

✔ 쿰란 공동체(에세네파) 사람들은 AD 70년에 예루살렘을 점령한 로마군이 쿰란 지역으로 올 것을 대비하여 유대 베들레헴으로 피신하면서 성경 사본을 (쿰란) 동굴에 숨겼습니다.

(신약성경의) 정경화

예수님의 재림이 지연되고 사도들이 죽자 영지주의자, 신비주의자, 금욕주의자, 종교적 체험을 중시하는 열광주의자, 기타 거짓 이단들이 자신들의 가르침을 정당화하기 위해 사도들의 이름을 빌어 성경을 위조하거나 변질시켰으며 새로운 경전을 만들기도 했습니다. 또한 어떤 이단들은 성경에 등급을 매기고 특정 성경만을 신앙의 표준으로 삼아, 특정한 성경을 자신들이 속한 교단의 결속을 강화하는데 사용하기도 했습니다.

한편 지역교회는 저마다 자신들이 중요하다고 생각된 성경만을 받아들이는 폐단이 있었기 때문에 정경화 작업은 초대 교회가 직면한 과제였습니다.

✔ **영지주의**(Gnosticism, 靈知主義): 구원이란 예수 그리스도의 대속과 상관없이 그가 전해준 신령한 지식을 깨달음으로써 물질세계를 탈출하는 것이라고 믿었으며, '도마복음'과 '유다복음'은 대표적인 영지주의 문서입니다.

마르시온(Marcion, AD 85 ? ~ 160 ?): 영지주의적 관점에서 구약의 하나님은 폭력과 보복의 신이라고 하면서 구약의 율법과 유대교의 전통을 철저히 배척했으며, 신약성경 중에서도 누가복음과 바울서신만을 받아들였습니다.

에비온파(Ebionism): AD 1 ~ 2세기, 구약의 율법과 유대교의 전통을 중시하는 유대 율법주의자들의 모임으로 마태복음 이외의 모든 복음서를 거부했습니다.

6. 이와 같은 상황에서 초대교회는 정경화 작업을 서두르게 되었는데, 기독교는 AD 90년 유대교가 얌니아 회의에서 정경으로 결정한 구약 39권과 AD 397년 카르타고 공의회에서 정경으로 결정한 신약 27권, 총 66권을 교회의 유일하고 절대적인 정경(正經, Canon)으로 인정하고 있습니다.

▲ 유다복음서[27]

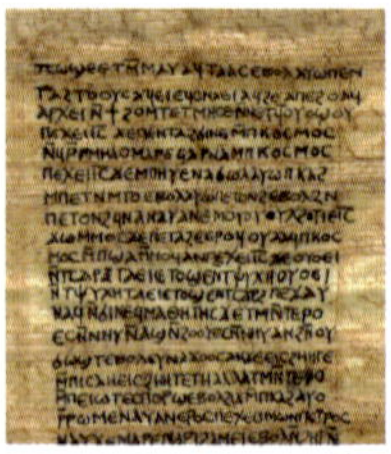

▲ 도마 복음서[28]

1) 다음 내용을 읽고 바르게 연결하십시오.

가) 정경(正經) ㉠ 출처가 분명하지 않은 위조된 경전
나) 외경(外經) ㉡ 연구 가치가 있지만 권위가 의심스러운 경전
다) 위경(僞經) ㉢ 하나님의 감동으로 기록된 교회의 절대 규범

2) 신구약 성경이 우리에게 전해진 과정을 바르게 나열하십시오.

가) 각 나라의 언어로 옮겨진 번역본들 나) 필사된 성경 사본들
다) 하나님의 계시와 성령의 영감 라) 필사된 성경 원본
마) 같은 언어의 새로운 버전들(versions) 바) 정경화(正經化) 과정

► (다) ⇒ (   ) ⇒ (   ) ⇒ (바) ⇒ (   ) ⇒ (마)

✔ 로마의 디오클레티아누스(Diocletianus, 재위, AD 284 ~ 305년) 황제는 성경을 압수하여 불태우는 등 교회를 박해하였기 때문에 교회는 진정한 하나님의 말씀을 보존하기 위해 정경화를 가속화했습니다.

3) 다음 설명을 읽고 ○, ×로 답하십시오.

가) 개신교회는 아프리카 '카르타고' 종교회의(AD 397년)에서 결정한대로 27권만을 신약성경으로 받아들이고 있다. (   ) [29)]

나) 성경이 정경이 되기 위해서는 사도들 혹은 그들과 밀접한 관계에 있는 사람들에 의해 기록되어야 했다. (   ) [30)]

다) 성경이 정경이 되기 위해서는 그 내용이 많은 교회들에서 일반적으로 받아들여지고 있어야 했다. (   ) [31)]

라) 성경이 정경으로 받아지기 위해서는 신구약 성경 모두 예수 그리스도의 십자가의 구속과 상충되어서는 안 되었다. (   ) [32)]

마) 성경 66권이 정경이 된 것은 교회의 권위로 정경으로 선택됐기 때문이다. (   )

바) 1945년 이집트 '나그 하마디'(Nag Hammadi)에서 발견된 도마복음은 초대교회에서 많이 읽혀져 한때 정경으로 인정되었다. (   ) [33)]

사) 유다 복음서는 초대 교회 때부터 이단 문서로 알려졌다. (   )

29.
개신교 - 구약, 39권
신약, 27권
가톨릭 - 구약, 46권
신약, 27권

30. 사도성이라 한다.

31. 보편성이라 한다.
성경을 필사하던 시대에 교회마다 사용하던 경전이 달라 신앙의 보편성과 통일성에 장애가 되기도 했다.

32. 정통성이라 한다.

33. 1945년 12월 나일 강 상류에서 콥트어로 된 도마 복음 전체가 발견되었는데, 초대 교회 때부터 영지주의적인 내용 때문에 이단시 되었다.

〈 해 답 〉

6. 1) 가) ㉢ 나) ㉡ 다) ㉠
2) 라), 나), 가)
3) 가) ○ 나) ○ 다) ○ 라) ○ 마) × 바) × 사) ○

중심 내용 되씹기

1. 코덱스로 만들면 양면 기록이 가능하다.

1. 성경이 정확 무오한 하나님의 말씀이라는 외적 증거는 역사성과 정확성에서 찾을 수 있는데, 성격이 다른 항목은 무엇입니까? (　　)
   가) 신속한 기록　　나) 고고학적 발굴을 통한 유물들
   다) 오래된 수많은 사본들　　라) 주제의 통일성

2. 신약 성경이 언제 기록되었는지를 판별할 수 있는 중요한 사건과 관계없는 것은 무엇입니까? (　　)
   가) 예루살렘 성전 파괴　　나) 릴란드스
   다) 예수 그리스도의 죽음과 부활　　라) 사해 사본

3. 성경을 기록했던 피지와 파피루스에 대한 설명에 ○, ×로 답하십시오.
   1) 파피루스나 피지로 두루마리 성경을 만들면 양면 기록이 불가능했다. (　　)[1)]
   2) 파피루스는 피지보다 먼저 사용되었다. (　　)
   3) 구약은 파피루스에 적어 두루마리로 만들었고 신약은 피지에 기록하여 코덱스로 만들었다. (　　)

4. 1947년 쿰란 동굴에서 발견된 사해사본에 대한 바른 설명은 무엇입니까? (　　)
   가) 고대 성경 사본 가운데 가장 오래된 신약성경 사본이다.
   나) 바리새파가 쿰란 공동체를 이루면서 필사했던 성경이다.
   다) 사해 사본 가운데 가장 유명한 것은 이사야서 필사본이다.
   라) 사해 사본은 현재 사용하는 성경이 정확히 전승되었음을 보여준다.

5. 정경화와 관련된 초대 교회의 상황에 대한 질문에 답하십시오.
   1) 정경화가 필요했던 역사적인 상황과 거리가 먼 것은 무엇입니까? (　　)
      가) 예수님의 재림의 지연과 사도들의 죽음
      나) 사도들의 가르침과 동떨어진 다양한 분파의 출현
      다) 부정확한 성경 필사본들을 걸러내기 위한 노력
      라) 성경에 등급을 매기거나 자신의 분파를 위한 새로운 경전 제작
   2) 신약성경의 정경을 결정하는 기본 조건을 바르게 연결하십시오.
      가) 정통성　　▪ ㉠ 사도와 속사도들의 기록
      나) 보편성　　▪ ㉡ 많은 교회에서 일반적으로 사용
      다) 사도성　　▪ ㉢ 십자가의 죽음과 부활을 증언
   3) 초대 기독교의 안정적 성장에 가장 위협적이었던 영지주의 이단 사상은 정경화를 촉진시켰는데, 영지주의에 대한 다음 설명을 완성하십시오.

〈 해 답 〉

1. 라)
2. 라)
3. 1) ○ 2) ○ 3) ×
4. 다), 라)
5. 1) 다)
   2) 가) ㉢　나) ㉡
   다) ㉠

가) 동서양의 종교와 철학이 혼합되어 만들어진 영지주의는 인간의 구원은 예수 그리스도의 십자가의 ( )과는 무관하며 그노시스(gnosis), 곧 ( )를 깨달음으로써 온다고 주장합니다. [2)]

나) 요한 사도는 그리스도께서 ( )로 오신 것을 부인하는 자를 미혹하는 자 혹은 ( ) 그리스도라고 했는데(요이 1:7), 대표적 영지주의 문서인 ( )복음은 예수님의 삶을 조금도 기록하지 않았고, 도마복음과 함께 또 다른 영지주의 문서인 ( )복음은 예수님의 십자가의 죽음과 부활을 기록하지 않았습니다. [3)]

나눔 그리고 기도의 시간

1. 신약성경은 다른 어떤 종교의 경전에 비해 신속하게 기록됨으로써 예수 그리스도의 사건을 정확하게 전승해주고 있습니다.

   대표적 불경인 법화경, 화엄경, 열반경은 석가모니 부처의 열반 후 얼마 만에 기록되었는지 조사하여 나눔의 시간을 갖습니다.

2. 당신이 그리스도인이 된 것은 사도들과 속사도들이 기록한 성경을 성령의 조명 아래 믿었기 때문입니다.

   당신이 하나님을 경험했던 사건을 성령의 감동 아래 기록하여 보관하도록 하십시오. 자손들 역시 당신이 만난 하나님을 경험하게 될 것입니다.

3. 사해 사본, 시내산 사본, 알레포 사본 등이 발견되기까지의 숨겨진 이야기를 서적, 인터넷 등에서 찾아보고 소그룹에서 발표하는 시간을 갖습니다.

4. 당신은 오래 사용하여 닳고 찢어져 사용하기 어려운 성경을 어떻게 보관하고 있습니까?

   유대인들은 성경을 한 인격으로 생각하여 사람처럼 대우합니다. 당신은 예배용 성경을 어떻게 보관하고 있습니까?

게니자 [4)] ▶

✔ 유대인들은 수명이 다한 성경 사본을 쓰레기통에 버리거나 불에 태우지 않고 인격적으로 대우하여 토라의 공동묘지에 해당하는 '게니자'(Genizah, Gni-za)라는 곳에 보관합니다. 그래서 게니자는 고대 사본의 보고입니다.

2. 그노시스(헬)는 깨달음, 인식이라는 뜻으로 영지(靈知)로 번역된다.

깨달음으로 구원이 온다는 구원파에 속하는 '기쁜소식 선교회'의 이단성을 주목하라.

3. 영지주의자들은 깨달음으로 구원을 받는다고 믿었기 때문에 예수님의 탄생, 죽음, 부활 등에 관심이 없었다.

4. by ישר וד, 2005, Wikimedia

게니자는 'a hiding place' 라는 뜻이다.

〈 해 답 〉

5. 3) 가) 죽음, 영지
   나) 육체, 적, 도마, 유다

제 14 과　예수 그리스도와 성경

◀ 하나님의 감동으로 기록된 성경 [1]

"너희가 성경에서 영생을 얻는 줄 생각하고 성경을 연구하거니와 이 성경이 곧 내게 대하여 증언하는 것이니라" (요 5:39)

태초에 하나님께서 말씀으로 천지를 창조하실 때(창 1장), 예수님께서는 하나님과 함께 하셔서 창조에 동참하셨습니다. [2]

하나님께서는 아담에게 창조 세계 가운데 에덴동산을 보존하도록(창 1:28, 2:15) 분부하셨는데, 아담의 타락으로 말미암아 그의 후손들은 물론 모든 피조물이 탄식하며 고통을 당하게 되었습니다(롬 8:22). 예수님께서는 아담의 후손들을 포함한 모든 피조물을 회복 곧 구원하시기 위해 성육신하셨는데, 특별히 자신을 영접한 이들에게 회복된 하나님의 창조 세계 곧 '하나님의 나라'를 상속하기 위해 십자가에서 죽으시고 부활하셨습니다. [3]

성경은 전체적으로 위와 같은 핵심 주제를 담고 있는데, 예수님께서는 자신이 초림하시기 전에 기록된 구약성경 역시 자신에 대한 증언이라고 말씀하심으로써(요 5:39) 신구약 성경은 예수 그리스도에 대한 증언임을 알 수 있습니다.

예수님께서는 구약성경을 하나님의 말씀으로 받았다.

1. 예수님께서는 기록된 구약성경을 창조주 하나님의 권위 있는 말씀으로 받았을 뿐만 아니라 인격적인 존재로 받았습니다.

   1) 예수님께서는 마귀의 시험에 맞서 구약을 인용하셨는데, 가)~다)의 마귀의 시험을 물리치기 위한 ⬚ 안의 말씀을 바르게 연결하십시오.

      가) "이 돌들로 떡덩이가 되게 하라" (　　)
      나) "성전 꼭대기에서 뛰어내리라" (　　)
      다) "내게 엎드려 경배하면 이 모든 것을 네게 주리라" (　　)

      ㄱ) "주 너의 하나님을 시험하지 말라" (신 6:16)
      ㄴ) "주 너의 하나님께 경배하고 다만 그를 섬기라" (신 6:13)
      ㄷ) "하나님의 입으로부터 나온 모든 말씀으로 살 것이라" (신 8:3)

1. by Ryk Neethling, flickr & pixabay

2. 요 1:2, 3, 히 1:2, 11:3

3. 마 25:34, 롬 8:17, 히 1:14, 계 21:7

〈 해 답 〉

1. 1) 가) ㄷ)
나) ㄱ)
다) ㄴ)

4. 루하흐(ruach, 히)는 성령, 호흡, 생기, 생명 등으로 번역되었다. 신약에서는 프뉴마(헬)로 번역된다.

5. 아브라함 – 마 8:11
엘리야 – 마 11:14
노아 – 마 24:37

2) 예수님께서는 구약성경을 지금 인격적으로 살아 계시는 창조주 하나님의 말씀으로 받았는데, 공통적으로 들어갈 단어는 무엇입니까?

가) "예수께서 대답하여 이르시되 ( ) 되었으되" (마 4:4)

나) "예수께서 이르시되 또 ( ) 되었으되" (마 4:7)

다) "예수께서 말씀하시되 . . . ( ) 되었으되" (마 4:10)

3) 성경에 하나님의 권위와 인격이 담긴 이유는 다음과 같습니다.

가) 모든 성경은 하나님의 ( )으로 되었기 때문입니다. (딤후 3:16)

나) 예언된 성경 말씀은 성령의 ( )하심을 받은 사람들이 하나님께 받아 기록했기 때문입니다. (벧후 1:21)

> "하나님께서 ... 사람을 지으시고 그 코에 **생기**를 불어넣으셨다" (창 2:7)
> "모든 성경은 하나님의 **감동**으로 기록되었다" (딤후 3:16)
> **생기**와 **감동**은 하나님의 호흡이란 뜻으로 성령과 같은 단어이다.[4)]

예수님께서는 구약성경을 다양하게 활용하셨다.

2. 성자 예수님께서는 자신에게 하나님의 권위가 있음에도 불구하고 이미 기록된 (구약)성경을 성부 하나님의 인격적 말씀으로 받아들여 하나님 나라의 사역을 위해 다양하게 활용하셨습니다.

1) 예수님께서는 구약성경의 인물들의 삶과 증언을 자주 인용하셨는데, 아래의 말씀을 완성하십시오.[5)]

- "( )의 모든 영광으로도 입은 것이 이 꽃 하나만 같지 못하였느니라" (마 6:29)
- "제사장에게 네 몸을 보이고 ( )가 명한 예물을 드려 그들에게 입증하라 하시니라" (마 8:4)
- "음란한 세대가 표적을 구하나 선지자 ( )의 표적 밖에는 보일 표적이 없느니라" (마 12:39)

2) 예수님께서는 기록된 구약성경을 인용하여 다양하게 활용하셨는데, 각 말씀은 어떤 경우에 해당한지 성경을 찾아보고 ㉠~㉦으로 답하십시오.

㉠ 대적들과의 토론		㉡ 시험을 받을 때
㉢ 제자들에 대한 가르침		㉣ 자신의 행위에 대한 변호
㉤ 대적에 대한 책망	㉥ 죽음 앞에서	㉦ 설교

가) "사람이 떡으로만 살 것이 아니요 하나님의 입으로부터 나오는 모든 말씀으로 살 것이라" (마 4:4, 신 8:3) : ( )

〈해 답〉

1. 2) 가) ~ 다) (구약성경에) 기록
3) 가) ~ 나) 감동
2. 1) 솔로몬, 모세, 요나
2) 가) ㉡

나) "누구든지 살인하면 심판을 받게 되리라 하였다는 것을 너희가 들었으나 나는 너희에게 이르노니 형제에게 노하는 자마다 심판을 받게 되고" (마 5:21~22, 출 20:13) : (　　)

다) "주의 성령이 내게 임하셨으니 이는 가난한 자에게 복음을 전하게 하시려고 내게 기름을 부으시고 . . . 주의 은혜의 해를 전파하게 하려 하심이라" (눅 4:18~19, 사 61:1~2) : (　　)

라) "너희는 가서 내가 긍휼을 원하고 제사를 원하지 아니하노라 하신 뜻이 무엇인지 배우라" (마 9:13, 호 6:6): (　　)

마) "이 백성이 입술로는 나를 공경하되 마음은 내게서 멀도다 . . . 나를 헛되이 경배하는도다" (마 15:8~9, 사 29:13): (　　)

바) "주께서 내 주께 이르시되 . . . 내 우편에 앉아 있으라 . . . 다윗이 그리스도를 주라 칭하였은즉 어찌 그의 자손이 되겠느냐" (마 22:44~45, 시 110:1): (　　)

사) "나의 하나님, 나의 하나님, 어찌하여 나를 버리셨나이까" (마 27:46, 시 22:1): (　　)

3) 하나님 말씀은 가감 없이 바르게 사용되어야 합니다.

"하나님이 참으로 너희에게 동산 모든 나무의 열매를 먹지 말라 하시더냐" (창 3:1)

위 □는 마귀가 여자에게 한 말인데, 당신이라면 마귀의 유혹에 어떻게 답변하겠습니까?

....

✔ 구약성경은 적어도 BC 1세기에 회당에서 읽기 쉽게 주제별로 문단을 나누거나 한 줄을 띄워서 사용했지만 지금과 같은 장과 절의 구분은 AD 16세기까지 기다려야 했습니다.

✔ 신약성경의 단락 구분은 AD 2~3세기부터 복음서를 중심으로 시작되었으며 스테파누스(Stephanus)는 1551년 스위스 제네바에서 신약성경을 절까지 구분하여 출판했습니다.

신구약 성경은 구원자 예수님을 증언한다.

3. 신구약 성경의 공통 주제가 하나님의 인간 구원이라면, 구약 성경은 오실 구원자를 증언하며 신약성경은 이미 오신 구원자를 증언합니다.[6)]

1) 구약 성경은 아브라함, 모세, 이사야 등과 같은 선지자들을 통해 오실 구원자이신 예수 그리스도에 대한 계시를 기록하고 있습니다.[7)]

6. 하나님의 나라는 하나님의 인간 구원이 구체화된 모습이다.

7. 계시(啓示, revelation)는 '열어 보여 준다'는 뜻이다.

〈 해 답 〉

2. 2) 나) ㉢　다) ㉦
라) ㉣　마) ㉤
바) ㉠　사) ㉥
3) 생략

가) 기원전 20세기경에, 오실 그리스도를 기쁨으로 증언한 선지자는 누구입니까?.................................... (요 8:56, 창 22:13)

나) 기원전 1,500년경에 구약의 오경을 통하여 오실 그리스도를 증언한 선지자는 누구입니까? [8] .... (요 5:46~47)

다) 기원전 8세기에, 오실 그리스도에 대해 예언한 유다왕국의 선지자는 누구입니까? [9] .... (사 7:14, 요 12:41)

라) 기원전 5세기에, 오실 그리스도를 예언한 구약의 마지막 선지자는 누구입니까?................................. (말 3:1, 마 11:10)

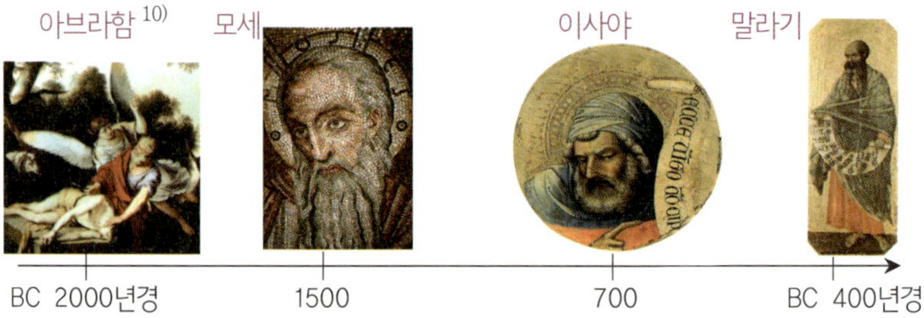

✔ 구약 = 모세 오경 + 역사서+ 선지서 + 성문서 [11]
신약 = 복음서 + 역사서(사도행전) + (바울)서신서 + 예언서(계시록)

마) 구약의 선지자들과는 달리, 예수님 당시의 유대인들이 구약(요 5:39)을 읽을 때에 예수님께서 메시야이심을 발견하지 못한 이유는 무엇 때문입니까?.. (고후 3:14~15, 4:3~4)

> "너희가 성경에서 영생을 얻는 줄 생각하고 성경을 연구하거니와 이 성경이 곧 내게 대하여 증언하는 것이니라" (요 5:39) [12]

2) 신약성경 역시 구약성경과 같이 (이미 오신) 구원자이신 예수님에 대한 증언을 기록하고 있는데, 질문에 답하십시오.

가) 예수님에 대해 다음과 같이 고백한 사도들은 누구입니까?

ㄱ) "주는 그리스도시니이다" (막 8:29): (　　　)

ㄴ) "보라 세상 죄를 지고 가는 하나님의 어린 양이로다" (요 1:29): (　　　)

ㄷ) "우리가 메시야를 만났다" (요 1:41): (　　　)

ㄹ) "나의 주님이시요 나의 하나님이시니이다" (요 20:28): (　　　)

ㅁ) "예수는 그리스도라" (행 18:5): (　　　)

나) 다음과 같이 4구분되는 신약성경은 예수님 및 그가 세우신 교회에

---

8. 민 21:9 (요 3:14~15), 신 18:15 (요 1:21), 눅 24:27, 히 11:24~26

9. 사 9:1~7, 42:1~9, 52:13~53장, 요 12:41

10. 아브라함, Laurent de La Hyre(1606 - 1656, 프)
모세, by The WB, 2008 Wikimedia
이사야, Lorenzo Monaco (1370 - 1425, 이)
말라기, Duccio (1260 - 1318, 이)

11. 성문서(聖文書) - 욥기, 시편, 잠언, 전도서

12. 구약성경을 말한다.

〈 해 답 〉

3. 1) 가) 아브라함
나) 모세
다) 이사야
라) 말라기
마) 생략
2) 가) ㄱ) 베드로
ㄴ) 요한
ㄷ) 안드레
ㄹ) 도마
ㅁ) 바울
나) ㄱ) ④ ㄴ) ②
ㄷ) ① ㄹ) ③

대한 증언인데, ㄱ)~ㄹ)에 대한 설명을 ☐에서 찾아 답하십시오.

ㄱ) 복음서(4권): (   ) ㄴ) 사도행전(1권): (   )

ㄷ) 서신서(21권): (   ) ㄹ) 예언서(1권): (   )

① 예수님께서 세우신 교회	② 예수 그리스도의 복음 전파
③ 예수님의 재림과 역사의 종말	④ 예수님의 생애

신구약 성경은 구원자의 위대한 사역을 담고 있다.

4. 구약이 그리스도(메시야)께서 성취하실 사역에 대한 약속이라면 신약은 그가 성취하신 또는 성취하실 위대한 사역을 기록하고 있습니다.[13)]

1) 구약성경은 그리스도께서 인류 구원과 하나님의 나라를 위해 행하실 위대한 사역을 예고하고 있습니다.

가) **세상 죄를 대신 지심**

"우리는 다 양 같아서 그릇 행하여 각기 제 길로 갔거늘 여호와께서는 우리 모두의 (   )을 그에게 담당시키셨도다" (사 53:6)

나) **사망의 그림자인 질병 등을 치유하시고 사망을 멸하심**

ㄱ) 사망의 그림자인 질병을 치유하심

- "그 때에 맹인의 눈이 (   ) 것이며 못 듣는 사람의 귀가 열릴 것이며, 그 때에 (   ) 자는 사슴과 같이 뛸 것이며" (사 35:5~6)
- "그가 채찍에 맞으므로 우리는 (   )을 받았도다" (사 53:5)

ㄴ) 사망을 멸하심

"만군의 여호와께서 이 산에서 만민을 위하여 ... (   )을 영원히 멸하실 것이라 . . . 모든 얼굴에서 눈물을 씻기시며" (사 25:6~8)

다) **영원한 하나님의 나라(천국)를 세우심**[14)]

"그의 나라는 영원한 (   )요 그의 통치는 대대에 이르리로다" (단 4:3)

2) 신약에 기록된, 예수님께서 성취하신 대표적인 사역은 다음과 같습니다. (위 구약성경과 비교하면서 답하십시오.)

가) 세상 (   )를 대신 지심 (요 1:29, 고후 5:21)

나) 사망의 그림자인 각색 (   )를 치유하시고 (마 11:5), 사망을 멸하심 (고전 15:26, 롬 6:23)

다) 성도들을 (   )한 (   )에 들어가게 하심 (벧후 1:11)

13. 구약에도 성취가 있고 신약에도 예언이 있지만, 성경을 구속사로 보면 구약은 약속이며 신약은 성취이다. 반복된 설명이지만 인류 구원이 구체화된 모습이 하나님의 나라, 곧 천국이다.

Randy Willis, 2011, flickr

14. 삼하 7:13, 7:16, 대상 17:14, 22:10, 시 45:6, 145:13, 사 9:7, 단 2:44, 6:26, 7:14

〈 해 답 〉

4. 1) 가) 죄악
나) ㄱ) 밝을, 저는 나음
ㄴ) 사망,
다) 나라
2) 가) 죄
나) 병자
다) 영원, 나라

중심 내용 되씹기

1. 시 42:5, 55:23, 사 53:4~6 등으로 'self talk'(자기 대화)를 하는 것도 좋다.

2. Tissot, 좌 2개
Ary Scheffer, 우

1. 신구약 성경은 예수님을 증언하고 있으므로, 그리스도인들은 성경을 통하여 그리스도를 바르게 알 뿐만 아니라 그와 인격적 만남이 있어야합니다.

"동산 각종 나무의 열매는 네가 임의로 먹되 선악을 알게 하는 나무의 열매는 먹지 말라 네가 먹는 날에는 반드시 죽으리라" (창 2:16~17)

"하나님이 참으로 너희에게 동산 모든 나무의 열매를 먹지 말라 하시더냐" (창 3:1)

"동산 중앙에 있는 나무의 열매는 하나님의 말씀에 너희는 먹지도 말고 만지지도 말라 너희가 죽을까 하노라 하셨느니라" (창 3:3)

"너희가 결코 죽지 아니하리라" (창 3:4)

□: 하나님 → 아담　□: 뱀(마귀) → 하와　□: 하와 → 뱀(마귀)

1) 하와는 하나님의 말씀을 어떻게 왜곡했습니까?

....

2) 뱀(마귀)는 하나님의 말씀을 어떻게 왜곡했습니까?

....

3) 성경은 한 사람으로 말미암아 죄가 세상에 들어왔다고 하며(롬 5:12), '아담의 범죄'(롬 5:14)를 말씀하고 있습니다. '마지막 아담'(고전 15:45)인 예수님은 마귀의 시험을 이기셨지만 아담은 어떤 잘못을 저질렀다고 생각하십니까? ....

2. 소그룹을 둘씩 나누어 한 사람은 유혹하는 마귀의 역할을 나머지 한 사람은 예수님의 역할을 함으로써 기록된 성경을 활용하는 시간을 갖습니다. [1)]

그림 가) [2)]

나)

다)

1) 그림 가) A (마귀) : ....
B (예수) : ....

2) 그림 나) A (마귀) : ....
B (예수) : ....

3) 그림 다) A (마귀) : ....
B (예수) : ....

〈 해 답 〉

1. 1) ~ 3) 생략

나눔 그리고 기도의 시간

▲ 어거스틴[4]

1. 하나님의 말씀인 성경은 성도들이 이 세상에서 어떻게 살아야 할 것인지를 제시하는 신앙생활의 표준입니다.

   당신에게 있어 성경은 무엇이라 말할 수 있습니까?

   당신은 기록된 성경을 인격으로 대접하고 있습니까? [3]
   (유대인들의 성경 사랑을 생각해 보시오. 예: 토라 포인터)

   당신은 성경을 언제 어디에서 어떻게 읽고 있습니까?

   당신은 성경을 어떻게 활용하고 있습니까?

2. 어거스틴(Augustinus, AD 354～430)은 AD 386년 이태리 밀라노의 어떤 정원 벤치에 앉아 있다가 아이들의 아래와 같은 노래 소리를 들었습니다.

   "집어 들고 읽으라 . . . (tolle lege)"

   그는 손에 집히는 대로 성경을 펴서 읽었는데, 그것은 로마서 13:13~14절 말씀이었습니다. 그는 이 말씀을 마음으로 받아들여 방탕한 생활을 청산하였고, 사도 바울 이후 가장 위대한 기독교 신학자가 되었습니다. [5]

   대부분의 사람은 의사의 진단을 신뢰합니다. 그런데 많은 성도들이 영혼을 진단하는 하나님의 말씀과 목회자의 권면을 쉽게 잊어버리는 이유는 무엇 때문입니까?

by Ryk Neethling, 2011, flickr

3. 
by Rama, Wikimedia

4. Botticelli (AD 1445–1510, 이)

5. 성경을 읽을 때, 어거스틴의 경우와 같이 무작위로 읽어도 좋은지 논의해도 좋을 것이다.

제 15 과 예수 그리스도의 복음서

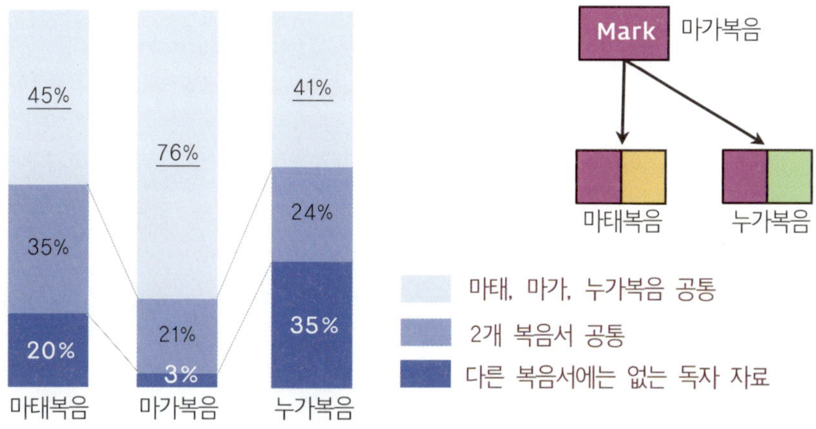

예수님께서는 자신의 생각과 활동을 글로 남기지 않으셨고 그의 제자들 역시 예수님의 가르침과 행적 그리고 죽음과 부활 등을 처음부터 기록할 의도가 있었던 것은 아니었습니다. 왜냐하면 제자들은 예수님의 분부대로 천국 복음을 전파하는데 목숨을 바쳤고, '이 세대가 지나가기 전에 이 일이 다 일어나리라'(막 13:30)는 예수님의 말씀을 문자 그대로 믿었기 때문입니다.

예수님의 신속한 재림을 믿었던 제자들은 예수님의 생애를 글로 남기기보다는 성도들의 신앙을 지도하기 위해 각 지역 교회에 편지를 썼습니다. 이와 같은 이유 때문에 신약성경에 남겨진 대부분의 바울의 서신 등은 복음서보다 먼저 기록되었습니다. [1)]

그런데 사도들이 점차 세상을 떠나고 그들의 생각만큼이나 예수님의 재림이 신속히 이루어지지 않자, 마태 사도 등은 예수 그리스도에 대한 경험을 문서로 남겨야 할 필요성을 느끼게 되었습니다.

사복음서(四福音書)의 특징

1. 위 도표에서와 같이 마태, 마가, 누가 복음서에 공통적으로 기록된 내용이 마태복음에서 차지하는 비율은 45%, 마가복음은 76%, 누가복음은 41%입니다. 이와 같이 세 복음서는 그 내용이 상호 의존적이기 때문에 공관복음이라 합니다. [2)] 한편 요한복음은 그 독특함 때문에 제4복음서라 합니다.

   1) 공관복음에 대한 아래의 설명을 완성하십시오.

      가) 마태, 마가, 누가복음의 저자들은 예수님을 공통된 시각으로 바라보았기 때문에 세 복음서는 **서로 일치하거나 비슷한 내용**을 담고 있습니다. 그래서 이 세 복음서를 (   ) 복음이라 합니다.

1. 성경 기자들은 복음 전파와 건강한 교회 공동체를 위해 갈라디아서 등과 같은 서신서는 기록했지만 복음서를 기록할 필요성은 느끼지 못했다.

그러므로 일반적으로 복음서는 서신서보다 늦게 기록되었다.

바울 서신 : AD 50 ~ 65
공관 복음 : AD 60 ~ 70
요한 복음 : AD 80 ~ 90

2. 공관이란 헬라어의 'syn'(함께)과 'opsis'(바라봄)를 합쳐 직역한 한자어이다.

공관복음 (Synoptic Gos-pels)

〈 해 답 〉

1. 1) 가) 공관

나) 공관복음에는 서로 일치하거나 비슷한 내용 외에도 각 복음서에만 있는 독특한 내용도 있습니다. 아래 괄호의 내용을 완성하십시오.

✔ 공관복음 = 일치한 내용 + 비슷한 내용 + (   )한 내용

2) 복음서 가운데 가장 먼저 기록된 **마가복음**에 대한 질문에 답하십시오.

▲ 사복음서의 이미지

가) 마가는 예수님을 직접 만났을 뿐만 아니라 사도들을 통해 들었던 예수님의 말씀과 삶을 복음서에 기록했습니다.

ㄱ) 예수님께서 제자들과 최후의 만찬을 했을 뿐만 아니라, 제자들이 성령으로 세례를 받았던 장소는 어느 곳입니까?

.... 의 다락방 (막 14:15, 행 1:13, 12:12)

ㄴ) 마가의 영적인 아버지로 마가복음을 기록할 수 있도록 자료를 제공했던 사도는 누구입니까? .... (벧전 5:13)

나) 고난 받은 이방인을 위한 복음서로 알려진 마가복음은 예수님의 비유의 말씀보다 이적에 관한 기록이 많은데, 마가가 예수님의 고난을 실감나게 경험했을 것으로 추측되는 이유는 무엇 때문입니까?

.... (막 14:51~52)

3) **마태복음**에 대한 설명과 거리가 먼 것은 무엇입니까? (   )

가) 다른 복음서보다 비유, 제자도(discipleship) 등을 많이 기록했다.[3)]

나) 복음서 가운데 유일하게 교회라는 단어를 사용하고 있다.[4)]

다) 예수님께서 다윗의 자손이며 메시야임을 강조하고 있다.[5)]

라) 저자 마태는 세리였던 자신의 부끄러운 과거를 감추고 있다.[6)]

마) 복음서 가운데 구약성경을 가장 많이 인용했다.[7)]

4) 신약성경 중에서 가장 내용이 길며 사도행전과 더불어 의사(골 4:14) 누가의 저작으로 알려진 **누가복음**에 대한 질문에 답하십시오.[8)]

가) 누가복음에 대한 설명을 읽고 ○, ×로 답하십시오.

ㄱ) 저자는 신약성경 가운데 유일한 이방인인 누가이다. (   )

ㄴ) 찬송으로 시작해서 찬송으로 끝날 정도로 복음서 가운데 찬송(찬양)이 가장 많다. (   )[9)]

ㄷ) 다른 복음서에 비해 기도와 성령을 강조하고 있다. (   )

---

3. 제자도- 마 10장
천국의 비유 - 마 13장

4. 마 16:18, 18:17

5. 다윗의 자손 - 마 1:1, 9:27, 12:23, 15:22, 20:30, 21:9, 15
그리스도 - 마 1:1, 18, 16:16, 26:63, 27:17,

6. 마 9:9

7. 마태복음은 그리스도인이 된 유대인들을 위한 복음서이기 때문에 구약을 많이 인용했다.

8. 누가는 사도 바울로부터 사랑을 받는 의사였다. (골 4:14)

9. 눅 1:46, 24:53

〈 해 답 〉

1. 1) 나) 독특(독자 자료)
2) 가) ㄱ) 마가
ㄴ) 베드로
나) 성경 본문 참고
3) 라)
4) 가) ㄱ) ○
ㄴ) ○
ㄷ) ○

나) 복음이 인종, 남녀, 빈부, 귀천을 가리지 않고 전파 되어야 함을 누가 복음 본문은 아래와 같이 강조하고 있습니다.

ㄱ) 인류의 조상 (　　　)으로까지 거슬러 올라간 예수님의 족보[10] (눅 3:38)

ㄴ) 유대인들에게 버림받은 사마리아인에 대한 긍정적 언급

► (　　　)한 사마리아인의 비유 (눅 10:25~37)

► (　　　)병을 치유 받은 열 사람 중에 유일하게 감사해하는 사마리아인 (눅 17:11~19)

ㄷ) 이방인의 구원을 강조하는 '(　　　)째 아들을 되찾는 아버지의 비유' (눅 15:11~32)[11]

ㄹ) 사마리아와 (　　　) 끝까지 복음을 전파하라는 예수님의 분부 (행 1:8)

5) 제4복음서로 알려진 요한복음을 잘못 설명한 것은 무엇입니까? (　　　)

가) 예수님의 신성을 강조하며 복음서 중에서 가장 늦게 기록되었다.[12]

나) 예수님께서 세상 죄를 지고 가는 하나님의 어린 양으로서 십자가에서 죽으셨음을 강조한다.[13]

다) 표적을 기록한 목적은 예수님께서 하나님의 아들이며 또한 그리스도임을 믿도록 하는데 있다.[14]

라) 예수님께서 초막절에 십자가에서 죽으셨음을 강조하고 있다.

차이가 있는 복음서 기록에 대한 이해

2. 복음서 기자는 성령의 감동 아래 예수 그리스도의 행적을 취사선택하여 자신이 중요하다고 생각하면 상술하였고 상대적으로 덜 중요하게 생각된 부분은 생략하거나 약술했습니다.

1) 사복음서를 통해 예수님의 생애를 이해하는 것은 마치 아래의 흩어진 그림을 종합적으로 이해하려는 시도와 같습니다.

가) ○ 이 없다면, 여자 아이가 숲으로 피한 이유를 쉽게 설명할 수 있습니까?

....

나) 복음서를 통하여 예수님의 생애를 공부하는 것은 마치 왼쪽의 그림을 종합적으로 이해하는 것과 같은 이유를 설명하십시오. ....

10. 유대인을 위한 복음서인 마태복음은 유대인의 조상 아브라함까지만 거슬러 올라간다.

11. 큰 아들은 유대인을, 둘째 아들은 이방인을 상징

12. 공관복음은 예루살렘이 멸망한 AD 70년 이전에 기록, 요한복음은 AD 80년대 말 ~ 90년대 초에 기록되었다.

13. 요 1:29, 36, 18:28, 19:14, 31

14. 요 20:31

〈 해 답 〉

1. 4) 나) ㄱ) 아담
ㄴ) 선, 나
ㄷ) 둘
ㄹ) 땅
5) 라)
2. 1) 가)~나) 생략

16. 마 3:1~12,
막 1:1~8,
눅 3:1~18

17. 마 3:13~17,
막 1:9~11,
눅 3:21~22

18. 마 4:1~11,
막 1:12~13,
눅 4:1~13

19. Corcovado mountain (Rio de Janeiro in Brazil)
by Rodrigo Soldon, Flickr
by Artyominc, 2010, Wiki-media(좌, 2번째)

2) 아래 표는 복음서 기자가 예수님의 생애를 기록할 때, 다양한 정보를 자신이 전하려는 메시지에 맞추어 취사선택했음을 보여줍니다.

복음서 / 생애 분류	마태복음	마가복음	누가복음	요한복음
서 론	1장		1장	1장
탄생, 유아기	2장		2장	
공생애 준비기	3:1~4:11	1:1~13	3:1~4:13	1:15~2:12

가) 위 표와 같이 예수님의 '탄생과 유아기'는 마태와 누가만이 기록했는데, '탄생과 유아기' 가운데 마태복음에만 기록되었으면 '**마**', 누가복음에만 기록되었으면 '**눅**', 두 복음서에 모두 기록되었으면 '**공**'으로 표시하십시오.

ㄱ) 예수님의 동정녀 탄생 (　　)　ㄴ) 베들레헴 탄생 (　　)
ㄷ) 예수님의 할례 (　　)　ㄹ) 동방박사들의 방문 (　　)
ㅁ) 목자들의 방문 (　　)　ㅂ) 요셉 가족의 이집트 피신 (　　)

나) 공관복음은 예수님의 공생애 준비기에 있었던 아래의 세 가지 사건을 같은 각도에서 공통적으로 언급하고 있습니다.

✔ 첫째, 세례자 요한의 전도 설교[16]
둘째, 물로 세례를 받으시는 예수님[17]
셋째, 광야에서 마귀의 시험을 받으시는 예수님[18]

그런데 요한 사도는 위 세 가지 사건을 공관복음과 달리 어떤 방식으로 기록했는지, ⬚에서 찾아 바르게 연결하십시오.

ㄱ) 세례자 요한의 전도 설교 : (　　)
ㄴ) 예수님의 수세 : (　　)
ㄷ) 마귀의 시험을 받으시는 예수님 : (　　)

① 직접적으로 기록함 (요 1:19~28)
② 간접적으로 기록 (요 1:31~34)
③ 기록하지 않음

▼ 브라질의 예수상[19]

3) 예수님의 생애를 기록한 복음서의 내용이 다른 이유를 오른 쪽 그림을 보고 설명 하십시오.

....

〈 해 답 〉

2. 2) 가)
ㄱ) 공 ㄴ) 공
ㄷ) 눅 ㄹ) 마
ㅁ) 눅 ㅂ) 마
나) ㄱ) ①
ㄴ) ②
ㄷ) ③
3) 보는 위치에 따라 동일한 산이 다양하게 보인다.

공관복음서와 요한복음서의 중요한 차이

3. 공관복음과 요한복음에 나타난 예수님의 생애는 사건의 순서에 있어 약간의 차이가 있는데, 성령의 감동을 받은 성경 기자의 의도에 따라 예수님의 행적과 이적과 가르침을 상술(詳述). 약술(略述) 혹은 생략(省略)과 재배치(再配置)를 하였기 때문입니다.

1) 예수님의 공생애 시작 [19)]
   가) 공관복음: 세례자 요한이 (   )에 갇힌 후에 공생애가 시작됨
   나) 요한복음: (   )절에 성전 정화를 하시면서 공생애가 시작됨

2) 예수님의 공생애 기간
   가) 공관복음: 고난주간이 있었던 한 번의 (   )절만을 기록했기 때문에 공생애 기간은 1년이다.
   나) 요한복음: 고난주간이 있었던 (   )절을 포함하여 모두 세 번의 (   )절이 기록되었기에 공생애 기간은 3년이다. [20)]

3) 예수님의 성전 정화 시기 [21)]
   가) 공관복음: 공생애 말기에 성전 정화
   나) 요한복음: 공생애 초기에 성전 정화

4) 예수님의 공생애 사역의 중심지
   가) 공관복음: (   ) 지방을 중심으로 사역
   나) 요한복음: (   ) 지방을 중심으로 사역

5) 십자가의 죽으심과 유월절 [22)]
   가) 공관복음: 유월절 (전, 후)에 십자가에서 죽으심
   나) 요한복음: 유월절 (전, 후)에 십자가에서 죽으심

✔ 사복음서에 공통으로 기록된 대표적인 사건은 다음과 같습니다.
1) 예루살렘 성전 정화 사건   2) 오병이어의 증식 기적
3) 십자가의 죽음과 부활

성경을 공부하기

4. 성경이 하나님의 감동으로 기록되었기 때문에 성령의 감동으로 성경을 공부할(읽을) 때, 하나님의 계시를 기록한 성경은 한 인격이 되어 성경을 공부하는 자에게 하나님의 뜻을 말씀하십니다. 그러므로 성경을 공부할 때, 성령님께서 성경을 통하여 하시는 말씀을 들을 준비가 되어 있어야 합니다.

▲ 거룩한 독서 [23)]

19. 요한이 잡힌 시기
마 4:12, 막 1:14
눅 3:20, 요 3:24

20. 요한복음

예루살렘	유월절	2:13
예루살렘	명 절	5:1
장소불명	유월절	6:4
예루살렘	초막절	7:2,10
예루살렘	수전절	10:22
예루살렘	유월절	12:1,12

21. 마 21:12~17,
막 11:15~19,
눅 19:45~48,
요 2:13~22

같은 사건으로 보는 경우도 있지만, 본서는 예수님의 성전 정화 사건이 두 번 있었던 것으로 본다.

22. 마 26:17, 막 14:12,
눅 22:8,
요 18:28, 19:14~16

23. Matthias Stom
(1615-1649, 네)

거룩한 독서(렉치오 디비나(lectio divina)는 중세이전부터 성경을 읽고 묵상하는 방법 중의 하나이다.

〈 해 답 〉

3. 1) 가) 옥 나) 유월
2) 가)~나) 유월
4) 가) 갈릴리
나) 유대
5) 가) 후 나) 전

1) 성경의 기자들이 하나님의 감동으로 성경을 기록했기 때문에 성경을 공부할 때에도 하나님의 감동이 필요합니다.[24)]

가) 하나님께서 사람과 교제(교통)하는 수단인 '하나님의 감동'은 다음과 같은 의미가 있습니다.

ㄱ) 하나님의 ( ) (breath of God)을 뜻한다. (욥 27:3)

ㄴ) 하나님의 임재를 뜻한다.[25)]

ㄷ) 하나님의 ( ) (breath)를 뜻한다. (겔 37:5)[26)]

ㄹ) 하나님의 ( ) (inspiration)을 뜻한다. (대상 28:12)

나) 성경공부를 할 때의 바른 마음의 자세를 완성하십시오.

ㄱ) 성경의 기자들이 원저자인 하나님의 ( )을 받았듯이 성경공부를 할 때도 하나님의 ( )이 필요합니다. (딤후 3:16)

ㄴ) 성경공부를 할 때 새로운 지식을 얻으려는 노력보다는 하나님의 ( )을 듣고(요 18:37), 그의 ( ) (will, message)을 발견하기(살전 4:3)를 힘써야 합니다.[27)]

2) 신약성경에서 '말씀'은 헬라어 '로고스'(logos) 혹은 '레마'(rhema)를 번역한 것인데, 하나님의 감동으로 기록된 '로고스(말씀)'는 성경을 공부할 때 하나님께서 (나에게 주신) 감동적인 '레마(말씀)'로 들려져야 합니다.[28)]

✔ **로고스**(logos, the Word): 논리적, 객관적, 존재론적 말씀
"태초에 **말씀**이 계시니라" (요 1:1)

레마(rhema, word): 주관적이며 체험적인 말씀
"하나님의 입으로부터 나오는 모든 **말씀**으로 살 것이라" (마 4:4)

가) 위 ☐의 내용을 이해한다면, 성경을 공부할 때에 '로고스'를 (나 또는 우리에게 주신) '레마'로 받아야 함을 알 수 있습니다.

☐ 안의 다양한 말씀을 로고스와 레마로 구분하십시오.

① 태초부터 계신 말씀	② 지금 내 마음에 부딪쳐 오는 말씀
③ 기록된 성경 66권 말씀	④ 내게 힘이 되는 특정 성경 말씀
⑤ 주관적 체험적인 말씀	⑥ 영의 귀로 들리는 말씀
⑦ 돌판에 기록된 말씀	⑧ 마음의 심비에 기록된 말씀

ㄱ) 로고스 : ( )

ㄴ) 레 마 : ( )

나) 다음 페이지의 그림을 로고스와 레마의 관점에서 설명하십시오.

....

24. '하나님의 감동' (데오 프뉴스토스, θεο-πνευστος)
하나님 - 데오스(θεος)
호흡하다 - 프네오 (πνεω)

25. 임재(臨齋)는 존재(presence)를 뜻하며, 하나님께서 함께하시는 임마누엘을 의미한다.

26. 창 2:7

27. 하나님의 음성
– 요 5:25, 28, 18:37, 히 3:7, 4:7, 계 3:20 등

하나님의 뜻
– 막 3:35, 요 7:17, 행 13:36, 롬 2:18, 8:27, 살전 5:18 등

28. 신약에서 로고스 (logos, όΥ ς)는 330회, 레마(rhema, ῥῆμα)는 70회 사용되었는데, 두 단어의 의미가 정확히 구분되어 사용되지는 않았다.

〈 해 답 〉

4. 1) 가) ㄱ) 숨결
ㄷ) 생기
ㄹ) 감동(영감)
나) ㄱ) 감동, 감동
ㄴ) 음성, 뜻
2) 가) ㄱ) ①, ③, ⑦
ㄴ) ②, ④, ⑤, ⑥, ⑧
나) 생략

말씀(로고스)

인격화된 말씀(레마)

3) 당신은 성경공부를 할 때, 타락한 인간에 대한 하나님의 구원이 성경을 관통하는 일관된 주제라는 사실을 잊어서는 안 됩니다.

가) 그러므로 성경공부의 초점을 누구에게 맞추어야 합니까?

► 구원자이신 .... (요 5:39, 딤후 3:15)

나) 그러면 타락한 인간에 대한 하나님의 구원이 구체적으로 이루어진 모습은 무엇입니까? [29)]

► 예수께서 왕이 되시는 .... 의 나라 (kingdom of God)

4) 우리는 성경공부를 통하여 성경 말씀에 대한 지식을 얻을 뿐만 아니라 은혜를 받아 그 말씀을 어떻게든 실생활에 적용하려는 경향이 있습니다. 그렇지만 그리스도와의 교제가 없는 지식은 공허하며 교제가 없는 적용은 맹목적이고 지속적이지 못하다는 사실을 알아, 성경공부를 통하여 무엇보다 그리스도와 교제하고 동행하는데 힘써야 합니다.

가) 다음 설명 중에서 바른 성경공부 방법은 무엇입니까? (　　)

ㄱ) 예수님 당시의 역사, 문화, 종교적 배경 등을 간과한 성경공부
ㄴ) 은혜 받고 적용하기에 급급한 성경공부
ㄷ) 성경 본문 앞뒤의 문맥과 흐름을 무시한 단편적인 성경 이해
ㄹ) 예수 그리스도와의 교제를 통해 그분을 닮아가려는 성경공부
ㅁ) 인격적 변화보다 말씀의 응답을 중시하는 성경공부

나) 모든 그리스도인은 성경공부를 통하여 온전(성숙)한 사람이 되어야 하는데, '온전한' 그리스도인은 어떤 모습입니까? (딤후 3:17) [30)]

ㄱ) .... 예수를 본받는 모습 (롬 15:5, 엡 4:25~32)

ㄴ) 모든 선한 일을 .... 능력을 갖춘 모습 (딤후 3:17)

ㄷ) .... (마 16:24, 28:19~20)

다) 그리스도인은 에녹이 하나님과 동행(교제)했던(창 5:24) 것처럼 예수 그리스도와 동행하여 온전한 사람이 되어야 할 뿐만 아니라 궁극적으로 어떻게 변화되어야 합니까? [31)]

.... (엡 4:13)

29. 하나님의 나라는 하나님의 구원이 실현된 구체화된 모습이라는 사실도 잊어서는 안 된다.

30. 온전한 사람
- 성숙한 사람(공동)
- become mature (NIV)
- a perfect man (KJV)

31. 그리스도의 장성한 분량이 충만한 데까지 이르러야 한다. (그리스도의 완전함에 도달)

〈 해 답 〉

4. 3) 가) 예수 그리스도
나) 하나님
4) 가) ㄹ)
나) ㄱ) 그리스도
ㄴ) 행할
ㄷ) 생략
다) 위 설명 참고

중심 내용 되씹기

1. 성경(聖經)은 다양하게 불리는데, 다음 용어의 의미를 설명하십시오.
   1) 두루마리(Scripture): ....
   2) 언약서 (Testament): ....
   3) 정경(Canon): ....

2. 마태, 마가, 누가복음을 공관복음이라 하는 이유는 무엇 때문이며, 성경에 네 개의 복음서가 필요한 이유를 설명하십시오.

   ....

3. 다음은 공관복음과 요한복음에 대한 설명입니다. 공관복음이면 **'공'**으로, 요한복음이면 **'요'**로 답하십시오.
   1) 가) 예수님께서 주로 갈릴리 지방에서 활동: (　　　)
      나) 예수님께서 주로 유대 지방에서 활동: (　　　)
   2) 가) 예루살렘 멸망(AD 70년) 전에 기록됨: (　　　)
      나) 예루살렘 멸망 후에 기록됨: (　　　)
   3) 가) 예수님의 긴 설교들: (　　　)
      나) 예수님의 짧은 어록과 비유들: (　　　)
   4) 가) 예수님의 공생애 기간에 예루살렘 세 번 이상 방문: (　　　)
      나) 예수님의 공생애 기간에 예루살렘 한 번 방문: (　　　)
   5) 가) 이 땅에 세워지는 하나님의 나라를 강조: (　　　)
      나) 영원한 하나님의 나라를 강조: (　　　)

4. 당신은 지금까지 교회나 선교단체에서 성경공부를 한 적이 있을 것입니다. 지금까지 공부한 본 책자 「예수 그리스도의 복음」의 특징은 무엇입니까?

   ....

〈 해 답 〉

1. 1)~3) 생략
2. 생략
3. 1) 가) 공　나) 요
   2) 가) 공　나) 요
   3) 가) 요　나) 공
   4) 가) 요　나) 공
   5) 가) 공　나) 요
4. 생략

나눔 그리고 기도의 시간

1. 복음서 기자들은 자신들이 기록한 복음서를 읽을 독자들을 고려하여 예수 그리스도의 생애를 기록했습니다.

   마태가 마태복음 1장을 족보 이야기로 가득 채운 이유는 무엇 때문입니까?

   누가는 어떤 계층의 사람들에게 관심을 가지고 복음서를 기록했습니까?

사복음서가 다양한 계층의 독자들을 겨냥했듯이, 다양한 직업과 계층의 성도들이 자신들이 만난 예수님을 불신자들에게 어떠한 내용으로 전하는지 상상해보고 소그룹에서 나눔의 시간을 갖습니다.

2. 역사적으로 지동설에 대한 핍박, 유대인들에 대한 박해와 학살, 십자군 전쟁과 마녀 사냥, 수많은 종교 전쟁과 흑인 노예제도, 제국주의 등은 자신들의 결정을 합리화시키기 위해 성경을 이론적 근거로 삼았습니다. 곧 기록된 로고스를 자가당착적인 레마로 받는 경우가 있다는 뜻입니다.

   시한부 종말론자들은 '암 3:7절'의 말씀을 어떻게 합리화시킵니까? [1)]

   제국주의자들은 '창 1:28절'의 말씀을 어떻게 합리화시켰습니까? [2)]

   인색한 자들은 '살후 3:10절'의 말씀을 어떻게 합리화시킵니까? [3)]

3. 본 성경공부 교재는 QT(Quiet Time)하는 방식과 근본적인 차이는 없지만, 예수님과의 교제를 가장 우선순위로 두고 다음과 같이 만들었습니다.

   ► **질문 위주의 진행**: 질문과 대답은 예수님께서 주로 사용하신 제자훈련 방법입니다.

   ► **본문 관찰**: 마태복음 전체를 기원후 1세기의 시대적 상황 속에서 면밀히 관찰했습니다.

   ► **본문 해석**: 주석 및 관계 서적을 참고하여 본문을 해석했습니다.

   ► **말씀과의 동행 및 적용**: 예수님과 교제(동행)하지 않는 말씀의 적용(실천)은 '눈먼 믿음'(맹신)이 되기 쉬우므로, 각 과의 마지막에는 '나눔과 기도의 시간'을 두어 예수님과 교제하며 삶의 자리에서 말씀을 적용할 수 있도록 했습니다.

   ► **평가**: 소그룹으로 성경을 공부할 때는 지난 삶을 서로 돌아보고 평가하며 분별하는 시간을 갖도록 합니다.

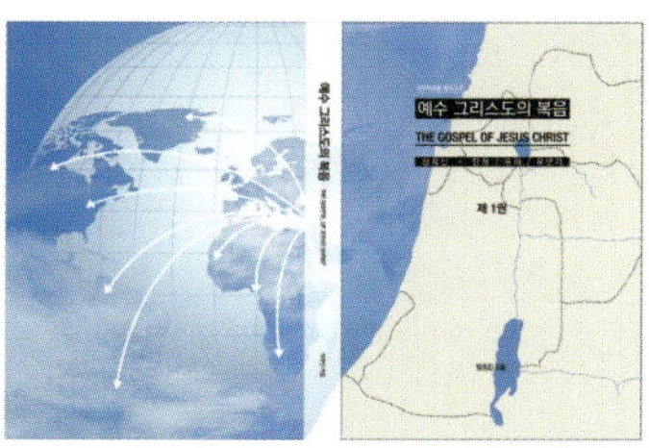

1. "주 여호와께서는 자기의 비밀을 그 종 선지자들에게 보이지 아니하시고는 결코 행하심이 없으시리라" (암 3:7)

2. "하나님이 그들에게 이르시되 생육하고 번성하여 땅에 충만하라, 땅을 정복하라, (중략) 모든 생물을 다스리라 하시니라" (창 1:28)

3. "누구든지 일하기 싫어하거든 먹지도 말게 하라" (살후 3:10)

단 원 VI

6. 공생애로의 사역 전환

제 16 과　사도 요한이 바라본 공생애 준비
제 17 과　초기 유대 사역

학습내용

당신은 본 단원에서 배우게 될 핵심 주제와 개인적으로 혹은 소그룹에서 성령님의 감동으로 깨달은 진리를 삶의 자리에서 **적용 실천할 때** 하나님의 나라를 경험하게 될 것입니다.

인도자는 **나눔과 기도 시간**을 통하여 학습 목표에 맞는 마무리를 해야 합니다.

1. 요한복음에만 기록된 예수님의 공생애 준비기에 있었던 사건을 배우게 됩니다.
2. 예수님께서 제자들을 처음 만난 이후 어떤 과정을 거쳐 그들을 제자로 부르게 되었는지 배우게 됩니다.
3. 예수님의 공생애 준비단계에서 있었던 가나의 혼인 잔치가 갖는 영적인 의미를 깨닫게 됩니다.
4. 예수님의 초기 유대사역을 세례자 요한의 활동과 관련지어 배움으로써 성경에 기록된 예수님의 초기 행적을 일목요연하게 알게 됩니다.
5. 예수님의 초기 유대 사역 기간에 있었던 성전 정화 사건이 그의 생애에서 차지하는 연대기적 위치에 대해 배우게 됩니다.
6. 예수님과 니고데모와의 만남을 통해 거듭남과 하나님의 나라에 대한 관계를 배우게 됩니다.

제 16 과　사도 요한이 바라본 공생애 준비(요 1:19 ~ 2:11)

◀ 내게로 오라 [1)]

"수고하고 무거운 짐 진 자들아 다 내게로 오라 내가 너희를 쉬게 하리라" (마 11:28)

예루살렘 성전이 파괴된 AD 70년 이전에 기록된 마태복음 중심의 본 교재 「예수 그리스도의 복음」은 예수님의 '공생애 준비기'(마 3:1~4:11, □)를 '세례자 요한이 붙잡힌 사건(마 4:12)' 이전까지로 한정했습니다.

그런데 AD 70년 이후에 기록된 요한복음에는 공관복음에는 기록되지 않은 예수님의 공생애 준비기에 있었던 사건들이 소개되어 있습니다. 본 단원에서는 요한복음의 도움을 받아 예수님의 공생애 준비기의 행적을 역사적으로 재구성하도록 하겠습니다. [2)]

참고로 요한복음에만 기록된 예수님의 공생애 준비기에 있었던 사건들(□)은 아래 표와 같습니다.

그리스도의 생애 분류		마태 복음		요한 복음
공생애 이전	서　론	1장	본 교재 **제 1 권**	1:1 ~ 18
	탄생, 유아, 유년기	2장		
	공생애 준비기	3:1 ~ 4:11	본 교재 **제 2 권**	1:19 ~ 2:11

요한복음에만 기록된 공생애 준비기	(세례자 요한의) 제자들과의 만남	요 1:35 ~ 51
	가나의 혼례 잔치	요 2:1 ~ 11

공생애 준비기의 재구성

1. 사복음서를 종합하여 '공생애 준비기'를 재구성하는 시간을 갖습니다.

   1) 예수님의 '유아기'와 '공생애 준비기'에 팔레스타인 각 지역의 지명과 그 지역을 다스린 통치자들의 이름을 완성하십시오. (눅 3:1~2)

   ✔ 예수님께서 BC 6년경에 태어나셨다면 예수님의 유아. 유년기는 BC 6 ~ BC 1년 정도가 되며, 공생애 준비기는 30세(눅 3:23) 이전의 3년간으로 한정한다면 AD 22 ~ 24년경이 됩니다. [3)]

1. waiting for the world, 2011, flickr

2. 요한은 메시야의 길을 준비했기 때문에 예수님께서 공생애를 시작하자 요한은 쇠했다. (요 3:30)
이와 같은 이유 때문에 예수님의 생애를 구분할 때 요한이 투옥된 시점이 중요하다. (제1권, 12과 예수 그리스도의 발자취 참고)

3. 제 1권, 23과 「시간에 대한 이해」 p. 224 참고

		통치 지역 \ 통 치 자	통치자 이름: 유아기 (BC 6~BC 1)	통치자 이름: 공생애 준비기 (AD 21~24)
가)	(주황)	갈릴리, 베레아	헤롯대왕 ➡ 안디바	헤롯 ( )
나)	(보라)	이두래, 드라고닛	헤롯대왕 ➡ 빌립2세	헤롯 ( )
다)	(노랑)	유대, 사마리아	헤롯대왕 ➡ 아켈라오	( ) 총독
라)	(회색)	( )[4]	열 개의 도시들이 모인 자치 동맹	
마)		로마 제국	( ) 황제	( ) 황제

2) 공생애 준비기에 있었던 예수님의 대표적인 사역은 다음과 같습니다.[5]

가) 마태복음 ㄱ) ( )의 사역을 바라보는 예수님 (마 3:1~12)

ㄴ) ( )를 받으신 예수님 (마 3:13~17)

ㄷ) ( )의 시험을 받으신 예수님 (마 4:1~11)

나) 요한복음 ㄱ) ( )의 사역을 바라보는 예수님 (요 1:19~34)

ㄴ) ( )의 제자들과의 만남 (요 1:35~51)

ㄷ) ( )의 혼례 잔치 (요 2:1~11)

3) 아래 [ ]는 예수님의 공생애 준비기에 있었던 일화들입니다.

ㄱ) 요한의 두 제자들과의 만남	ㄴ) 마귀로부터 시험을 받음
ㄷ) 요한의 설교를 들으심	ㄹ) 가나의 혼례 잔치
ㅁ) 요한으로부터 세례를 받으심	

가) 공관복음에만 기록된 예수님의 공생애 준비기에 있었던 행적은 무엇입니까? ► (,) 〈위 1-2)번 문제 참고〉

나) 요한복음에만 기록된 예수님의 공생애 준비기에 있었던 행적은 무엇입니까? ► ( ) 〈위 1-2)번 문제 참고〉

다) 예수님의 공생애 준비기에 있었던 사건들을 순서대로 나열하십시오.

► (ㄷ) ⇨ ( ) ⇨ (ㄴ) ⇨ ( ) ⇨ ( )

제자들과의 첫 만남(요 1:35~51)

2. 마태복음 등의 공관복음에 의하면 예수님께서 베드로와 요한 등을 만남과 동시에 제자로 부르신 것처럼 보입니다. 그러나 요한복음에는 예수님께서 베드로 등을 제자로 부르시기 이전에 만났던 일화를 소개하고 있습니다.

1) 다음 페이지의 표는 예수님께서 요한의 설교를 듣고 세례를 받기 위해 유대지방에 온 갈릴리 출신의 구도자들을 만난 내용( )과 요한이 투옥

4. 로마 폼페이 장군이 BC 63년에 펠레스타인을 점령한 이후, 유대인들을 견제하기 위해 갈릴리 바다 동남쪽에 10개의 도시 자치동맹인 데가볼리(Decapolis)가 결성되었다. (마 4:25, 막5:20)

5. 제2권, 3과 「주의 길을 준비하는 세례자 요한」 참고

〈 해 답 〉

1. 1) 가) 안디바
나) 빌립 2세
다) 빌라도
라) 데가볼리
마) 아구스도(옥타비아누스)
디베료(티베리우스)
2) 가) ㄱ) 요한
ㄴ) 세례
ㄷ) 마귀
나) ㄱ) 요한
ㄴ) 요한
ㄷ) 가나
3) 가) ㄴ), ㅁ)
나) ㄱ), ㄹ)
다) ㅁ,ㄱ,ㄹ)

되자 예수님께서 유대지방에서 첫 번째 만난 제자들을 제자 삼으려고 갈릴리 지방의 가버나움으로 찾아가신 내용(□)을 나타내고 있습니다.

제자들과의 첫 만남 (공생애 준비기)		제자로 부르기 위한 만남 (전기 갈릴리 사역기)
〈 요한복음 〉	→	〈 마태복음 〉
▪ 장소: 유대 지방 혹 베다니(요단강 건너편)	요한이 투옥됨 (마 4:12)	▪ 장소: 갈릴리 가버나움
▪ 베드로, 안드레를 만남 (요 1:35~42) 빌립을 부르심 (요 1:43) 나다나엘을 만남 (요 1:47~51)		▪ 베드로와 안드레, 야고보와 요한을 부르심[6] (마 4:18~22)

가) 예수님께서 베드로와 안드레를 처음 만났을 때, 세례자 요한은 어디에서 무엇을 하고 있었습니까? (위 도표 참고)

.... (요 1:28, 마 3:1)

나) 예수님께서 가버나움에서 베드로와 야고보 등을 제자로 부르실 때, 세례자 요한은 어디에서 어떤 상태에 놓여 있었습니까?

.... (마 4:12)

2) 마태, 마가복음에 의하면(마 4:18~22, 막 1:16~20) 예수님께서 베드로 등을 처음 만남과 동시에 제자로 부르신 것처럼 보입니다. 그러나 누가, 요한복음에 의하면 예수님께서 그들을 제자로 삼기까지는 상당한 기간이 흘렀음을 짐작하게 합니다.

가) 예수님께서 **베드로**와 **빌립**을 처음 만났을 때에 그들은 구도자(求道者)였고, **안드레**와 **요한**은 세례자 요한의 제자였습니다.[7]

ㄱ) 벳새다 사람(요 1:44) 베드로와 빌립 등이 요단강 건너편 베다니(요 1:28, 혹 유대 지방)에 온 이유는 무엇 때문입니까?[8]

.... (마 3:5~6, 요 1:28)

ㄴ) 예수님께서 공생애를 시작하시기 전에 만났던 자들로 장차 예수님의 제자가 될 사람들은 누구입니까?

► 베드로, 빌립, 안드레, 요한 및 .... (요 1:45~49)[9]

나) 그러므로 예수님께서는 자신의 제자들을 일순간에 부르신 것이 아니라 '(　　　　) 준비기 ~ 전기 (　　　　) 사역기에 거쳐 부르셨음을 알 수 있습니다. (위 도표를 참고하시오.)

6. 마 4:18~22, 10:2~4, 막 1:16~20, 눅 5:1~11

7. 요 1:35절의 요한의 두 제자는 안드레와 요한으로 알려졌다.

8.
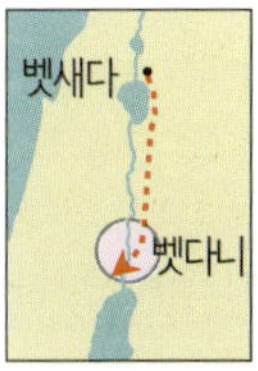

베다니의 위치가 불확실하기 때문에 이하 유대지방과 동일시했다.

9. 나다나엘(요 1:45)은 바돌로매로 알려졌다.

〈 해 답 〉

2. 1) 가) 요단 건너 베다니에서 세례를 줌
나) 감옥에 갇혔다.
2) 가) ㄱ) 요한에게 회개의 세례를 받으려고
ㄴ) 나다나엘
나) 공생애, 갈릴리

가나의 혼례 잔치(요 2:1~11)

예수님께서는 유대지방의 베다니(요 1:28)에서 갈릴리로 돌아오신 이후 (베다니에서 만났던) 제자들과 함께 가나의 혼례 잔치에 초청을 받았는데, 이 사건은 예수님의 공생애 준비기의 마지막 사건으로 오직 요한복음에만 기록되어 있습니다.

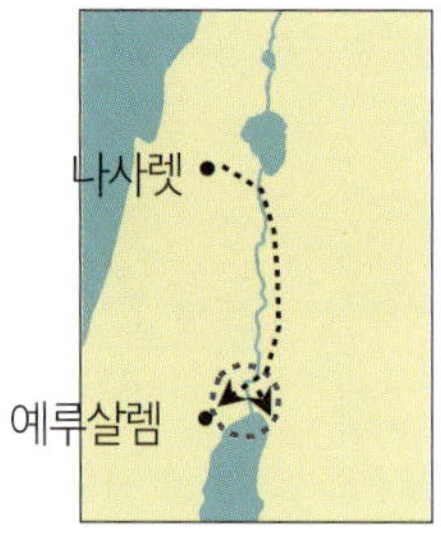

<그림 가>

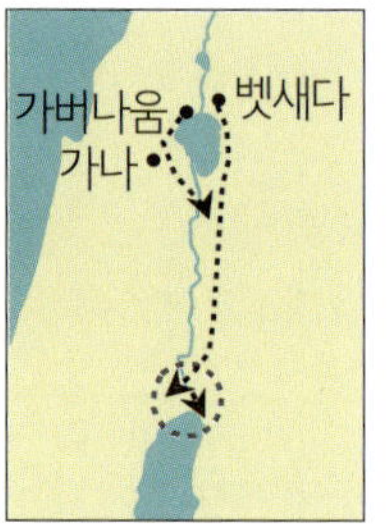

<그림 나>

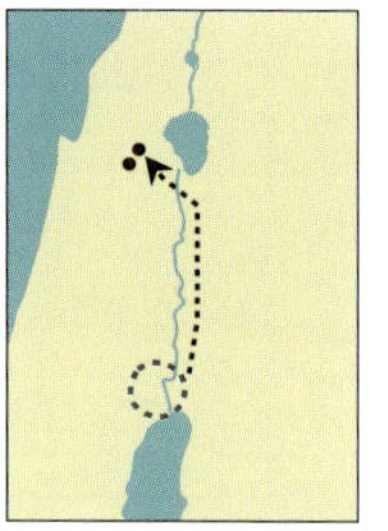
<그림 다>

그림 **가** : 예수님께서 공생애 준비기에 유대 지방(혹 베다니)으로 가심
그림 **나** : 베드로, 안드레, 빌립, 나다나엘 등의 행선지
그림 **다** : 예수님께서 그의 제자들과 함께 가나의 혼례잔치에 가심

3. 예수님께서는 유대지방 선교 여행을 마친 후, 갈릴리 지방의 나사렛을 지나서 가나 마을로 가셨는데, 그는 가나에서 최초의 표적을 나타내셨습니다.
   1) 예수님께서 유대지방에서 만난 세 그룹의 제자들은 누구입니까?
      가) 세례자 요한의 제자들: .... (요 1:35~40)
      나) 벳새다 출신의 제자들: .... (요 1:44)
      다) 친구 관계의 제자들: .... (요 1:45)
   2) 아래 그림을 보고 제자들 사이의 관계의 중요성을 설명하십시오.[10)]

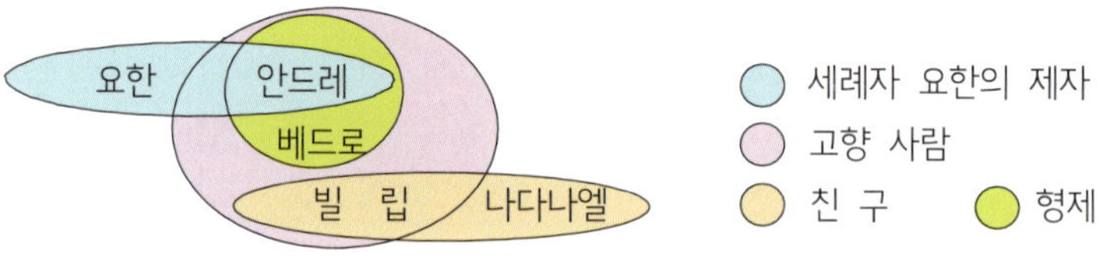

   3) 예수님께서는 나다나엘의 고향인 가나로 가셔서 혼례 잔치에 참여하셨습니다.(요 2:1~2)[11)] 이때는 여전히 예수님의 공생애 준비기임을 어떻게 알 수 있습니까?.. (요 2:4, 3:24)

4. 예수님께서 가나의 혼례 잔치에 찾아오셔서 물을 포도주로 변화시킨 표적은 예수님의 공생애 준비기의 마지막 행적으로 큰 틀로 보아 유대교와 장차

10. 소그룹 및 교회 구성원의 관계의 중요성을 생각해 보라.

11. 요 1:47~48, 2:1
'사흘째 되던 날'(요 2:1)은 '이튿 날'(요 1:29, 35, 43)과 같이 신학적 의미를 담고 있지 물리적인 시간은 아니다.

〈 해 답 〉

3. 1) 가) 요한(?), 안드레
   나) 안드레, 베드로, 빌립
   다) 빌립, 나다나엘
2) ~ 3) 생략

세워질 교회의 모습을 비교 대조하고 있습니다.[12)]

1) 가나의 혼례 잔치는 **하나님 나라의 모형**(model)**인 교회**를 보여줍니다.

가) 아담과 하와는 에덴동산에서 천국의 삶을 살았습니다. 그런데 그들이 하나님께 불순종함으로써 어떤 결과에 처하게 되었는지 [ ] 에서 찾아 바르게 연결하십시오.

ㄱ) 벗었으므로 하나님을 피하여 숨음 (창 3:7, 8): (　　)
ㄴ) 여자가 그 나무의 열매를 주므로 먹게 됨 (창 3:12): (　　)
ㄷ) 평생에 수고하여야 땅의 소산을 먹게 됨 (창 3:17): (　　)
ㄹ) 흙이니 흙으로 돌아감 (창 3:19): (　　)

① 사망	② 두려움	③ 빈궁	④ 불신

나) 가나의 혼례잔치는 사망의 그림자인 두려움과 빈궁과 불신이 사라진 회복된 에덴, 곧 천국의 모형인 교회의 모습을 보여줍니다.

ㄱ) 에덴동산에 이루어진 인류 최초의 가정이 천국의 모형인 것처럼, 장차 십자가 사건 후에 세워질 (　　　) 역시 천국의 모형입니다.

ㄴ) 가나의 혼례 잔치가 있는 그 가정은 천국의 모형인 (　　　)의 모습을 보여주고 있습니다.

2) 가나의 혼례 잔치는 그리스도의 십자가 사건 이후에 세워질 **거룩하고 생명력이 차고 넘치는 교회**의 모습을 보여줍니다.

가) 유대인들은 외출하고 돌아오면 혹시 있었을지 모를 부정한 것과의 접촉을 염두에 두고 각 가정에 부정을 (　　　)케 하는 (　　)을 항아리에 담아두었습니다. (마 15:2, 요 2:6)[13)]

▲ 돌 항아리[14)]

나) "내가 거룩하니 너희도 거룩하라(레 11:45)"는 하나님의 분부를 지키려고 각 가정에 물 항아리를 준비한 유대교는 율법에 매어있어 포도주가 떨어진 잔칫집과 같아서 흥도 없고 생명력도 없습니다.

그러나 예수님께서 십자가에서 흘리실 보혈의 (　　)는 모든 사람을 죄에서 정결하게 하며,[15)] 그가 장차 세울 (　　　)는 유대교와 달리 떡을 떼는 기쁨(행 2:46)과 풍성한 생명이 있습니다.

12. 가나의 기적은 예수님께서 피조계를 지배하는 창조주의 능력이 있다는 것을 보여주고 있다.(요 1:3)

마리아의 믿음과 하인들의 순종을 보여주기 위해 기록된 것은 아니다.

13. 정결예식이 필요한 경우는 출산한 여인(레 12장), 나병(레 13~14장), 남녀의 유출(레 15장), 죽은 자(혹 동물의 사체)와의 접촉(민 19:11~22) 등이다.

정결예식에 사용한 물은 원래 흐르는 물이나 빗물 등에 한정했다.

14. by bobosh-t, 2012, flickr

고대 이스라엘의 약 90ℓ 들이 돌 항아리

15. 히 1:3, 요일 1:7

〈 해 답 〉

4. 1) 가) ㄱ) ② ㄴ) ④
ㄷ) ③ ㄹ) ①
나) ㄱ) 교회
ㄴ) 교회
2) 가) 정결, 물
나) 피, 교회

중심 내용 되씹기

1. 공관복음에는 기록되지 않았지만 요한복음에만 기록된 예수님의 공생애 준비기의 주요 행적은 무엇입니까?

   .... 의 제자들과의 만남, ... 의 혼례잔치 등

2. 요한복음에 의하면, 예수님께서 공생애 준비기에 유대지방(혹 베다니)에서 만난 제자들은 다음과 같습니다.

   1) 세례자 요한의 제자들: .... , ... (2명)

   2) 벳새다 출신의 제자들: .... , ... , ... (3명)

3. 요한복음에 나타난 예수님의 공생애 준비기의 행적을 완성하십시오.

   1) 예수님께서는 유대광야에서 마귀에게 시험을 받으신 후, 세례자 요한의 제자였던 (　　　　)와 장차 (　　　　)라 불리게 될 베드로, 벳새다가 고향인 (　　　　), 가나가 고향인 (　　　　) 등을 만났습니다.

   2) 예수님께서 가나의 잔치에서 물을 포도주로 바꾸어 잔치에 기쁨을 더하셨듯이, 예수님께서 장차 세울 (　　　　)는 (　　　　)교보다 흥이 있고 풍성하며 생명력이 넘칩니다.

나눔 그리고 기도의 시간

1. 요한 사도는 다른 복음서에 기록되지 않은 자신이 만난 예수님에 대한 독특한 경험을 요한복음에 남겼습니다.

   '가나의 혼례잔치'(요 2:1~11)를 예수님의 공생애 준비기로 구분한 이유는 무엇 때문입니까? (요 2:4, 3:24)

2. 예수님의 제자들은 성격이 비슷한 몇 개의 제자 그룹으로 구성되었습니다.

   당신이 섬기는 교회의 구성원들은 주로 어떤 부류에 속하며, 당신은 교회에서 주로 어떤 사람들과 가까이 사귀고 있습니까? (직업, 신앙 경력, 성격 등)

   교회에서 동류(同類)끼리의 모임이 활성화됨에 따른 장단점은 무엇입니까?

   교회의 새 가족들과 인격적 교제를 위해 어떤 노력을 기울이고 있습니까?

3. 예수님께서는 혼례 잔치에서 자신을 믿는 마리아와 순종하는 하인들을 통하여 흥을 돋우는 포도주를 공급하셨습니다.

   당신은 가정과 교회에서 마리아와 순종하는 하인의 역할을 함으로써 그곳에 기쁨이 있도록 하고 있습니까?

〈 해 답 〉

1. 요한, 가나
2. 1) 안드레, 요한
   2) 빌립, 안드레, 베드로
3. 1) 안드레, 게바, 빌립 나다나엘
   2) 교회, 유대

제 17 과 초기 유대 사역(요 2:12~3:21)

◀ 성전을 정화하시는 예수님 [1]

"다 성전에서 내쫓으시고 돈 바꾸는 사람들의 돈을 쏟으시며 상을 엎으시고. . .내 아버지의 집으로 장사하는 집을 만들지 말라" (요 2:15~16)

예수님의 생애를 연대기(年代記)처럼 재구성하기는 쉽지 않지만 4복음서를 비교하여 살펴보면 그 작업이 어느 정도 가능한 일임을 알 수 있습니다.

생애 구분	예수 그리스도의 행적	마태복음	요한복음
공생애 준비	요한의 설교, 수세, 마귀의 시험	3:1~4:11	1:19 ~ 1:34
	제자들과의 만남	생략 ↓	1:35 ~ 1:51
	가나의 혼례 잔치		2:1 ~ 2:11
초기 유대 사역	나사렛에서 가버나움으로 이주		2:12
	성전 정화		2:13 ~ 2:25
	니고데모와의 만남		3:1 ~ 3:21
	✔**세례자 요한의 활동**		**3:22 ~ 3:36**
	사마리아 여자와의 만남		4:1 ~4:42 [2]
갈릴리 사역	✔**세례자 요한이 투옥됨**	4:12	?
	갈릴리에서 왕의 신하의 아들을 고침		4:43 ~ 4:54

위 도표에서 보듯 마태복음에 의하면 예수님께서는 마귀로부터 시험을 받은 이후 곧장(↓) 갈릴리 사역을 시작하신 것처럼 보입니다. 그러나 요한복음은 갈릴리 사역 전에 '가나의 혼례 잔치'(□) 및 '초기 유대 사역'(□)이 있었음을 증언합니다.

공생애 준비기 ~ 초기 유대 사역의 흐름

요한복음의 도움을 받지 않으면 예수님의 생애 가운데 공생애 준비단계에서 공생애로 넘어가는 부분을 이해하는데 어려움을 겪게 됩니다. 특히 '초기 유대 사역'(□)은 공관복음에 전혀 소개되지 않았기 때문에, 요한복음에 기록된 '초기유대 사역'은 예수님의 생애를 큰 그림으로 이해하는데 크게 도움을 줍니다.

1. '공생애 준비기 ~ 초기 유대 사역'의 전체적 흐름에 대한 질문에 답하십시오.
   1) 요한복음에 의하면 공생애 준비기의 마지막 일화는 무엇입니까?

   .... (요 2:1~11)

1. James Tissot

2. 예수님께서 유대지방에서 활동하시다(요 3:22), 요한이 투옥되었다는 소식을 듣고 갈릴리로 물러가시다가(마 4:12) 사마리아 여인과 만났던 것 같다.

〈 해 답 〉

1. 1) 가나의 혼례 잔치

2) 예수님께서 공생애를 시작하시려고 나사렛을 떠나 가버나움으로 이사하셨는데, 함께 하지 않았던 무리(요 2:12)는 누구입니까? (   )
   가) 어머니   나) 형제들   다) 제자들   라) 여동생들[3)]

3) 예수님의 '초기 유대 사역'을 사건이 발생한 순서대로 완성하십시오.
   가) 예루살렘 (   ) 정화 (요 2:13 ~ 2:25)
   나) (   )와의 만남 (요 3:1~21)

4) 오른 쪽 지도는 예수님의 초기 유대 사역의 경로를 나타내고 있습니다. 각 고을의 이름은 무엇입니까?
   가) ㉠ 갈릴리 .... (요 2:12)
   나) ㉡ 유다 .... (요 2:13)
   다) ㉢ 사마리아 .... (요 4:5)

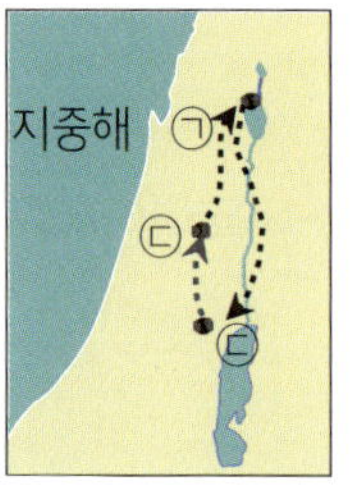

✔ 요한복음에만 기록된 예수님의 초기 유대사역에는 동행했던 제자들의 이름이 기록되지 않았습니다. 이와 같은 이유 때문에 초기 유대사역은 예수님께서 열두 명의 제자들을 부르기 이전으로 보입니다.

5) 예수님의 초기 활동에 대한 설명을 읽고 ○, ×로 답하십시오.
   가) 공생애 준비기는 오직 마태복음에만 기록되어 있다. (   )
   나) 초기 유대사역은 오직 요한복음에만 기록되어 있다. (   )
   다) 열두 명의 제자들과 함께 초기 유대 사역을 하셨다. (   )
   라) 성전 정화는 공생애 가운데 첫 번째 있었던 사건이다. (   )[4)]
   마) 가나의 혼례 잔치는 공생애 준비기에 있었던 사건이다. (   )

니고데모와의 만남(요 3:1~21)

예수님께서는 초기 유대사역 기간에 니고데모와 만나 '하나님의 나라'(요 3:3, 5)에 대해 말씀하셨는데, '천국(하나님의 나라)'은 마태복음은 물론 성경 전체의 주제이기도 합니다.[5)]

▲ 니고데모와 만남[6)]

2. 갈릴리 출신의 무명의 젊은 선지자가 유월절 기간에 성전을 정화했던 사건은 예루살렘에 빅뉴스가 되었습니다. 이 놀라운 소식을 산헤드린 관원인 니고데모가 듣지 못했을 까닭이 없습니다.

그는 로마의 지배 아래 종교적 사회적으로 극도로 타락한 이스라엘을 생각하며 근심하던 차에 예수님에 관한 소식을 들었던 것입니다.

3. 예수님께서 가버나움에서 나사렛으로 일시 귀환할 때(마 13:53~58), 나사렛 사람들이 '그 누이는 다 우리와 함께 있지 아니하냐'(마 13:56)라고 한 것으로 보아 예수님의 여동생들은 결혼했기 때문에 가버나움으로 가지 않고 나사렛에 계속 거주한 것으로 보인다.

4. 두 번에 거친 성전 정화는 유대인들의 노를 격발시켰고, 그 결과 예수님께서 십자가형을 당하는 결정적 계기가 되었다.

1) 첫 번째 성전 정화
 - 초기 유대 사역

2) 두 번째 성전 정화
 - 예루살렘에서의 마지막 일주일

5. 마태복음의 핵심 메시지는 다윗의 자손이요 그리스도이신 예수님은 하나님의 아들로서 천국(하나님의 나라)의 왕이라는데 있다.

6. James Tissot

〈 해 답 〉

1. 2) 라)
   3) 가) 성전
      나) 니고데모
   4) 가) 가버나움
      나) 예루살렘
      다) 수가
   5) 가) × 나) ○
      다) × 라) ○
      마) ○

1) 유월절은 노예생활을 하던 아브라함의 후손들이 출애굽함으로써 이스라엘이라는 나라가 '새롭게 태어난'(거듭난) 사건을 기념하는 절기입니다. 니고데모가 밤에 예수님을 찾아 온 이유를 유월절과 관련하여 설명하십시오.[7) ....

2) 예수님 당시에 경건한 유대인이라면 크게 두 가지를 기대했습니다. 그것은 메시야 대망과 메시야가 세운 나라에 대한 대망이었습니다.

가) 니고데모가 예수님께 '당신은 하나님께로부터 오신 선생'(요 3:2)이라고 했는데, 이는 다음과 같은 질문에 대한 완곡한 표현입니다.

► 당신은 .... 이지 않습니까?

나) 예수님께서는 니고데모의 질문에 '내가 메시야다'라고 답변하지 않으시고, 대신 '하나님의 나라'(요 3:3)에 대해 답변하셨습니다. 그렇다면 니고데모가 예수님께 하려던 또 다른 질문은 무엇이었겠습니까? ► 메시야는 언제쯤 .... 의 나라를 세우게 됩니까?

✔ 니고데모는 타락한 유대교와 로마의 압제를 받고 있는 이스라엘의 현실을 염두에 두고 하나님께서 다윗을 통해 유대인들에게 약속했던 하나님의 나라를 생각했을 것입니다. 그가 생각했던 하나님의 나라는 물리적으로 강력한 세속적 이스라엘임에는 의심이 없습니다.

3. 니고데모는 이스라엘 나라가 구원받기를 바라며 시대의 아픔을 끌어안고 예수님을 찾아왔습니다. 그런데 예수님께서는 니고데모의 기대와는 달리 '거듭남'과 자신을 믿는 자들에 주어진 '영생'[8) 등 영적인 하나님의 나라에 대해 말씀하셨습니다.[9)

▲ 고뇌하는 니고데모[10)

1) 니고데모를 포함한 경건한 유대인들은 메시야가 고난으로 얼룩진 팔레스타인에 천국을 세우리라 기대했는데, 그들이 바라던 나라에 대한 바른 설명 중 가장 거리가 먼 것은 무엇입니까? (　　)

가) 불의와 억압과 착취 그리고 소외가 없어진 나라

나) 옛 다윗 왕국처럼 힘 있고 주변 나라를 압도하는 나라

다) 하나님의 통치가 이방인과 모든 피조물에게 미치는 샬롬의 나라

라) 하나님의 뜻이 땅에서도 이루어지는 풍성하고 평화로운 나라

2) 예수님 당시에 유대인들은 '하나님의 나라'(천국)와 '이스라엘 나라'를 동

7. 유대교의 지도자가 성전을 어지럽힌 예수님을 남의 이목이 집중하는 낮에 찾아가는 것은 화를 자초하는 일이다.

8. 영생 - 요 3:15, 16

9. 니고데모는 다윗의 나라가 회복되는 육적인 하나님의 나라에 관심이 있었다.

10. James Tissot

〈 해 답 〉

2. 1) 생략
　2) 가) 메시야(그리스도)
　　나) 하나님
　　(이스라엘 나라)

3. 1) 다)

11. 예수님과 수가의 여인(요 4:15), 마르다(요 11:24)와의 문답을 참고

by Miraceti, 2006, Wiki–media

12. 거듭나다 (anagennao, 헬)
- 아나 – 다시(again) 위로부터 (from above)
- 겐나오 – 태어나다

중생(重生) = Rebirth
신생(新生) = New birth

13. 엡2:1,5, 골 2:13, 고후 5:17, 갈 6:15, 요일 3:9, 5:1

〈 해 답 〉

3. 2) 가) ㉠ 영
㉡ 마음
㉢ 영
나) ㄹ)

4. 1) 나)

일시했으며, 무엇보다 이스라엘이 이 땅에서 영원토록 부강한 나라가 되기를 소망했습니다. 그런데 니고데모의 기대와는 달리 예수님께서는 하나님의 나라를 '거듭남'으로 풀어 설명하셨습니다.

가) 니고데모는 적어도 구약성경에 이미 계시된 아래와 같은 거듭남의 말씀을 알고 있었을 것입니다.

> "또 새 (㉠,)을 너희 속에 두고 새 (㉡,)을 너희에게 주되 너희 육신에서 굳은 마음을 제거하고 부드러운 마음을 줄 것이며 또 내 (㉢,)을 너희 속에 두어 너희로 내 율례를 행하게 하리니 너희가 내 규례를 지켜 행할지라" (겔 36:26~27)

㉠: ( ) ㉡: ( ) ㉢: ( )

나) 니고데모가 '늙으면 어떻게 날 수 있습니까?' (요 3:4)라고 예수님께 되물었던 것은 거듭남이 갖는 문자적인 의미를 전혀 몰랐다기보다는 예수님께서 말씀하신 하나님의 나라에 대한 가르침에 반발했기 때문입니다. [11]

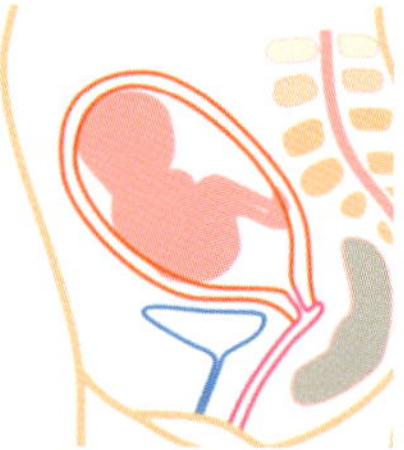

하나님의 나라를 잘못 설명한 것은 무엇입니까? ( )
ㄱ) 하나님의 나라는 메시야가 다스리는 영적인 나라이다.
ㄴ) 메시야를 믿어 영생을 얻는 자들만이 하나님의 나라에 들어간다.
ㄷ) 하나님의 나라는 영적으로 거듭난 자들만이 볼 수 있다.
ㄹ) 하나님의 나라는 사람이 원하면 들어갈 수 있다.

4. 기독교의 진리의 중심에 자리 잡은 '거듭남'에 대한 질문에 답하십시오.

1) 거듭남의 의미를 잘못 설명한 것은 무엇입니까? ( ) [12]
가) 육체적 탄생이 아닌 물과 성령으로 태어난다는 뜻이다.
나) 사람의 노력이나 선행으로 새 사람이 되었다는 뜻이다.
다) 원래 의미는 '위로부터 나다'라는 뜻이다.
라) 성령으로 말미암아 영적으로 새로 태어난 것을 의미한다.
마) 예수 그리스도를 영접하여 새로운 피조물 곧 근본적인 변화가 일어어난 상태를 말한다. [13]

✔ 거듭남의 방법

혈통이나 육정으로 나지 못함(모태로부터)(요 1:13, 3:4), 도덕적 수양이나 노력으로 되지 않음(사람의 의지로부터)(요 1:13), 하나님께로부터(위로부터)(요 1:13), 오직 예수님을 영접함으로써(요 1:12, 14:6)

2) 예수님께서 거듭남을 '물'(요 3:5)과 '바람'(요 3:8)에 비유하셨습니다.

가) 거듭남을 물에 비유한 이유를 설명하십시오.

.... (겔 36:25) [14]

✔ 거듭남을 물에 비유한 이유는 다양하게 설명됩니다.

1. **회개의 세례** - 요한이 회개의 징표로 물로 세례를 주었다. [15] (겔 36:25, 마 3:1~2)
2. **하나님의 말씀** - "물로 씻어 말씀으로 깨끗하게 하사" (엡 5:26)
3. **성령** - "나를 믿는 자는 . . . 그 배에서 생수의 강이 흘러 나오리라 . . . 성령을 가리켜 말씀하심이라" (요 7:38~39)

나) 거듭남을 '바람'에 비유한 이유는 무엇 때문입니까? (   )

ㄱ) 바람(프뉴마, pneuma, 헬)은 성령이라는 뜻도 있다.

ㄴ) 바람을 통제할 수 없는 것처럼 스스로 거듭날 수 없음을 뜻한다.

ㄷ) 바람이 불고 있는 것을 알 수 있듯이 거듭난 시점과 장소 정도는 알 수 있다는 뜻이다.

ㄹ) 거듭남은 영적이며 하나님의 영역이라는 뜻이다.

3) 하나님의 나라에 들어가기 위해서는 누구든지 (회개를 상징하는) 물과 바람으로 비유된) 성령으로 거듭나야 합니다.

물과 성령으로 거듭난 결과는 무엇입니까?

가) .... 받게 됨 (딛 3:5)

나) 하나님의 .... 가 됨 (요 1:12) [16]

다) 새로운 .... 이 됨 (고후 5:17)

Dave Goodman, 2010, flickr

5. 영적인 하나님의 나라는 마치 로마가 이스라엘을 점령하고 있는 현실은 도외시하고 다만 거듭나서 영원한 천국으로 가면 된다는 식으로 오해를 불러일으킬 수 있습니다. 그러나 거듭남은 영적이지만 그 결과는 사회와 나라 전반에 막강한 영향을 미칩니다.

1) 이스라엘을 대표하는 지도자인 대제사장이 거듭나서 영원한 하나님의 나라, 곧 천국을 소망하게 된다면 어떤 일이 벌어지겠습니까? [17]

....

2) 로마의 황제가 거듭나서 하늘과 땅의 권세가 하나님께 있다는 것을 인정했다면 로마의 팔레스타인 정책은 어떤 변화가 있었겠습니까?

....

14. 세례 요한의 사역과 일관성을 유지하기 위해 물을 회개의 세례로 해석하는 것이 좋을 것 같다.
(참고로 회개는 거듭나기 이전 단계이다.)

15. 마 4:17, 막 16:16, 행 2:38, 17:30

16. 하나님의 자녀가 된다는 것은 아버지 되시는 하나님으로부터 왕권과 상속을 받는 것을 의미한다.

17. 아쉽게도 이스라엘의 대제사장은 영생을 믿지 않았고 정치와 결탁하여 사욕을 채우는데 여념이 없었다.

〈 해 답 〉

4. 2) 가) 위 설명 참고
나) ㄱ), ㄴ), ㄹ)
3) 가) 구원
나) 자녀
다) 피조물

5. 1) ~ 2) 생략

중심 내용 되씹기

1. 요한복음에만 기록된 예수님의 사역 기간으로 (　　　)를 완성하십시오.
   ► 공생애 준비기 ➡ 초기 (　　　　) 사역기 ➡ 갈릴리 사역기

2. 예수님의 초기 유대 사역에 해당하는 사건은 무엇입니까? (　　　)
   가) 광야의 시험　　나) 성전 정화　　다) 가나의 혼인 잔치
   라) 예수님의 수세　　마) 니고데모와의 만남

3. 「예수 그리스도의 복음」 2권은 '공생애 준비기'를 다루고 있는데, 공생애 준비기에 있었던 다음 사건들은 어느 복음서에 기록되었는지 답하십시오.
   1) 예수님께서 마귀의 시험을 받은 것은 (마태, 요한) 복음에 있다.
   2) 예수님께서 세례 요한의 제자들을 만난 것은 (마태, 요한) 복음에 있다.

4. 유대인의 지도자인 니고데모를 포함한 예수님 당시의 유대인들은 하나님의 나라에 대해 어떤 오해를 가지고 있었습니까? [1)]
   .... (3가지만)

나눔 그리고 기도의 시간

1. 그리스도의 생애를 연속적으로 이해하기 위해, 예수님의 '공생애 준비기~초기 유대 사역기'에 있었던 사건을 순서대로 발표하는 시간을 갖습니다.

2. 이 시대에 잘못된 신앙생활의 위협은 성령과 그리스도가 없는 기독교, 회개 없는 용서, 거듭남이 없는 구원, 하나님 없는 경제와 정치, 지옥 없는 천국일 것입니다. [2)]

   당신은 거듭났습니까?

   당신은 어떤 방법으로 거듭났습니까?

   당신이 거듭났다는 사실을 당신은 어떻게 알 수 있었습니까? [3)]

3. 예수님과 니고데모와의 대화를 살펴보면, 니고데모는 영적인 거듭남이 이스라엘이 암흑기를 헤쳐 나가는데 별다른 도움이 되지 않았을 것으로 생각했음에 분명합니다.

   예수님의 말씀이 니고데모의 고민에 대한 해결책이 되지 못한 이유는 무엇 때문이라고 생각합니까?

   세상의 온갖 탐욕과 교회의 각종 분쟁은 거듭남으로 말미암은 영생의 확신이 불확실하기 때문이 아닌지 깊이 생각해보고 기도하는 시간을 갖습니다.

1. 유대인들은 하나님의 나라를 그들만이 들어가는 회복된 다윗 왕조로 생각했다. (영적인) 거듭남과 (영적인) 하나님 나라에 무지했다.

2. 좋은 그리스도인은 정치에 참여해야 합니다. 성직자 역시 그리스도인으로서 정치에 참여할 수 있겠지만 교회가 분열되지 않도록 하는 것이 더욱 중요하다.

3. 바람이 임의로, 곧 불고 싶은 대로 불지만 물체 등이 흔들리면 바람이 불고 있다는 것을 알 수 있듯이 삶의 다양한 변화(곧 성령의 열매)를 통해 그 사람이 거듭났는지를 알 수 있다.

〈 해 답 〉

1. 유대
2. 나), 마)
3. 1) 마태
   2) 요한
4. 생략